वो तेरा नासिर

नासिर काज़मी समग्र

(कुल्लियाते-नासिर काज़मी शायरी)

(काव्य-समग्र)

सम्पादक

बासिर सुल्तान काज़मी

लिप्यन्तरण

डॉ. दीपक रूहानी

अर्श सुल्तानपुरी

Title : Wo Tera Nasir
Editor : Basir Sultan Kazmi

Published By
Anybook
Cell : 9971698930
E-mail : contactanybook@gmail.com
Website : www.anybook.org

Price in India : 350/-
Paperback, First published by Anybook in 2022

Printed and bound in India
Cover Design & Typesetting by Anybook

ISBN : 978-93-91571-54-2

हम शुक्रगुज़ार हैं

नीरज गोस्वामी साहब

14 अगस्त 1950 को पठानकोट में जन्में नीरज गोस्वामी पेशे से इंजिनियर हैं। जयपुर से इंजिनियरिंग करने के बाद 44 सालों में विभिन्न संस्थाओं को अपनी सेवाएँ दे चुके हैं। पढ़ने, लिखने और नाटकों में अभिनय करने के शौक़ीन नीरज गोस्वामी इंटरनेट तथा ब्लॉग जगत के सबसे लोकप्रिय शायरों में हैं।

कुल्लियाते-नासिर 'वो तेरा नासिर' के प्रकाशन के लिए आपने आर्थिक सहयोग किया है। एनीबुक पब्लिकेशन आपके इस सहयोग के लिए तहे-दिल से शुक्रगुज़ार है।

प्रकाशकीय

नासिर काज़मी के कलाम की कुल्लियात प्रकाशित करना हमारी महत्त्वाकांक्षी योजनाओं में से एक था। आज आपके हाथ में इसे सौंपते हुए हमें बेहद ख़ुशी हो रही है। ये एक तरह से दोहरी ख़ुशी है; जहाँ एक तरफ़ इस कुल्लियात को प्रकाशित करके हम नासिर साहब के प्रति हिन्दी-समाज की तरफ़ से साहित्यिक श्रद्धांजलि प्रस्तुत कर रहे हैं, वहीं दूसरी तरफ़ नासिर काज़मी के असंख्य हिन्दी-पाठकों का लम्बा इंतज़ार भी ख़त्म हो गया है।

इस कुल्लियात के प्रकाशन में सबसे पहला सहयोग नासिर साहब के बड़े सुपुत्र बासिर सुल्तान काज़मी का रहा। उनसे जब इस बाबत सम्पर्क किया तो उन्होंने बड़ी फ़राख़दिली से इसकी न सिर्फ़ इजाज़त दी, बल्कि प्रकाशन-सम्बन्धी तमाम विधिक काररवाइयों को पूरा करने में सहर्ष सहयोग भी किया। इनका सहयोग न होता तो आज ये किताब आपके हाथ में न होती। दूसरा अहम सहयोग जनाब यावर माजिद साहब का रहा, जो लगातार हमारे प्रकाशन को कुल्लियात प्रकाशित करने में आर्थिक सहयोग कर रहे हैं। ऐसे सहयोगी ईश्वर सभी भाषा के साहित्यवालों को प्रदान करे।

तीसरा सहयोग इसके लिप्यन्तरण और हिन्दी-सम्पादन को अंजाम देनेवाले डॉ. दीपक रूहानी और अर्श सुल्तानपुरी का रहा। 'अर्श' ने पूरी कुल्लियात का बड़ी तत्परता और गम्भीरता से लिप्यन्तरण किया और दीपक रूहानी ने उसमें अपने सम्पादकीय कौशल से वर्तनी तथा ले-आउट वग़ैरह की नोक-पलक सँवारने का काम किया, ताकि नासिर काज़मी जैसे महत्त्वपूर्ण शायर के इस काव्य-समग्र में कहीं कोई चूक न होने पाये।

इस क्रम में कुछ बातें इस कुल्लियात के मुतअल्लिक़ करना भी ज़रूरी है। इस कुल्लियात में नासिर साहब के पद्य-साहित्य (शायरी) को ही लिया गया है। एक प्रकार से ये सिर्फ़ शायरी की कुल्लियात है। नासिर साहब के गद्य-साहित्य को भी हम भविष्य में

हिन्दी में प्रकाशित करेंगे।

इस हिन्दी काव्य-समग्र की मूल उर्दू-प्रति का सम्पादन बासिर सुल्तान काज़मी ने ख़ुद किया था, जो कि 1980 की दहाई में 'मक्तबा-ए-ख़याल' से आया था। सन 1995 में यहीं से इसका पुनर्मुद्रण भी आया। 1995 के बाद जहाँगीर बुक डिपो, लाहौर ने इसे प्रकाशित किया था और इसके कई संस्करण छापे। नासिर साहब की अलग-अलग किताबों को समय-समय पर अलग-अलग प्रकाशकों ने प्रकाशित किया, जिनमें प्रमुख हैं- मक्तबा-ए-ख़याल, जहाँगीर बुक डिपो, रीडिंग पब्लिकेशन वग़ैरह।

बासिर सुल्तान काज़मी ख़ुद भी आला दर्जे के शायर हैं और माहिरीने-नासिर काज़मी में से एक हैं। इन्होंने ख़ुद अपने वालिदे-मोहतरम से उनकी शायरी के रम्ज़ो-किनायात समझे और दर्याफ़्त किये हैं। इन्होंने नासिर साहब के न रहने पर उनके सारे बिखरे कलाम को समेटने-सहेजने का ही काम नहीं किया, बल्कि समय-समय पर प्रकाशकों से सम्पर्क करके हिन्दी-उर्दू के पाठकों को फ़ैज़याब किया। ये बीच-बीच में हिन्दुस्तान की अदबी महफ़िलों में भी आते रहते हैं। पाकिस्तान में बहैसियत अँग्रेज़ी अध्यापन का काम करने के बाद कई वर्षों तक यू. के. में अँग्रेज़ी अध्यापक रहे और आजकल रिटायर होने के बाद वहीं क़यामपज़ीर हैं।

उम्मीद है ये कुल्लियात नासिर काज़मी के चाहनेवालों के लिए एक तोहफ़ा साबित होगी। आगे भी हम महत्त्वपूर्ण शायरों-कवियों का समग्र-साहित्य पेश करते रहेंगे।

पराग अग्रवाल
निदेशक, एनीबुक

नासिर काज़मी का मुख़्तसर तआरुफ़

मूल नाम- सैयद नासिर रज़ा काज़मी
पैदाइश : 08 दिसम्बर 1925
वालिद : मु. सुल्तान काज़मी (सूबेदार मेजर, इंडियन आर्मी)
वालिदा : मुहम्मदी बेगम
अहलिया : शफ़ीक़ा बेगम (शादी- 1953; वफ़ात- 1998)
बच्चे : बासिर सुल्तान काज़मी (1953), हसन सुल्तान काज़मी (1954)

तालीम : नेशनल हाईस्कूल, पेशावर; डी. बी. मिडिल स्कूल, डिक्साई (ज़िला- सोलापुर, महाराष्ट्र); मुस्लिम हाईस्कूल, अम्बाला (पंजाब); इस्लामिया कॉलेज, लाहौर; गवर्नमेन्ट कॉलेज, लाहौर (बँटवारे के बाद कुछ अरसा)
(वालिद साहब सेना में थे और उनका तबादला होता रहता था, इस वज्ह से नासिर काज़मी ने कई जगह के स्कूलों में शिक्षा पायी)

मुलाज़मत : 01. मुहकमा-ए-समाजी बहबूद (Social Welfare Department) लाये शरान आफ़ीसर 10.04.1958 से 22.12.1958 तक
02. स्टाफ़ आर्टिस्ट, रेडियो पाकिस्तान, लाहौर (01.08.1964 से दमे-आख़िर तक)

वफ़ात : 02. मार्च 1972, लाहौर

किताबें :
ग़ज़ल-
01. बर्गे-नै (1952, मक्तबा-ए-कारवाँ, लाहौर से प्रकाशित)
02. दीवान (1972)
03. पहली बारिश (1975)

नज़्म- निशाते-ख़्वाब (1957)

मंज़ूम ड्रामा (पद्यबद्ध नाटक)- सुर की छाया (1957)('सवेरा' पत्रिका में प्रकाशित)

नस्र (गद्य)- ख़ुश्क चश्मे के किनारे (1982, मज़ामीन, रेडियो फ़ीचर्स, मक़ाले, इदारिये, मुकालमे, इंटरव्यू वग़ैरह) (इसका नया एडिशन 1990 में आया जिसमें कुछ और सामग्री जोड़ी गयी)

मुदीर (सम्पादक) : औराक़े-नौ (1950-51, मासिक उर्दू रिसाला, लाहौर)
हुमायूँ (1956 से 1957, मासिक उर्दू रिसाला, लाहौर)
मुदीर-ओ-नासिर (सम्पादक और प्रकाशक) : ख़याल (1957, इसके कुछ विशेषांक आये थे और कुछ अन्य अंकों के बाद ये बन्द हो गया।)

नायब मुदीर : 'हम लोग' और असिस्टेंट पब्लिसिटी ऑफिसर, विलेज एड 01.01.1959 से 31.07.1964 तक
(जब नासिर साहब विलेज एड विभाग में असिस्टेंट ऑफिसर थे तो वहीं से निकलनेवाले रिसाला 'हम लोग' के नायब मुदीर भी थे)

सम्पादक- इन्तख़ाबे-मीर (1989), इन्तख़ाबे-नज़ीर (1990), इन्तख़ाबे-वली (1991), इन्तख़ाबे-इंशा (1991), इन्तख़ाबे-दाग़, दीगर क्लासिकी शोअरा के कलामों का इन्तख़ाब

डायरी- नासिर काज़मी की डायरी 1995

तर्जुमा (अनुवाद)- 'अमेरिकी सोसायटी', मूल लेखक- केनिथ एस. लिन ('The American Society' by Kenneth S. Lynn in 1963))
(उर्दू मरकज़ लाहौर, अमेरिकी सेंटर, लाहौर द्वारा प्रकाशित इस किताब में अमेरिकी सोसाइटी के तमाम पहलुओं पर लेख-आलेख थे। नासिर साहब ने इसका 1965 में उर्दू-अनुवाद किया।)

समर्पण

वालिद और वालिदा के नाम

फ़ेहरिस्त

पहली बारिश 131

(पहला ग़ज़ल-संग्रह : 1952)

एतिबारे-नग़मा

ये उन दिनों की बात है जब शायरी फ़नकार के लिए बाइसे-नंग नहीं थी। गीत गाने वाला गाँव-गाँव, नगरी-नगरी घूमता फिरता था और बाट-बाट पे इश्क़ो-मुहब्बत, दिलेरी, शुजाअत, सैरो-तफ़रीह और अनजाने देसों के नग़मे गाता था। उसके हाथ में कोई बहुत ही सीधा-सादा और रस भरा साज़ होता था जिसकी धुन पर उसके सारे गीत ढलते थे और गले से बाहर निकलते ही दिलों में उतर जाते थे। वो जिन लोगों में बैठ जाता उन के दिलों का तार मिला लेता। जानी-पहचानी धरती का हर गोशा और धड़कनों के सारे मस्कन उसकी जागीर थे। पास-पड़ोस के सारे वासी उसकी आवाज़ पर फ़रेफ़्ता थे। कहने वाला एक था और सुनने वाले हज़ारों। और उन हज़ारों के दिल उसकी मिट्टी में थे। जिधर उसकी आवाज़ फिरती थी उधर उसका सामे खिंच कर चला जाता था। शायर और उसके सामईन में अगर कोई हद्दे-फ़ासिल थी तो यही कि वो कह सकता था और ये सुन सकते थे। ये दीवारे-चमन भी जज़्बो-कैफ़ के मराहिल में टूटती-फूटती रहती थी। सुनने वालों की धड़कनें उसकी आवाज़ में शामिल थीं, उनके ज़ेहन की सारी लरज़िशें उसके साज़ में जाग उठती थीं। इस 'मन तू शुदम तू मन शुदी' के मराहिल में कोई फ़ासले न थे जो मिट नहीं सकते थे और कोई रोक नहीं थी जो उनको जुदा कर सकती थी। उसे पहचानने वाले उसे भाट कहते थे, मूजिद और ख़ालिक़ का नाम देते थे और इसके ज़रीए धरती का राब्ता आसमानों से जा मिलता था।

मगर धरती पर हुकूमत करने वालों को उसकी फ़रमाँरवाई पर उसकी गिरफ़्त और असरो-नफ़ूज़ पे हसद हुआ। वो भी दिलों पर हुकूमत करना चाहते थे। दोनों का मिलाप हुआ मगर मुनाफ़िक़त और जलापे की बुनियादों पर। इस मक़सदी मुसालहत से हुक्मरानों ने उसे कहा कि हमारी दिलेरी, हमारे इश्क़, हमारी सैरो-सियाहत और तफ़रीह के तराने गाओ। भाट अब भटई करने पर उतर आया। शायद उसे ये ग़ुरूर हो गया था कि मैं जब भी और जैसे भी चाहूँ सुनने वालों को रिझा सकता हूँ? उनका रुख़ फेर सकता हूँ। दरबारी सुख़नसाज़ ने फ़न्ने-सुख़नरानी ईजाद किया। दिलों में घर करने के उसूल वज़्अ किए और जो चीज़ कभी अपने आप हो जाया करती थी उसे अपनी मर्ज़ी से पैदा करने के लिए तरीक़े-सलीक़े तरतीब दिए, मगर आहिस्ता-आहिस्ता वो इन हथफेरियों का शिकार हो के रह गया। शतरंज की चालों ने उसे ऐसा उलझाया कि वो इसी में फँसकर रह गया और सुनने वाले उसकी आवाज़ से दूर होते गए। हत्ता कि एक दिन उसका नग़मा अपनी

ही गूँज में खो के रह गया। उसने आस-पास देखा, सिवाए उसके मुरब्बी और ममदूह के कोई भी न था जो उसकी फ़न्नी महारत और चाबुकदस्ती की दाद दे सकता, कोई भी न था जो उसकी परवाज़े-ख़याल के साथ ज़रा भी उड़ान दिखा सकता। उसने देखा कि उसकी तारीफ़ें कितनी खोखली, उसके नग़मे कितने बे-रूह और उसकी आवाज़ कितनी बेसोज़ हो के रह गई। आख़िर उसकी मद्हसराई का तिलिस्म भी टूटने लगा और वो दरबार से भाग निकला।

उसने फिर सुनने वाले तलाश करने शुरू किए। लोग जमा किए और महफ़िलें जमाईं, मगर अब कोई उसे पहचानता नहीं था। और इसके मम्बा-ओ-माख़ज़ से आश्नाई नहीं रखता था। लोग वाह! वाह! करते थे, सुब्हानअल्लाह के डोंगरे बरसाते थे, मगर वो लरज़िशें और वो धड़कनें कहाँ थीं? आवाज़-ओ-सामे के वो पुराने अह्दो-पैमाँ कहाँ थे? चश्म-ओ-गोश की वो आश्ती कहाँ थी? अब तो लोग उसका वतन पूछते थे, उसका मज़ाक़ उड़ाते थे। आख़िर तहसीने-नाशनास ने उसे ख़ुदपसंद-ओ-ख़ुदनिगर बना दिया। अब वो लोगों से भागता था, उनकी दादो-तहसीन पर झल्लाता था। लालो-गुहर उगलने के बाद कुछ बुलबुले बतौर-इनआम मिलें तो उनकी क्या बिसात है? अब तो ममदूह की मुरब्बियाना शफ़क़त भी उसे मयस्सर नहीं थी। वो पुरानी मस्लेहत किसी मक़सद से ही सही मगर ख़ुद उसके लिए एक हद तक आराम-ओ-सुकून का बाइस तो बनती थी, रुहानी कोफ़्त के बावजूद पहले जिस्मानी आसाइश के तो सारे सामान मुहय्या थे। ज़माने की क़द्रे-नाशनासी, सुनने वालों की बेएतनाई को देख के उसने भी रूप बदला और चीख़ना-चिल्लाना शुरू कर दिया ताकि लोग राग़िब हों। उसकी फ़रियादों में बदलती दुनिया का अलम भी शामिल था और इसका अपना अलमिया भी जा-ब-जा नुमायाँ हो रहा था।

बदलती हुई दुनिया का किसी और शायरी में शायर का फ़रार एक बहाना था, जो रूहे-अस्र अपने इज़हार के लिए ढूँढ़ रही थी। "नाला गोया गर्दिशे-सय्यारा की आवाज़ है!" वो आसमानो-ज़मीन के बिगड़ते हुए रंग-रूप अपनी आवाज़ में समो के कह रहा था : देखो! और सुनने वाले अपनी अपनी हदों में महबूस उसकी आवाज़ को सुन-सुन डरे जा रहे थे। शायर ने उस बावले का भेस बना रखा था जो हर गाँव के गिर्द-गिर्द चक्कर काटता है और आने वाले हादसों की ख़बर देता है। सब जानते हैं कि ये पगला गाँव से कितना प्यार करता है और गाँव वालों के दुःख में किस मुहब्बत से अश्कफ़िशानी करता है, मगर इसके बावजूद इस पगले की पैग़म्बरी एक बड़ा नागवार और दिल-दोज़ फ़रीज़ा है जिसको अदा करना किसी महफ़िल-परस्त, दुनियादार और मस्लेहत-आश्ना सुख़नसाज़ के बस की बात नहीं :

यूँ ही गर रोता रहा 'ग़ालिब' तो ऐ अहले-जहाँ
देखना इन बस्तियों को तुम कि वीराँ हो गईं

शेर की माहियत पर सोचने वाले अमूमन शायर को भूल जाते हैं। उस शायर को जो भेस बदल-बदल कर हर ज़माने में अपने जल्वे अपने साथ लेकर आता रहा है। हमारे ज़माने का शायर कई एतिबार से अकेला है। शेर पढ़ने वाले हैं तो शायरी के बारे में सोचने वाले उसके साथ न चल सकते हैं न चलना चाहते हैं। कहने वाले की आज़माइश इससे बड़ी क्या होगी कि बावजूद इन हदबंदियों और फ़ासलों के इस की फ़रियादें दीवारें चीर के कानों तक पहुँची हैं या नहीं। इस दौरे-इब्तिला में नाला-आफ़रीनी महज़ एक दीवाने की पुकार ही नहीं, कई दिलों की धड़कनें उसकी हमसाज़ो-हमनवा हो सकती हैं, अगर मस्लेहत-आश्ना ज़ेहन उन धड़कनों को मलफ़ूफ़ न कर दे। आज का शायर नगरी-नगरी घूमने वाले शायर और दरबारी सुख़नसाज़ दोनों के मुख़्तलिफ़ मिज़ाजों को मिला के एक नयी आवाज़ पैदा करना चाहता है, जो उसके अपने गिर्दो-पेश और उसके अपने आसमानो-ज़मीन से भी इलाक़ा रखती हो। तबाअत की मदद से चश्मो-गोश तक पहुँचने वाला पुराने नग़्मापैरा की बे-साख़्तगी को सुख़न-साज़ की महारते-फ़न से इस तरह बाहम पैवस्ता करना चाहता है कि दोनों यकजान हो जायें । इसी तरह उसकी आवाज़ में एक ठहराव, गिरफ़्त और क़ुव्वतो-तेज़ी का इज्तिमा होगा। अगर वो इस शको-शुबह में डूब जाए कि उसकी आवाज़ कहीं ख़लाओं में खो के रह जाएगी तो शायद उसे बुलंद करने का ही कोई जवाज़ न रह जाए।

नाला-आफ़रीनी जब्रो-इख़्तियार का एक अनोखा करिश्मा है। क़ारी के दिल में जगह पाना भी उसके बस की बात नहीं। आवाज़ क़वी हो तो दूर-दूर की पहुँच है, नहीफ़ हो तो हलक़ से बाहर ही नहीं निकलने पाती, सिर्फ़ पहुँचने की बात नहीं, देखना ये है कि एक आवाज़ हज़ारों की आवाज़ भी बन सकती है या नहीं। महज़ हज़ारों का ज़िक्र करने या हज़ारों को मुख़ातिब करने से उनकी धड़कनें और लरज़िशें साज़ की हमनवाई नहीं कर सकतीं। नाला महफ़िलें बरहम नहीं करता। नाला-आफ़रीं पे जो कुछ भी गुज़री हो, उसकी फ़रियाद फ़न के साँचे में ढल कर नग़्मा नहीं बन सकती तो महज़ चीख़-पुकार है।

नासिर काज़मी
लाहौर, पहला दिन, 1954

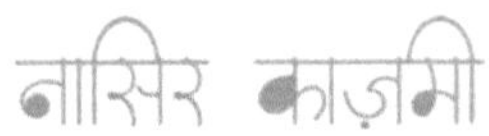

हर्फ़-ए-मुकर्रर

महफ़िले-मुशायरा में जब शायर से शेर पढ़ने की दो बार फ़र्माइश की जाती है तो वो उसे मुकर्रर सुना देता है, मगर जब पूरी किताब के बारे में पढ़ने वालों का तक़ाज़ा मुकर्रर हो तो सूरत कुछ मुख़्तलिफ़ हो जाती है। इस ख़याल से नये एडिशन में चंद ताज़ा ग़ज़लें और अशआर शामिल कर दिये हैं कि किताब का मजमूई तअस्सुर ताज़ातर हो जाये।

'बर्गे-नै' जब पहली मर्तबा शाए हुई तो ये मेरा शौक़े-फ़ुज़ूल था। अब मेरे पढ़ने वालों की मुहब्बत है कि इसे दूसरी मर्तबा पेश कर रहा हूँ।

नासिर काज़मी

अगस्त, 1957

ग़ज़लें

01

होती है तेरे नाम से वहशत कभी-कभी
बरहम हुई है यूँ भी तबीअत कभी-कभी

ऐ दिल किसे नसीब ये तौफ़ीक़े-इज़्तिराब
मिलती है ज़िन्दगी में ये राहत कभी-कभी

तेरे करम से ऐ अलमे-हुस्नआफ़रीं
दिल बन गया है दोस्त की ख़ल्वत कभी-कभी

जोशे-जुनूँ में दर्द की तुग़यानियों के साथ
अश्कों में ढल गयी तिरी सूरत कभी-कभी

तेरे क़रीब रह के भी दिल मुतमइन न था
गुज़री है मुझपे ये भी क़यामत कभी-कभी

कुछ अपना होश था न तुम्हारा ख़याल था
यूँ भी गुज़र गयी शबे-फ़ुर्क़त कभी-कभी

ऐ दोस्त हमने तर्के-मुहब्बत के बावजूद
महसूस की है तेरी ज़रूरत कभी-कभी

02

महरूमे-ख़्वाब दीदा-ए-हैराँ न था कभी
तेरा ये रंग ऐ शबे-हिज्राँ न था कभी

था लुत्फ़े-वस्ल और कभी अफ़्सूने-इंतिज़ार
यूँ दर्दे-हिज्र सिलसिला-जुम्बाँ न था कभी

पुरसाँ न था कोई तो ये रुस्वाइयाँ न थीं
ज़ाहिर किसी पे हाले-परेशाँ न था कभी

हर-चंद ग़म भी था मगर एहसासे-ग़म न था
दरमाँ न था तो मातमे-दरमाँ न था कभी

दिन भी उदास और मिरी रात भी उदास
ऐसा तो वक़्त ऐ ग़मे-दौराँ न था कभी

दौरे-ख़िज़ाँ में यूँ मिरे दिल को क़रार है
मैं जैसे आश्ना-ए-बहाराँ न था कभी

क्या दिन थे जब नज़र में ख़िज़ाँ भी बहार थी
यूँ अपना घर बहार में वीराँ न था कभी

बेकैफ़ बेनशात न थी इस क़दर हयात
जीना अगरचे इश्क़ में आसाँ न था कभी

03

क्या दिन मुझे इश्क़ ने दिखाये
इक बार जो आये फिर न आये

उस पैकरे-नाज़ का फ़साना
दिल होश में आये तो सुनाये

वो रूहे-ख़यालो-जाने-मज़मूँ
दिल उसको कहाँ से ढूँढ़ लाये

आँखें थीं कि दो छलकते साग़र
आरिज़ कि शराब थरथराये

महकी हुई साँस नर्म गुफ़्तार
हर एक रविश पे गुल खिलाये

राहों पर अदा-अदा से रक़्साँ
आँचल में हया से मुँह छुपाये

उड़ती हुई ज़ुल्फ़ यूँ परेशाँ
जैसे कोई राह भूल जाये

कुछ फूल बरस पड़े ज़मीं पर
कुछ गीत हवा में लहलहाये

04

मायूस न हो उदास राही
फिर आएगा दौरे-सुब्हगाही

ऐ मुंतज़िरे-तुलूअ-ए-फ़र्दा
बदलेगा जहाने-मुर्ग़ो-माही

फिर ख़ाकनशीं उठाएँगे सर
मिटने को है नाज़े-कजकुलाही

इंसाफ़ का दिन क़रीबतर है
फिर दाद-तलब है बेगुनाही

फिर अहले-वफ़ा का दौर होगा
टूटेगा तिलिस्मे-कमनिगाही

आईने-जहाँ बदल रहा है
बदलेंगे अवामिरो-नवाही

- 1947 -

05

रौनक़ें थीं जहाँ में क्या-क्या कुछ
लोग थे रफ़्तगाँ में क्या-क्या कुछ

अब की फ़स्ले-बहार से पहले
रंग थे गुलसिताँ में क्या-क्या कुछ

क्या कहूँ अब तुम्हें ख़िज़ाँ वालो
जल गया आशियाँ में क्या-क्या कुछ

दिल तिरे बाद सो गया वरना
शोर था इस मकाँ में क्या-क्या कुछ

06

ख़त्म हुआ तारों का राग
जाग मुसाफ़िर अब तो जाग

धूप की जलती तानों से
दश्ते-फ़लक में लग गयी आग

दिन का सुनहरा नग़मा सुनकर
अबलक़े-शब ने मोड़ी बाग

कलियाँ झुलसती जाती हैं
सूरज फ़ेंक रहा है आग

ये नगरी अँधियारी है
इस नगरी से जल्दी भाग

07

ओ मेरे मसरूफ़ ख़ुदा
अपनी दुनिया देख ज़रा

इतनी ख़ल्क़त के होते
शहरों में है सन्नाटा

झोंपड़ी वालों की तक़दीर
बुझा-बुझा सा एक दिया

ख़ाक उड़ाते हैं दिन-रात
मीलों फैल गये सहरा

ज़ाग़ो-ज़ग़न की चीख़ों से
सूना जंगल गूँज उठा

सूरज सर पे आ पहुँचा
गर्मी है या रोज़े-जज़ा

प्यासी धरती जलती है
सूख गये बहते दरिया

फ़स्लें जलकर राख हुईं
नगरी-नगरी काल पड़ा

ओ मेरे मसरूफ़ ख़ुदा
अपनी दुनिया देख ज़रा

- 1948 -

08

हासिले-इश्क़ तिरा हुस्ने-पशेमाँ ही सही
मेरी हसरत तिरी सूरत से नुमायाँ ही सही

हुस्न भी हुस्न है मोहताजे-नज़र है जब तक
शोला-ए-इश्क़ चराग़े-तहे-दामाँ ही सही

क्या ख़बर ख़ाक ही से कोई किरन फूट पड़े
ज़ौक़े-आवारगी-ए-दश्तो-बयाबाँ ही सही

पर्दा-ए-गुल ही से शायद कोई आवाज़ आये
फ़ुर्सते-सैरो-तमाशा-ए-बहाराँ ही सही

09

तिरे मिलने को बेकल हो गये हैं
मगर ये लोग पागल हो गये हैं

बहारें ले के आये थे जहाँ तुम
वो घर सुनसान जंगल हो गये हैं

यहाँ तक बढ़ गये आलामे-हस्ती
कि दिल के हौसले शल हो गये हैं

कहाँ तक ताब लाये नातवाँ दिल
कि सदमे अब मुसलसल हो गये हैं

निगाहे-यास को नींद आ रही है
मिज़ा पर अश्क बोझल हो गये हैं

उन्हें सदियों न भूलेगा ज़माना
यहाँ जो हादसे कल हो गये हैं

जिन्हें हम देखकर जीते थे 'नासिर'
वो लोग आँखों से ओझल हो गये हैं

10

कुछ कह के ख़मोश हो गये हम
क़िस्सा था दराज़ खो गये हम

तू कौन है तेरा नाम क्या है
क्या सच है कि तेरे हो गये हम

ज़ुल्फ़ों के ध्यान में लगी आँख
पुरकैफ़ हवा में सो गये हम

11

गिरफ़्ता-दिल हैं बहुत आज तेरे दीवाने
ख़ुदा करे कोई तेरे सिवा न पहचाने

मिटी-मिटी सी उमीदें, थके-थके से ख़याल
बुझे-बुझे से निगाहों में ग़म के अफ़्साने

हज़ार शुक्र कि हमने ज़बाँ से कुछ न कहा
ये और बात कि पूछा न अहले-दुनिया ने

बक़द्रे-तिश्नालबी पुरसिशे-वफ़ा न हुई
छलक के रह गए तेरी नज़र के पैमाने

ख़याल आ गया मानूस रहगुज़ारों का
पलट के आ गए मंज़िल से तेरे दीवाने

कहाँ है तू कि तिरे इंतिज़ार में ऐ दोस्त
तमाम रात सुलगते हैं दिल के वीराने

उमीदे-पुरसिशे-ग़म किससे कीजिए 'नासिर'
जो अपने दिल पे गुज़रती है कोई क्या जाने

12

इश्क़ में जीत हुई या मात
आज की रात न छेड़ ये बात

यूँ आया वो जाने-बहार
जैसे जग में फैले बात

रंग खुले सहरा की धूप
ज़ुल्फ़ घने जंगल की रात

कुछ न सुना और कुछ न कहा
दिल में रह गयी दिल की बात

यार की नगरी कोसों दूर
कैसे कटेगी भारी रात

बस्ती वालों से छुपकर
रो लेते हैं पिछली रात

सन्नाटों में सुनते हैं
सुनी-सुनायी कोई बात

फिर जाड़े की रुत आई
छोटे दिन और लंबी रात

13

देख मुहब्बत का दस्तूर
तू मुझसे मैं तुझसे दूर

तन्हा-तन्हा फिरते हैं
दिल वीराँ आँखें बेनूर

दोस्त बिछड़ते जाते हैं
शौक़ लिये जाता है दूर

हम अपना ग़म भूल गये
आज किसे देखा मजबूर

दिल की धड़कन कहती है
आज कोई आएगा ज़रूर

कोशिश लाज़िम है प्यारे
आगे जो उसको मंज़ूर

सूरज डूब चला 'नासिर'
और अभी मंज़िल है दूर

14

न आँखें ही बरसीं न तुम ही मिले
बहारों में अब की नये गुल खिले

न जाने कहाँ ले गये क़ाफ़िले
मुसाफ़िर बड़ी दूर जाकर मिले

वही वक़्त की क़ैद है दरमियाँ
वही मंज़िलें और वही फ़ासले

जहाँ कोई बस्ती नज़र आ गई
वहीं रुक गये अजनबी क़ाफ़िले

तुम्हीं दिल-गिरफ़्ता नहीं दोस्तो
हमें भी ज़माने से हैं कुछ गिले

हमें भी करें याद अहले-चमन
चमन में अगर कोई गुंचा खिले

अभी और कितनी है मीआदे-ग़म
कहाँ तक मिलेंगे वफ़ा के सिले

15

पहुँचे गोर किनारे हम
बस ग़मे-दौराँ हारे हम

सबकुछ हार के रस्ते में
बैठ गये दुखियारे हम

हर मंज़िल से गुज़रे हैं
तेरे ग़म के सहारे हम

देख ख़याले-ख़ातिरे-दोस्त
बाज़ी जीत के हारे हम

आँख का तारा आँख में है
अब न गिनेंगे तारे हम

16

शहर-दर-शहर घर जलाये गये
यूँ भी जश्ने-तरब मनाये गये

इक तरफ़ झूमकर बहार आई
इक तरफ़ आशियाँ जलाये गये

इक तरफ़ ख़ूने-दिल भी था नायाब
इक तरफ़ जश्ने-जम मनाये गये

क्या कहूँ किस तरह सरे-बाज़ार
इस्मतों के दिये बुझाये गये

आह! वो ख़ल्वतों के सरमाए
मजमा-ए-आम में लुटाये गये

वक़्त के साथ हम भी ऐ 'नासिर'
ख़ारो-ख़स की तरह बहाये गये

17

वो दिलनवाज़ है लेकिन नज़रशनास नहीं
मिरा इलाज मिरे चारागर के पास नहीं

तड़प रहे हैं ज़बाँ पर कई सवाल मगर
मिरे लिए कोई शायाने-इल्तिमास नहीं

तिरे जिलौ में भी दिल काँप-काँप उठता है
मिरे मिज़ाज को आसूदगी भी रास नहीं

कभी-कभी जो तिरे क़ुर्ब में गुज़ारे थे
अब उन दिनों का तसव्वुर भी मेरे पास नहीं

गुज़र रहे हैं अजब मरहलों से दीदा-ओ-दिल
सहर की आस तो है ज़िन्दगी की आस नहीं

मुझे ये डर है तिरी आरज़ू न मिट जाए
बहुत दिनों से तबीअत मिरी उदास नहीं

18

ये शब ये ख़यालो-ख़्वाब तेरे
क्या फूल खिले हैं मुँह-अँधेरे

शोले में है एक रंग तेरा
बाक़ी हैं तमाम रंग मेरे

आँखों में छुपाये फिर रहा हूँ
यादों के बुझे हुए सवेरे

देते हैं सुराग़ फ़स्ले-गुल का
शाख़ों पे जले हुए बसेरे

मंज़िल न मिली तो क़ाफ़िलों ने
रस्ते में जमा लिए हैं डेरे

जंगल में हुई है शाम हमको
बस्ती से चले थे मुँह-अँधेरे

रूदादे-सफ़र न छेड़ 'नासिर'
फिर अश्क न थम सकेंगे मेरे

- 1949 -

19

दिन फिर आये हैं बाग़ में गुल के
बू-ए-गुल है सुराग़ में गुल के

दिले-वीराँ में दोस्तों की याद
जैसे जुगनू हों दाग़ में गुल के

कैसी आयी बहार अब के बरस
बू-ए-ख़ूँ है अयाग़ में गुल के

अब तो रस्तों में ख़ाक उड़ती है
सब करिश्मे थे बाग़ में गुल के

आँसूओं के दिये जला 'नासिर'
दम नहीं अब चराग़ में गुल के

20

कोई जिये या कोई मरे
तुम अपनी-सी कर गुज़रे

दिल में तेरी यादों ने
कैसे-कैसे रंग भरे

अब वो उमंगें हैं न वो दिल
कौन अब तुझको याद करे

प्यार की रीत निराली है
कोई करे और कोई भरे

फूल तो क्या काँटे भी नहीं
कैसे उजड़े बाग़ हरे

बादल गरजा, पवन चली
फुलवारी में फूल डरे

पतझड़ आने वाली है
रस पीकर उड़ जा भँवरे

21

ये भी क्या शामे-मुलाक़ात आयी
लब पे मुश्किल से तिरी बात आयी

सुब्ह से चुप हैं तिरे हिज्र-नसीब
हाय! क्या होगा अगर रात आयी

बस्तियाँ छोड़ के बरसे बादल
किस क़यामत की ये बरसात आयी

कोई जब मिल के हुआ था रुख़्सत
दिले-बेताब वही रात आयी

साया-ए-ज़ुल्फ़े-बुताँ में 'नासिर'
एक-से-एक नयी रात आयी

22

नाज़े-बेगानगी में क्या कुछ था
हुस्न की सादगी में क्या कुछ था

लाख राहें थीं, लाख जल्वे थे
अहदे-आवारगी में क्या कुछ था

आँख खुलते ही छुप गयी हर शय
आलमे-बेख़ुदी में क्या कुछ था

याद हैं मरहले मुहब्बत के
हाय! उस बेकली में क्या कुछ था

कितने बीते दिनों की याद आई
आज तेरी कमी में क्या कुछ था

कितने मानूस लोग याद आये
सुब्ह की चाँदनी में क्या कुछ था

रात-भर हम न सो सके 'नासिर'
पर्दा-ए-ख़ामुशी में क्या कुछ था

23

किसे देखें कहाँ देखा न जाये
वो देखा है जहाँ देखा न जाये

मिरी बर्बादियों पर रोने वाले
तुझे महवे-फ़ुग़ाँ देखा न जाये

ज़मीं लोगों से ख़ाली हो रही है
ये रंगे-आसमाँ देखा न जाये

सफ़र है और गुर्बत का सफ़र है
ग़मे-सद-कारवाँ देखा न जाये

कहीं आग और कहीं लाशों के अंबार
बस ऐ दौरे-ज़माँ देखा न जाये

दरो-दीवार वीराँ, शम्अ मद्धम
शबे-ग़म का समाँ देखा न जाये

पुरानी सोहबतें याद आ रही हैं
चराग़ों का धुआँ देखा न जाये

भरी बरसात ख़ाली जा रही है
सरे-अब्रे-रवाँ देखा न जाये

कहीं तुम और कहीं हम, क्या ग़ज़ब है
फ़िराक़े-जिस्मो-जाँ देखा न जाये

वही जो हासिले-हस्ती है 'नासिर'
उसी को मेहरबाँ देखा न जाये

24

सदा-ए-रफ़्तगाँ फिर दिल से गुज़री
निगाहे-शौक़ किस मंज़िल से गुज़री

कभी रोये कभी तुझको पुकारा
शबे-फ़ुर्क़त बड़ी मुश्किल से गुज़री

हवा-ए-सुब्ह ने चौंका दिया यूँ
तिरी आवाज़ जैसे दिल से गुज़री

मिरा दिल ख़ूगरे-तूफ़ाँ है वरना
ये कश्ती बारहा साहिल से गुज़री

25

गली-गली आबाद थी जिनसे कहाँ गए वो लोग
दिल्ली अब के ऐसी उजड़ी घर-घर फैला सोग

सारा-सारा दिन गलियों में फिरते हैं बेकार
रातों उठ-उठकर रोते हैं इस नगरी के लोग

सहमे-सहमे से बैठे हैं रागी और फ़नकार
भोर भए अब इन गलियों में कौन सुनाए जोग

जब तक हम मसरूफ़ रहे ये दुनिया थी सुनसान
दिन ढलते ही ध्यान में आये कैसे-कैसे लोग

'नासिर' हमको रात मिला था तन्हा और उदास
वही पुरानी बातें उसकी, वही पुराना रोग

26

ख़मोशी उँगलियाँ चटख़ा रही है
तिरी आवाज़ अब तक आ रही है

दिले-वहशी लिए जाता है लेकिन
हवा ज़ंजीर सी पहना रही है

तिरे शहरे-तरब की रौनक़ों में
तबीअ'त और भी घबरा रही है

करम ऐ सरसरे-आलामे-दौराँ
दिलों की आग बुझती जा रही है

कड़े कोसों के सन्नाटे हैं लेकिन
तिरी आवाज़ अब तक आ रही है

तनाबे-ख़ेमा-ए-गुल थाम 'नासिर'
कोई आँधी उफ़ुक़ से आ रही है

27

कमफ़ुर्सती-ए-ख़्वाबे-तरब याद रहेगी
गुज़री जो तिरे साथ वो शब याद रहेगी

हर-चंद ता अहदे-वफ़ा भूल गये हम
वो कश्मकशे-सब्रे-तलब याद रहेगी

सीने में उमंगों का वही शोर है अब तक
वो शोख़ी-ए-यक-जुंबिशे-लब याद रहेगी

फिर जिसके तसव्वुर में बरसने लगीं आँखें
वो बरहमी-ए-सोहबते-शब याद रहेगी

गो हिज्र के लम्हात बहुत तल्ख़ थे लेकिन
हर बात बउनवाने-तरब याद रहेगी

28

नसीबे-इश्क़ दिले-बेक़रार भी तो नहीं
बहुत दिनों से तिरा इंतिज़ार भी तो नहीं

तलाफ़ी-ए-सितमे-रोज़गार कौन करे
तू हमसुख़न भी नहीं राज़दार भी तो नहीं

ज़माना पुरसिशे-ग़म भी करे तो क्या हासिल
कि तेरा ग़म ग़मे-लैलो-नहार भी तो नहीं

तिरी निगाहे-तग़ाफ़ुल को कौन समझाये
कि अपने दिल पे मुझे इख़्तियार भी तो नहीं

तू ही बता कि तिरी ख़ामुशी को क्या समझूँ
तिरी निगाह से कुछ आश्कार भी तो नहीं

वफ़ा नहीं न सही रस्मो-राह क्या कम है
तिरी नज़र का मगर एतिबार भी तो नहीं

अगरचे दिल तिरी मंज़िल न बन सका ऐ दोस्त
मगर चराग़े-सरे-रहगुज़ार भी तो नहीं

बहुत फ़सुर्दा है दिल कौन इसको बहलाये
उदास भी तो नहीं बेक़रार भी तो नहीं

तू ही बता तिरे बेख़ानुमाँ किधर जायें
कि राह में शजरे-सायादार भी तो नहीं

फ़लक ने फेंक दिया बर्गे-गुल की छाँव से दूर
वहाँ पड़े हैं जहाँ ख़ारज़ार भी तो नहीं

जो ज़िन्दगी है तो बस तेरे दर्द-मंदों की
ये जब्र भी तो नहीं इख़्तियार भी तो नहीं

वफ़ा ज़रीया-ए-इज़हारे-ग़म सही 'नासिर'
ये कारोबार कोई कारोबार भी तो नहीं

- 1950 -

29

दौरे-फ़लक जब दोहराता है मौसमे-गुल की रातों को
कुंजे-क़फ़स में सुन लेते हैं भूली-बिसरी बातों को

रेगे-रवाँ की नर्म तहों को छेड़ती है जब कोई हवा
सूने सहरा चीख़ उठते हैं आधी-आधी रातों को

आतिशे-ग़म के सैले-रवाँ में नींदें जलकर राख हुईं
पत्थर बनकर देख रहा हूँ आती-जाती रातों को

मयख़ाने का अफ़्सुर्दा माहौल तो यूँ ही रहना है
ख़ुश्क लबों की ख़ैर मनाओ कुछ न कहो बरसातों को

'नासिर' मेरे मुँह की बातें यूँ तो सच्चे मोती हैं
लेकिन उनकी बातें सुनकर भूल गये सब बातों को

30

सफ़रे-मंज़िले-शब याद नहीं
लोग रुख़्सत हुए कब याद नहीं

अव्वलीं क़ुर्ब की सरशारी में
कितने अरमाँ थे जो अब याद नहीं

दिल में हर वक़्त चुभन रहती थी
थी मुझे किसकी तलब याद नहीं

वो सितारा थी कि शबनम थी कि फूल
एक सूरत थी अजब, याद नहीं

कैसी वीराँ है गुज़रगाहे-ख़याल
जब से वो आरिज़ो-लब याद नहीं

भूलते जाते हैं माज़ी के दयार
याद आयें भी तो सब याद नहीं

ऐसा उलझा हूँ ग़मे-दुनिया में
एक भी ख़्वाबे-तरब याद नहीं

रिश्ता-ए-जाँ था कभी जिसका ख़याल
उसकी सूरत भी तो अब याद नहीं

ये हक़ीक़त है कि अहबाब को हम
याद ही कब थे जो अब याद नहीं

याद है सैरे-चराग़ाँ 'नासिर'
दिल के बुझने का सबब याद नहीं

31

याद आता है रोज़ो-शब कोई
हमसे रूठा है बेसबब कोई

लबे-जू छाँव में दरख़्तों की
वो मुलाक़ात थी अजब कोई

जब तुझे पहली बार देखा था
वो भी था मौसमे-तरब कोई

कुछ ख़बर ले कि तेरी महफ़िल से
दूर बैठा है जाँ-ब-लब कोई

ना ग़मे-ज़िन्दगी, न दर्दे-फ़िराक़
दिल में यूँ ही सी है तलब कोई

याद आती हैं दूर की बातें
प्यार से देखता है जब कोई

चोट खाई है बारहा लेकिन
आज तो दर्द है अजब कोई

जिनको मिटना था मिट चुके 'नासिर'
उनको रुस्वा करे न अब कोई

32

यास में जब कभी आँसू निकला
इक नयी आस का पहलू निकला

ले उड़ी सब्ज़ा-ए-ख़ुद-रौ की महक
फिर तिरी याद का पहलू निकला

मीठी बोली में पपीहे बोले
गुनगुनाता हुआ जब तू निकला

आईं सावन की अँधेरी रातें
कहीं तारा कहीं जुगनू निकला

नये मज़मून सुझाती है सबा
क्या इधर से वो समन-बू निकला

पाँव चलने लगी जलती हुई रेत
दश्त से जब कोई आहू निकला

कई दिन-रात सफ़र में गुज़रे
आज तो चाँद लबे-जू निकला

ताक़े-मयख़ाना में चाही थी अमाँ
वो भी तेरा ख़ुमे-अबरू निकला

अहले-दिल सैरे-चमन से भी गये
अक्से-गुल, साया-ए-गेसू निकला

वाक़िआ ये है कि बदनाम हुए
बात इतनी थी कि आँसू निकला

33

करता उसे बेक़रार कुछ देर
होता अगर इख़्तियार कुछ देर

क्या रोयें फ़रेबे-आसमाँ को
अपना नहीं एतिबार कुछ देर

आँखों में कटी पहाड़-सी रात
सो जा दिले-बेक़रार कुछ देर

ऐ शहरे-तरब को जाने वालो
करना मिरा इंतिज़ार कुछ देर

बेकैफ़ी-ए-रोज़ो-शब मुसलसल
सरमस्ती-ए-इंतिज़ार कुछ देर

तकलीफ़े-ग़मे-फ़िराक़ दाइम
तक़रीबे-विसाले-यार कुछ देर

ये ग़ुँचा-ओ-गुल हैं सब मुसाफ़िर
है क़ाफ़िला-ए-बहार कुछ देर

दुनिया तो सदा रहेगी 'नासिर'
हम लोग हैं यादगार कुछ देर

34

ठहरा था वो गुले-ज़ार कुछ देर
भरपूर रही बहार कुछ देर

इक धूम रही गली-गली में
आबाद रहे दयार कुछ देर

फिर झूम के बस्तियों पे बरसा
अब्रे-सरे-कोहसार कुछ देर

फिर लाला-ओ-गुल के मयकदों में
छलकी मये-मुश्कबार कुछ देर

फिर नग़्मा-ओ-मय की सोहबतों का
आँखों में रहा ख़ुमार कुछ देर

फिर शामे-विसाले-यार आयी
बहला ग़मे-रोज़गार कुछ देर

फिर जाग उठे ख़ुशी के आँसू
फिर दिल को मिला क़रार कुछ देर

फिर एक नशाते-बेख़ुदी में
आँखें रहीं अश्कबार कुछ देर

फिर एक तवील हिज्र के बाद
सोहबत रही ख़ुशगवार कुछ देर

फिर एक निगाह के सहारे
दुनिया रही साज़गार कुछ देर

35

अव्वलीं चाँद ने क्या बात सुझाई मुझको
याद आई तिरी अंगुश्ते-हिनाई मुझको

सरे-ऐवाने-तरब नग़्मासरा था कोई
रात भर उसने तिरी याद दिलाई मुझको

देखते-देखते तारों का सफ़र ख़त्म हुआ
सो गया चाँद मगर नींद न आई मुझको

इन्हीं आँखों ने दिखाये कई भरपूर जमाल
इन्हीं आँखों ने शबे-हिज्र दिखाई मुझको

साये की तरह मिरे साथ रहे रंजो-अलम
गर्दिशे-वक़्त कहीं रास न आई मुझको

धूप उधर ढलती थी दिल डूबता जाता था इधर
आज तक याद है वो शामे-जुदाई मुझको

शहरे-लाहौर तिरी रौनक़ें दाइम आबाद
तेरी गलियों की हवा खींच के लाई मुझको

36

कभी-कभी तो जज़्बे-इश्क़ मात खा के रह गया
कि तुझसे मिल के भी तिरा ख़याल आ के रह गया

जुदाइयों के मरहले भी हुस्न से तही न थे
कभी-कभी तो शौक़ आइने दिखा के रह गया

किसे ख़बर कि इश्क़ पर क़यामतें गुज़र गयीं
ज़माना उस निगाह का फ़रेब खा के रह गया

ये क्या मक़ामे-शौक़ है न आस है न यास है
ये क्या हुआ कि लब पे तेरा नाम आ के रह गया

कोई भी हमसफ़र न था शरीके-मंज़िले-जुनूँ
बहुत हुआ तो रफ़्तगाँ का ध्यान आ के रह गया

चराग़े-शामे-आरज़ू भी झिलमिला के रह गये
तिरा ख़याल रास्ते सुझा-सुझा के रह गया

चमक-चमक के रह गयीं नुजूमो-गुल की मंज़िलें
मैं दर्द की कहानियाँ सुना-सुना के रह गया

तिरे विसाल की उमीद अश्क बन के बह गयी
ख़ुशी का चाँद शाम ही से झिलमिला के रह गया

वही उदास रोज़ो-शब, वही फ़ुसूँ, वही हवा
तिरे विसाल का ज़माना याद आ के रह गया

37

रंग बरसात ने भरे कुछ तो
ज़ख़्म दिल के हुए हरे कुछ तो

फ़ुर्सते-बेख़ुदी ग़नीमत है
गर्दिशें हो गयीं परे कुछ तो

कितने शोरीदासर थे परवाने
शाम होते ही जल मरे कुछ तो

इतना मुश्किल नहीं तिरा मिलना
दिल मगर जुस्तजू करे कुछ तो

आओ 'नासिर' कोई ग़ज़ल छेड़ें
जी बहल जाएगा अरे कुछ तो

38

दिन ढला रात फिर आ गयी सो रहो, सो रहो
मंज़िलों छा गयी ख़ामुशी सो रहो, सो रहो

सारा दिन तपते सूरज की गर्मी में जलते रहे
ठण्डी-ठण्डी हवा फिर चली सो रहो, सो रहो

गर्म सुनसान क़रियों की धरती महकने लगी
ख़ाक रश्के-इरम बन गयी सो रहो, सो रहो

रज़्मगाहे-जहाँ बन गयी जा-ए-अम्नो-अमाँ
है यही वक़्त की रागनी सो रहो, सो रहो

कैसे सुनसान हैं आसमाँ चुप खड़े हैं मकाँ
है फ़ज़ा अजनबी-अजनबी सो रहो, सो रहो

थक गये नाक़ा-ओ-सारबाँ, थम गये कारवाँ
घंटियों की सदा सो गयी सो रहो, सो रहो

चाँदनी और धुएँ के सिवा दूर तक कुछ नहीं
सो गयी शहर की हर गली सो रहो, सो रहो

गर्दिशे-वक़्त की लोरियाँ रात की रात हैं
फिर कहाँ ये हवा, ये नमी सो रहो, सो रहो

सारी बस्ती के लोग इस मधुर लय में खोये गये
दूर बजने लगी बाँसुरी सो रहो, सो रहो

दूर शाख़ों के झुरमुट में जुगनू भी गुम हो गये
चाँद में सो गयी चाँदनी सो रहो, सो रहो

घर के दीवारो-दर राह तक-तक के शल हो गये
अब न आएगा शायद कोई सो रहो, सो रहो

सुस्त रफ़्तार तारे भी आँखें झपकने लगे
ग़म के मारो घड़ी-दो-घड़ी, सो रहो, सो रहो

मुँह-अँधेरे ही 'नासिर' किसे ढूँढ़ने चल दिये
दूर है सुब्हे-रौशन अभी सो रहो, सो रहो

39

तन्हा ऐश के ख़्वाब न बुन
कभी हमारी बात भी सुन

थोड़ा ग़म भी उठा प्यारे
फूल चुने हैं ख़ार भी चुन

सुख की नींदें सोने वाले
महरूमी के राग भी सुन

तन्हाई में तेरी याद
जैसे एक सुरीली धुन

जैसे चाँद की ठण्डी लौ
जैसे किरनों की कुनमुन

जैसे जल-परियों का नाच
जैसे पायल की झुन-झुन

40

तिरे ख़याल से लौ दे उठी है तन्हाई
शबे-फ़िराक़ है या तेरी जल्वाआराई

तू किस ख़याल में है मंज़िलों के शैदाई
उन्हें भी देख जिन्हें रास्ते में नींद आई

पुकार ऐ जरसे-कारवाने-सुब्हे-तरब
भटक रहे हैं अँधेरों में तेरे सौदाई

ठहर गये हैं सरे-राह ख़ाक उड़ाने को
मुसाफ़िरों को न छेड़ ऐ हवा-ए-सहराई

रहे-हयात में कुछ मरहले तो देख लिए
ये और बात तिरी आरज़ू न रास आई

ये सानिहा भी मुहब्बत में बारहा गुज़रा
कि उसने हाल भी पूछा तो आँख भर आई

दिले-फ़सुर्दा में फिर धड़कनों का शोर उठा
ये बैठे-बैठे मुझे किन दिनों की याद आई

मैं सोते-सोते कई बार चौंक-चौंक पड़ा
तमाम रात तिरे पहलुओं से आँच आई

जहाँ भी था कोई फ़ित्ना तड़प के जाग उठा
तमाम होश थी मस्ती में तेरी अंगड़ाई

खुली जो आँख तो कुछ और ही समाँ देखा
वो लोग थे न वो जलसे न शहरे-रानाई

वो ताबे-दर्द वो सौदा-ए-इंतिज़ार कहाँ
उन्हीं के साथ गयी ताक़ते-शकेबाई

फिर उसकी याद में दिल बे-क़रार है 'नासिर'
बिछड़ के जिससे हुई शहर-शहर रुस्वाई

41

उदासियों का समाँ महफ़िलों में छोड़ गई
बहार एक ख़लिश सी दिलों में छोड़ गई

बिछड़ के तुझसे हज़ारों तरफ़ ख़याल गया
तिरी नज़र मुझे किन मंज़िलों में छोड़ गई

कहाँ से लाइए अब उस निगाह को 'नासिर'
जो नातमाम उमंगें दिलों में छोड़ गई

42

बसा हुआ है ख़यालों में कोई पैकरे-नाज़
बुला रही है अभी तक वो दिलनशीं आवाज़

वही दिनों में तपिश है वही शबों में गुदाज़
मगर ये क्या कि मिरी ज़िंदगी में सोज़ न साज़

न छेड़ ऐ ख़लिशे-दर्द, बार-बार न छेड़
छुपाये बैठा हूँ सीने में एक उम्र के राज़

बस अब तो एक ही धुन है कि नींद आ जाए
वो दिन कहाँ कि उठायें शबे-फ़िराक़ के नाज़

गुज़र ही जाएगी ऐ दोस्त तेरे हिज्र की रात
कि तुझसे बढ़के तिरा दर्द है मिरा दमसाज़

ये और बात कि दुनिया न सुन सकी वरना
सुकूते-अहले-नज़र है बजा-ए-ख़ुद-आवाज़

ये बेसबब नहीं शामो-सहर के हंगामे
उठा रहा है कोई पर्दाहा-ए-राज़ो-नियाज़

तिरा ख़याल भी तेरी तरह मुकम्मल है
वही शबाब, वही दिलकशी, वही अंदाज़

शराबो-शेर की दुनिया बदल गयी लेकिन
वो आँख ढूँढ़ ही लेती है बेख़ुदी का जवाज़

उरूज पर है मिरा दर्द इन दिनों 'नासिर'
मिरी ग़ज़ल में धड़कती है वक़्त की आवाज़

43

दिल धड़कने का सबब याद आया
वो तिरी याद थी अब याद आया

आज मुश्किल था सँभलना ऐ दोस्त
तू मुसीबत में अजब याद आया

दिन गुज़ारा था बड़ी मुश्किल से
फिर तिरा वादा-ए-शब याद आया

तेरा भूला हुआ पैमाने-वफ़ा
मर रहेंगे अगर अब याद आया

फिर कई लोग नज़र से गुज़रे
फिर कोई शहरे-तरब याद आया

हाले-दिल हम भी सुनाते लेकिन
जब वो रुख़्सत हुआ तब याद आया

बैठकर साया-ए-गुल में 'नासिर'
हम बहुत रोये वो जब याद आया

- 1951 -

44

ये कह रहा है दयारे-तरब का नज़्ज़ारा
यहीं मिलेगा मुझे मेरा अंजुमन-आरा

ख़याले-हुस्न में कितना बहारपरवर है
शबे-ख़िज़ाँ की ख़ुनक चाँदनी का नज़्ज़ारा

चले तो हैं जरसे-गुल का आसरा लेकर
न जाने अब कहाँ निकलेगा सुब्ह का तारा

चलो कि बर्फ़ पिघलने की सुब्ह आ पहुँची
ख़बर बहार की लाया है कोई गुल-पारा

चले चलो इन्हीं गुमनाम बर्फ़ज़ारों में
अजब नहीं यहीं मिल जाय दर्द का चारा

किसे मजाल कि रुक जाए साँस लेने को
रवाँ-दवाँ लिए जाता है वक़्त का धारा

बगूले यूँ उड़े फिरते हैं ख़ुश्क जंगल में
तलाशे-आब में जैसे ग़ज़ाले-आवारा

हमीं वो बर्गे-ख़िज़ाँ-दीदा हैं जिन्हें 'नासिर'
चमन में ढूँढ़ती फिरती है बू-ए-आवारा

45

तेरी ज़ुल्फ़ों के बिखरने का सबब है कोई
आँख कहती है तिरे दिल में तलब है कोई

आँच आती है तिरे जिस्म की उर्यानी से
पैरहन है कि सुलगती हुई शब है कोई

होश उड़ाने लगीं फिर चाँद की ठण्डी किरनें
तेरी बस्ती में हूँ या ख़्वाबे-तरब है कोई

गीत बुनती है तिरे शहर की भरपूर हवा
अजनबी मैं ही नहीं तू भी अजब है कोई

लिए जाती हैं किसी ध्यान की लहरें 'नासिर'
दूर तक सिलसिला-ए-ताके-तरब है कोई

46

ख़याले-तर्के-तमन्ना न कर सके तू भी
उदासियों का मुदावा न कर सके तू भी

कभी वो वक़्त भी आये कि कोई लम्हा-ए-ऐश
मिरे बग़ैर गवारा न कर सके तू भी

ख़ुदा वो दिन न दिखाये तुझे कि मेरी तरह
मिरी वफ़ा पे भरोसा न कर सके तू भी

मैं अपना उक़्दा-ए-दिल तुझको सौंप देता हूँ
बड़ा मज़ा हो अगर वा न कर सके तू भी

तुझे ये ग़म कि मिरी ज़िन्दगी का क्या होगा
मुझे ये ज़िद कि मुदावा न कर सके तू भी

न कर ख़याले-तलाफ़ी कि मेरा ज़ख़्मे-वफ़ा
वो ज़ख़्म है जिसे अच्छा न कर सके तू भी

47

ये रात तुम्हारी है चमकते रहो तारो
वो आयें न आयें मगर उम्मीद न हारो

शायद किसी मंज़िल से कोई क़ाफ़िला आये
आशुफ़्ता-सरो सुब्ह तलक यूँ ही पुकारो

दिन भर तो चले अब ज़रा दम ले के चलेंगे
ऐ हम-सफ़रो! आज यहीं रात गुज़ारो

ये आलमे-वहशत है तो कुछ हो ही रहेगा
मंज़िल न सही सर किसी दीवार से मारो

ओझल हुए जाते हैं निगाहों से दो आलम
तुम आज कहाँ हो ग़मे-फ़ुर्क़त के सहारो

खोया है उसे जिसका बदल कोई नहीं है
ये बात मगर कौन सुने लाख पुकारो

48

फ़िक्रे-तामीरे-आशियाँ भी है
ख़ौफ़े-बेमेहरी-ए-ख़िज़ाँ भी है

ख़ाक भी उड़ रही है रस्तों में
आमदे-सुब्ह का समाँ भी है

रंग भी उड़ रहा है फूलों का
गुँचा-गुँचा शररफ़िशाँ भी है

ओस भी है कहीं-कहीं लर्ज़ां
बज़्मे-अंजुम धुआँ-धुआँ भी है

कुछ तो मौसम भी है ख़यालअंगेज़
कुछ तबीअत मिरी रवाँ भी है

कुछ तिरा हुस्न भी है होशरुबा
कुछ मिरी शोख़ी-ए-बयाँ भी है

हर नफ़स शौक़ भी है मंज़िल का
हर क़दम यादे-रफ़्तगाँ भी है

वज्ह-ए-तस्कीं भी है ख़याल उसका
हद से बढ़ जाये तो गिराँ भी है

ज़िन्दगी जिसके दम से है 'नासिर'
याद उसकी अज़ाबे-जाँ भी है

49

रंग सुब्हों के राग शामों के
जैसे सपना कोई उदास-उदास

कैसा सुनसान है सहर का समाँ
पत्तियाँ महवे-यास, घास उदास

ख़ैर हो शहरे-शबनमो-गुल की
कोई फिरता है आस-पास उदास

बैठे-बैठे बरस पड़ीं आँखें
कर गयी फिर किसी की आस उदास

कोई रह-रह के याद आता है
लिए फिरती है कोई बास उदास

मिल ही जायेगा रफ़्तगाँ का सुराग़
और कुछ दिन फिरो उदास-उदास

सुब्ह होने को है उठो 'नासिर'
घर में बैठे हो क्यों निरास उदास

50

किसी कली ने भी देखा न आँख भर के मुझे
गुज़र गयी जरसे-गुल उदास कर के मुझे

मैं सो रहा था किसी याद के शबिस्ताँ में
जगा के छोड़ गये क़ाफ़िले सहर के मुझे

मैं रो रहा था मुक़द्दर की सख़्त राहों में
उड़ा के ले गये जादू तिरी नज़र के मुझे

मैं तेरे दर्द की तुग़्यानियों में डूब गया
पुकारते रहे तारे उभर-उभर के मुझे

तिरे फ़िराक़ की रातें कभी न भूलेंगी
मज़े मिले उन्हीं रातों में उम्र भर के मुझे

ज़रा सी देर ठहरने दे ऐ ग़मे-दुनिया!
बुला रहा है कोई बाम से उतर के मुझे

फिर आज आई थी इक मौज-ए-हवा-ए-तरब
सुना गयी है फ़साने इधर-उधर के मुझे

51

साज़े-हस्ती की सदा ग़ौर से सुन
क्यूँ है ये शोर बपा ग़ौर से सुन

दिन के हंगामों को बेकार न जान
शब के पर्दों में है क्या ग़ौर से सुन

चढ़ते सूरज की अदा को पहचान
डूबते दिन की निदा ग़ौर से सुन

क्यूँ ठहर जाते हैं दरिया सरे-शाम
रूह के तार हिला ग़ौर से सुन

यास की छाँव में सोने वाले
जाग और शोर ज़रा ग़ौर से सुन

हर नफ़स दामे-गिरफ़्तारी है
नौ गिरफ़्तारे-बला ग़ौर से सुन

दिल तड़प उठता है क्यूँ आख़िरे-शब
दो-घड़ी कान लगा ग़ौर से सुन

उसी मंज़िल में हैं सब हिज्रो-विसाल
रहरवे-आबला-पा ग़ौर से सुन

उसी गोशे में हैं सब दैरो-हरम
दिल सनम है कि ख़ुदा ग़ौर से सुन

काबा सुनसान है क्यूँ ऐ वाइ'ज़!
हाथ कानों से उठा ग़ौर से सुन

मौत और ज़ीस्त के असरारे-रमूज़
आ मिरी बज़्म में आ ग़ौर से सुन

क्या गुज़रती है किसी के दिल पर
तू भी ऐ जाने-वफ़ा ग़ौर से सुन

कभी फ़ुर्सत हो तो ऐ सुब्हे-जमाल
शबगज़ीदों की दुआ ग़ौर से सुन

है यही साअते-ईजाबो-क़ुबूल
सुब्ह की लौ को ज़रा ग़ौर से सुन

कुछ तो कहती हैं चटककर कलियाँ
क्या सुनाती है सबा ग़ौर से सुन

बर्गे-आवारा भी इक मुतरिब है
ताइरे-नग़मासरा ग़ौर से सुन

रंग मिन्नतकशे-आवाज़ नहीं
कल भी है एक नवा ग़ौर से सुन

ख़ामुशी हासिले-मौसीक़ी है
नग़मा है नग़मानुमा ग़ौर से सुन

आइना देख के हैरान न हो
नग़मा-ए-आबे-सफ़ा ग़ौर से सुन

इश्क़ को हुस्न से ख़ाली न समझ
नाला-ए-अहले-वफ़ा ग़ौर से सुन

दिल से हर वक़्त कोई कहता है
मैं नहीं तुझसे जुदा ग़ौर से सुन

हर क़दम राहे-तलब में 'नासिर'
जरसे-दिल की सदा ग़ौर से सुन

52

बेमन्नते-ख़िज़्रे-राह रहना
मंज़ूर हमें तबाह रहना

यारों को नसीब सरफ़राज़ी
मुझको तिरी गर्दे-राह रहना

दिल एक अजीब घर है प्यारे
इस घर में भी गाह-गाह रहना

गर यूँ ही रही दिलों की रंजिश
मुश्किल है बहम निबाह रहना

भर आयेगी आँख भी किसी दिन
ख़ाली नहीं सर्फ़े-आह रहना

मैं हाथ नहीं उसे लगाया
ऐ बेगुनही गवाह रहना

'नासिर' ये वफ़ा नहीं जुनूँ है
अपना भी न ख़ैर-ख़्वाह रहना

53

क़हृ से देख न हर आन मुझे
आँख रखता है तो पहचान मुझे

यक-ब-यक आ के दिखा दो झुमकी
क्यों फ़िराते हो परेशान मुझे

एक-से-एक नयी मंज़िल में
लिये फिरता है तिरा ध्यान मुझे

सुन के आवाज़ा-ए-गुल कुछ न सुना
बस उसी दिन से हुए कान मुझे

जी ठिकाने नहीं जब से 'नासिर'
शहर लगता है बियाबान मुझे

- 1952 -

54

वा हुआ फिर दरे-मयख़ाना-ए-गुल
फिर सबा लायी है पैमाना-ए-गुल

ज़मज़मा-रेज़ हुए अहले-चमन
फिर चराग़ाँ हुआ काशाना-ए-गुल

रक़्स करती हुई शबनम की परी
लेके फिर आयी है नज़राना-ए-गुल

फूल बरसाये ये कहकर उसने
मेरा दीवाना है दीवाना-ए-गुल

फिर किसी गुल का इशारा पाकर
चाँद निकला सरे-मयख़ाना-ए-गुल

फिर सरे-शाम कोई शोलानवा
सो गया छेड़ के अफ़साना-ए-गुल

आज ग़ुर्बत में बहुत याद आया
ऐ वतन तेरा सनम-ख़ाना-ए-गुल

आज हम ख़ाक बसर फिरते हैं
हमसे थी रौनक़े-काशाना-ए-गुल

हम पे गुज़रे हैं ख़िज़ाँ के सदमे
हमसे पूछे कोई अफ़साना-ए-गुल

कल तिरा दौर था ऐ बाद-ए-सबा
हम हैं अब सुर्ख़ी-ए-अफ़साना-ए-गुल

हम ही गुलशन के अमीं हैं 'नासिर'
हम-सा कोई नहीं बेगाना-ए-गुल

55

जब से देखा है तिरे हाथ का चाँद
मैंने देखा ही नहीं रात का चाँद

ज़ुल्फ़े-शब-रंग के सद राहों में
मैंने देखा है तिलिस्मात का चाँद

रस कहीं, रूप कहीं, रंग कहीं
एक जादू है ख़यालात का चाँद

56

जब तलक दम रहा है आँखों में
एक आलम रहा है आँखों में

गिर्या पैहम रहा है आँखों में
रात भर नम रहा है आँखों में

उस गुले-तर की याद में ता सुब्ह
रक़्से-शबनम रहा है आँखों में

सुब्हे-रुख़्सत अभी नहीं भूली
वो समाँ रम रहा है आँखों में

दिल में इक उम्र जिसने शोर किया
वो बहुत कम रहा है आँखों में

कभी देखी थी उसकी एक झलक
रंग-सा जम रहा है आँखों में

57

कौन इस राह से गुज़रता है
दिल यूँ ही इंतज़ार करता है

देखकर भी न देखने वाले
दिल तुझे देख-देख डरता है

शहरे-गुल में कटी है सारी रात
देखिए दिन कहाँ गुज़रता है

ध्यान की सीढ़ियों पे पिछले पहर
कोई चुपके से पाँव धरता है

दिल तो मेरा उदास है 'नासिर'
शहर क्यूँ सायँ-सायँ करता है

58

चमन-दर-चमन वो रमक़ अब कहाँ
वो शोले शफ़क़-ता-शफ़क़ अब कहाँ

कराँ-ता-कराँ ज़ुल्मतें छा गयीं
वो जल्वे तबक़-दर-तबक़ अब कहाँ

बुझी आतिशे-गुल अँधेरा हुआ
वो उजले सुनहरे वरक़ अब कहाँ

बराबर है मिलना, न मिलना तिरा
बिछड़ने का तुझसे क़लक़ अब कहाँ

59

बेहिजाबाना अंजुमन में आ
कमसुख़न महफ़िले-सुख़न में आ

ऐ मिरे आहू-ए-रमीदा कभी
दिल के उजड़े हुए ख़ुतन में आ

दिल कि तेरा था अब भी तेरा है
फिर उसी मंज़िले-कुहन में आ

ऐ गुलिस्ताने-शब के चश्मो-चराग़
कभी उजड़े दिलों के बन में आ

कभी फ़ुर्सत मिले तो पिछले पहर
शबगुज़ीदों की अंजुमन में आ

सुब्हे-नौरस की आँख के तारे
चाँद मुरझा गया गहन में, आ

रंग भर दे अँधेरी रातों में
जाने-सुब्हे-वतन! वतन में आ

फूल झड़ने की शाम आ पहुँची
नौबहारे-चमन! चमन में आ

60

दम घुटने लगा है वज़्अ-ए-ग़म से
फिर ज़ोर से क़हक़हा लगाओ

फिर दिल की बिसात उलट न जाये
उम्मीद की चाल में न आओ

मैं दर्द के दिन गुज़ार लूँगा
तुम जश्ने-शबे-तरब मनाओ

कुछ सहल नहीं हमारा मिलना
ताबे-ग़मे-हिज्र है तो आओ

61

तारे गिनवाए या सहर दिखलाए
देखिए शामे-ग़म कहाँ ले जाए

सुब्हे-नौरस का राग सुनते ही
शबे-गुल के चराग़ मुरझाए

सुब्ह निकले थे फ़िक्रे-दुनिया में
ख़ाना-बर्बाद दिन ढले आए

क्यों न उस कमनुमा को चाँद कहूँ
चाँद को देखकर जो याद आए

62

दूर इस तीरा ख़ाकदाँ से दूर
देख दुनिया-ए-जिस्मो-जाँ से दूर

आने वाली बहार के अफ़्सूँ
देख वीराना-ए-ख़िज़ाँ से दूर

फूल जलते हैं शाख़चों से जुदा
शम्अ रोती है शम्अ-दाँ से दूर

शहर ख़ल्क़-ए-ख़ुदा से बेगाना
कारवाँ मीरे-कारवाँ से दूर

तेरे ज़िंदानियों की कौन सुने
बर्क़ चमकी है आशियाँ से दूर

चीख़ती हैं डरावनी रातें
चाँद निकला है आसमाँ से दूर

सो गया पिछली रात का जादू
कोई अब ले चले यहाँ से दूर

दिल अजब गोशा-ए-फ़राग़त है
क्यों भटकते हो इस मकाँ से दूर

कोई सुनता नहीं यहाँ 'नासिर'
बात दिल की रही ज़बाँ से दूर

63

चाँद निकला तो हमने वहशत में
जिसको देखा उसी को चूम लिया

रस के मानी जिसे नहीं मालूम
हमने उस रस-भरी को चूम लिया

फूल से नाचते हैं होंटों पर
जैसे सचमुच किसी को चूम लिया

64

लबे-मोजिज़-बयाँ ने छीन लिया
दिल का शोला ज़ुबाँ ने छीन लिया

दिल मिरा शब चराग़ था जिसको
मिज़ा-ए-ख़ूँफ़िशाँ ने छीन लिया

उम्र भर की मसर्रतों का ख़ुमार
ख़लिशे-नागहाँ ने छीन लिया

तेरा मिलना तो ख़ैर मुश्किल था
तेरा ग़म भी जहाँ ने छीन लिया

आ के मंज़िल पे आँख भर आयी
सब मज़ा रफ़्तगाँ ने छीन लिया

हर घड़ी आसमाँ को तकता हूँ
जैसे कुछ आसमाँ ने छीन लिया

बाग़ सुनसान हो गया 'नासिर'
आज वो गुल ख़िज़ाँ ने छीन लिया

65

आँखों में हैं दुख भरे फ़साने
रोने के फिर आ गये ज़माने

फिर दर्द ने आग राग छेड़ा
लौट आये वही समे पुराने

फिर चाँद को ले गयीं हवाएँ
फिर बाँसुरी छेड़ दी सबा ने

रस्तों में उदास ख़ुशबुओं के
फूलों ने लुटा दिए ख़ज़ाने

66

क़फ़स को चमन से सिवा जानते हैं
हर इक साँस को हम सबा जानते हैं

लहू रो के सींचा है हमने चमन को
हर इक फूल का माजरा जानते हैं

जिसे नग़मा-ए-नै समझती है दुनिया
उसे भी हम अपनी सदा जानते हैं

इशारा करे जो नयी ज़िन्दगी का
हम उस ख़ुदकुशी को रवा जानते हैं

तिरी धुन में कोसों सफ़र करने वाले
तुझे संगे-मंज़िलनुमा जानते हैं

67

आह! फिर नग़मा बना चाहती है
ख़ामुशी तर्ज़े-अदा चाहती है

आज फिर वुसअते-सहरा-ए-जुनूँ
पुर्सिशे-आबला-पा चाहती है

देख कैफ़ीयते-तूफ़ाने-बहार
बू-ए-गुल रंगे-हवा चाहती है

मौत आराइशे-हस्ती के लिए
ख़न्दा-ए-ज़ख़्मे-वफ़ा चाहती है

दिल में अब ख़ारे-तमन्ना भी नहीं
ज़िंदगी बर्गो-नवा चाहती है

सोच ऐ दुश्मने-अरबाबे-वफ़ा!
क्यों तुझे ख़ल्क़े-ख़ुदा चाहती है

इक हमीं बारे-चमन हैं वरना
गुंचे-गुंचे को सबा चाहती है

68

हर अदा आबे-रवाँ की लहर है
जिस्म है या चाँदनी का शहर है

फिर किसी डूबे हुए दिन का ख़याल
फिर वही इबरत-सरा-ए-दहर है

उड़ गये शाख़ों से ये कहकर तुयूर
इस गुलिस्ताँ की हवा में ज़हर है

69

शबनमआलूद पलक याद आयी
गुले-आरिज़ की झलक याद आयी

फिर सुलगने लगे यादों के खंडर
फिर कोई ताके-ख़ुनक याद आयी

कभी ज़ुल्फ़ों की घटा ने घेरा
कभी आँखों की चमक याद आयी

फिर किसी ध्यान ने डेरे डाले
कोई आवारा महक याद आयी

फिर कोई नग़मा गुलूगीर हुआ
कोई बेनाम कसक याद आयी

ज़र्रे फिर माइले-रम हैं 'नासिर'
फिर उन्हें सैरे-फ़लक याद आयी

70

इश्क़ जब ज़मज़मा-पैरा होगा
हुस्न ख़ुद महवे-तमाशा होगा

सुन के आवाज़ा-ए-ज़ंजीरे-सबा
क़फ़से-गुंचा का दर वा होगा

जरसे-शौक़ अगर साथ रही
हर नफ़स शहपरे-अन्क़ा होगा

दाइम आबाद रहेगी दुनिया
हम न होंगे कोई हम-सा होगा

कौन देखेगा तुलूअ-ए-ख़ुर्शीद
ज़र्रा जब दीदा-ए-बीना होगा

हम तुझे भूल के ख़ुश बैठे हैं
हम-सा बेदर्द कोई क्या होगा

फिर सुलगने लगा सहरा-ए-ख़याल
अब्र घिरकर कहीं बरसा होगा

फिर किसी ध्यान के सद राहे पर
दिले-हैरतज़दा तन्हा होगा

फिर किसी सुब्हे-तरब का जादू
पर्दा-ए-शब से हुवैदा होगा

गुलज़मीनों के ख़ुनक रमनों में
जश्ने-रामिशगरी बरपा होगा

फिर नयी रुत का इशारा पाकर
वो समन-बू चमनआरा होगा

गुले-शबताब की ख़ुश्बू लेकर
अबलक़े-सुब्ह रवाना होगा

फिर सरे-शाखे-शुआ-ए-ख़ुर्शीद
निकहते-गुल का बसेरा होगा

इक सदा संग में तड़पी होगी
इक शरर फूल में लर्ज़ा होगा

तुझको हर फूल में उर्यां सोते
चाँदनी रात ने देखा होगा

देखकर आइना-ए-आबे-रवाँ
पत्ता-पत्ता लब-ए-गोया होगा

शाम से सोच रहा हूँ 'नासिर'
चाँद किस शहर में उतरा होगा

- 1953-1957 -

71

कुछ तो एहसासे-ज़ियाँ था पहले
दिल का ये हाल कहाँ था पहले

अब तो झोंके से लरज़ उठता हूँ
नश्शा-ए-ख़्वाबे-गिराँ था पहले

अब तो मंज़िल भी है ख़ुद गर्मे-सफ़र
हर क़दम संगे-निशाँ था पहले

सफ़रे-शौक़ के फ़रसंग न पूछ
वक़्त बेक़ैदे-मकाँ था पहले

ये अलग बात कि ग़म रास है अब
इसमें अंदेशा-ए-जाँ था पहले

यूँ न घबराये हुए फिरते थे
दिल अजब कुंजे-अमाँ था पहले

अब भी तू पास नहीं है लेकिन
इस क़दर दूर कहाँ था पहले

डेरे डाले हैं बगूलों ने जहाँ
उस तरफ़ चश्मा रवाँ था पहले

अब वो दरिया, न वो बस्ती, न वो लोग
क्या ख़बर कौन कहाँ था पहले

हर ख़राबा ये सदा देता है
मैं भी आबाद मकाँ था पहले

उड़ गये शाख़ से ये कह के तुयूर
सर्व इक शोख़ जवाँ था पहले

क्या से क्या हो गयी दुनिया प्यारे
तू वहीं पर है जहाँ था पहले

हमने आबाद किया मुल्के-सुख़न
कैसा सुनसान समाँ था पहले

हमने बख़्शी है ख़मोशी को ज़बाँ
दर्द मजबूरे-फ़ुग़ाँ था पहले

हमने ईजाद किया तेशा-ए-अश्क
शोला पत्थर में निहाँ था पहले

हमने रौशन किया मामूरा-ए-ग़म
वरना हर सम्त धुआँ था पहले

हमने महफ़ूज़ किया हुस्ने-बहार
इत्रे-गुल सर्फ़े-ख़िज़ाँ था पहले

ग़म ने फिर दिल को जगाया 'नासिर'
ख़ाना-बर्बाद कहाँ था पहले

72

आइना ले के सबा फिर आयी
बुझती आँखों में ज़िया फिर आयी

ताज़ा-रस लम्हों की ख़ुश्बू लेकर
गुलज़मीनों की हवा फिर आयी

सुरमई देस के सपने लेकर
शबनमे-ज़मज़मा-पा फिर आयी

फिर चमकने लगीं सूनी राहें
सारबानों की सदा फिर आयी

फिर कोई क़ाफ़िला गुज़रा 'नासिर'
वही आवाज़े-दरा फिर आयी

73

क्यों ग़मे-रफ़्तगाँ करे कोई
फ़िक्रे-वामाँदगाँ करे कोई

तेरे आवारगाने-ग़ुर्बत को
शामिले-कारवाँ करे कोई

ज़िन्दगी के अज़ाब क्या कम हैं
क्यूँ ग़मे-लामकाँ करे कोई

दिल टपकने लगा है आँखों से
अब किसे राज़दाँ करे कोई

उस चमन में बरंगे-निकहते-गुल
उम्र क्यों रायगाँ करे कोई

शहर में शोर, घर में तन्हाई
दिल की बातें कहाँ करे कोई

ये ख़राबे ज़रूर चमकेंगे
एतिबारे-ख़िज़ाँ करे कोई

74

किसके जल्वों की धूप बरसी है
आज तो शाम भी सहर-सी है

अहले-ग़म हैं कि सुब्ह की तस्वीर
दिल बुझा-सा है आँख तरसी है

क्यों न खींचे दिलों को वीराना
उसकी सूरत भी अपने घर-सी है

बेसमर ही रही है शाख़े-मुराद
बर्फ़ पिघली तो आग बरसी है

दिल में अब क्या रहा है तेरे बाद
एक सुनसान रहगुज़र-सी है

सुब्ह तक हम न सो सके 'नासिर'
रात भर कितनी ओस बरसी है

75

नित नयी सोच में लगे रहना
हमें हर हाल में ग़ज़ल कहना

सहने-मक्तब में हमसिनों के साथ
संगरेज़ों को ढूँढ़ते रहना

घर के आँगन में आधी-आधी रात
मिल के बाहम कहानियाँ कहना

दिन चढ़े छाँव में बबूलों की
रमे-आहू को देखते रहना

अब्रपारों को, सब्ज़ाज़ारों को
देखते रहना, सोचते रहना

शहर वालों से छुप के पिछली रात
चाँद में बैठकर ग़ज़ल कहना

रेत के फूल, आग के तारे
ये है फ़स्ले-मुराद का कहना

सोचता हूँ कि संगे-मंज़िल ने
चाँदनी का लिबास क्यों पहना

क्या ख़बर कब कोई किरन फूटे
जागने वालो! जागते रहना

76

सर में जब इश्क़ का सौदा न रहा
क्या कहें ज़ीस्त में क्या-क्या न रहा

अब तो दुनिया भी वो दुनिया न रही
अब तिरा ध्यान भी उतना न रहा

क़िस्सा-ए-शौक़ सुनाऊँ किसको
राज़दारी का ज़माना न रहा

ज़िन्दगी जिसकी तमन्ना में कटी
वो मिरे हाल से बेगाना रहा

डेरे डाले हैं ख़िज़ाँ ने चौंदेस
गुल तो गुल, बाग़ में काँटा न रहा

दिन दहाड़े ये लहू की होली
ख़ल्क़ को ख़ौफ़ ख़ुदा का न रहा

अब तो सो जाओ सितम के मारो !
आसमाँ पर कोई तारा न रहा

77

मुद्दत हुई कि सैरे-चमन को तरस गये
गुल क्या गुबारे-बू-ए-समन को तरस गये

हाँ, ऐ सुकूते-तिश्नगी-ए-दर्द कुछ तो बोल!
काँटे ज़बाँ के आबे-सुख़न को तरस गये

दिल में कोई सदा है न आँखों में कोई रंग
तन के रफ़ीक़ सोहबते-तन को तरस गये

इस अहद-ए-नौ में क़द्रे-मता-ए-वफ़ा नहीं
उस रस्मो-राहे-अहदे-ए-कुहन को तरस गये

मंज़िल की ठंडकों ने लहू सर्द कर दिया
जी सुस्त है कि पाँव चुभन को तरस गये

अंधेर है कि जल्वा-ए-जानाँ के बावजूद
कूचे नज़र के एक किरन को तरस गये

78

ख़्वाब में रात हमने क्या देखा
आँख खुलते ही चाँद-सा देखा

क्यारियाँ धूल से अटी पायीं
आशियाना जला हुआ देखा

फ़ाख़्ता सरनिगूँ बबूलों में
फूल को फूल से जुदा देखा

उसने मंज़िल पे ला के छोड़ दिया
उम्र भर जिसका रास्ता देखा

हमने मोती समझ के चूम लिया
संगरेज़ा जहाँ पड़ा देखा

कमनुमा हम भी हैं मगर प्यारे
कोई तुझ-सा न ख़ुदनुमा देखा

79

रंग दिखलाती है क्या-क्या उम्र की रफ़्तार भी
बाल चाँदी हो गये, सोना हुए रुख़्सार भी

दर्द के झोकों ने अब के दिल ही ठंडा कर दिया
आग बरसाता था आगे दीदा-ए-ख़ूँबार भी

बैठे-बैठे जाने क्यों बेताब हो जाता है दिल
पूछते क्या हो मियाँ अच्छा भी हूँ बीमार भी

शौक़े-आज़ादी लिए जाता है आलम से परे
रोकती है हर क़दम आवाज़े-पा-ए-यार भी

सादगी से तुम न समझे तर्के-दुनिया का सबब
वरना वो दरवेश थे पर्दे में दुनियादार भी

किस तरह गुज़रेगा 'नासिर' फ़ुर्सते-हस्ती का दिन
जम गया दीवार बनकर साया-ए-दीवार भी

80

बेगानावार उनसे मुलाक़ात हो तो हो
अब दूर-दूर ही से कोई बात हो तो हो

मुश्किल है फिर मिलें कभी याराने-रफ़्तगाँ
तक़दीर ही से अब ये करामात हो तो हो

उनको तो याद आये हुए मुद्दतें हुईं
जीने की वज्ह और कोई बात हो तो हो

क्या जानूँ क्यों उलझते हैं वो बात-बात पर
मक़सद कुछ इससे तर्के-मुलाक़ात हो तो हो

81

हुस्न को दिल में छिपाकर देखो
ध्यान की शमअ जलाकर देखो

क्या ख़बर कोई दफ़ीना मिल जाये
कोई दीवार गिराकर देखो

फ़ाख़्ता चुप है बड़ी देर से क्यों
सर्व की शाख़ हिलाकर देखो

क्यों चमन छोड़ दिया ख़ुश्बू ने
फूल के पास तो जाकर देखो

नहर क्यों सो गयी चलते-चलते
कोई पत्थर ही गिराकर देखो

दिल में बेताब हैं क्या-क्या मंज़र
कभी इस शहर में आकर देखो

इन अँधेरों में किरन है कोई
शबज़दो! आँख उठाकर देखो

82

वो इस अदा से जो आये तो क्यूँ भला न लगे
हज़ार बार मिलो फिर भी आश्ना न लगे

कभी वो ख़ास इनायत कि सौ गुमाँ गुज़रें
कभी वो तर्ज़े-तग़ाफ़ुल कि मेहरमाना लगे

वो सीधी-सादी अदाएँ कि बिजलियाँ बरसें
वो दिलबराना मुरव्वत कि आशिक़ाना लगे

दिखाऊँ दाग़े-मुहब्बत जो नागवार न हो
सुनाऊँ क़िस्सा-ए-फ़ुर्क़त अगर बुरा न लगे

बहुत ही सादा है तू और ज़माना है अय्यार
ख़ुदा करे कि तुझे शहर की हवा न लगे

बुझा न दें ये मुसलसल उदासियाँ दिल को
वो बात कर कि तबीअत को ताज़ियाना लगे

जो घर उजड़ गये उनका न रंज कर प्यारे
वो चारा कर कि ये गुलशन उजाड़-सा न लगे

इताबे-अहले-जहाँ सब भुला दिए लेकिन
वो ज़ख़्म याद हैं अब तक जो ग़ायबाना लगे

वो रंग दिल को दिये हैं लहू की गर्दिश ने
नज़र उठाऊँ तो दुनिया निगारख़ाना लगे

अजीब ख़्वाब दिखाते हैं नाख़ुदा हमको
ग़रज़ ये है कि सफ़ीना किनारे जा न लगे

लिये ही जाती है हरदम कोई सदा 'नासिर'
ये और बात सुराग़े-निशाने-पा न लगे

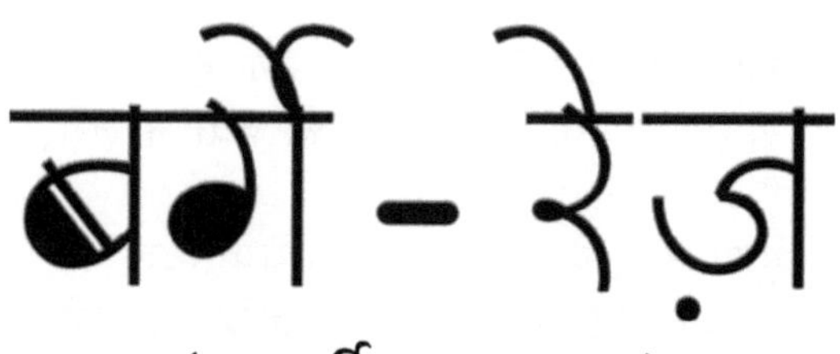

(मुतफ़र्रिक़ अशआर)

चमन में फिर रसनो-तौक़ो-दार के दिन हैं
कहाँ पड़े हो असीरो! बहार के दिन हैं

ये शोर रौज़ने-ज़िंदाँ से साफ़ सुनता हूँ
कोई कहे-न-कहे ये बहार के दिन हैं

•••••

उसके आने की कुछ कहो यारो
नींद तो ख़ैर आ ही जायेगी

मुँह लपेटे पड़े रहो 'नासिर'
हिज्र की रात ढल ही जायेगी

•••••

फ़ुर्सते-मौसमे-नशात न पूछ
जैसे इक ख़्वाब, ख़्वाब में देखा

•••••

न पूछ आज शबे-हिज्र किस क़दर है उदास
कहीं-कहीं कोई तारा है और कुछ भी नहीं

रवाँ-दवाँ हैं सफ़ीने तलाश में जिसकी
वो इक शिकस्ता किनारा है और कुछ भी नहीं

ये आज कौन से तूफ़ाँ में है सफ़ीना-ए-दिल
कि दूर-दूर किनारे नज़र नहीं आते

हुजूमे-यास है और मंज़िलों अँधेरा है
वो रात है कि सितारे नज़र नहीं आते

•••••

हमने तुझको लाख पुकारा तू लेकिन ख़ामोश रहा
आख़िर सारी दुनिया से हम तेरे बहाने रूठ गये

•••••

बैठे-बैठे घबराये हम
जाने किसको याद आये हम

•••••

असीरो कुछ न होगा शोरो-शर से
लिपटकर सो रहो ज़ंजीरे-दर से

•••••

क्या कमी आ गयी वफ़ाओं में
वो असर ही नहीं दुआओं में

•••••

भटक रहा है जहाँ क़ाफ़िला बगूलों का
कभी हुजूम था इन रास्तों में फूलों का

क्या बला आसमान से उतरी
उसकी सूरत भी ध्यान से उतरी

घर में उस शोला-रू के आते ही
रौशनी शमअदान से उतरी

• • • • •

रैन अँधेरी है और किनारा दूर
चाँद निकले तो पार उतर जायें

यूँ परेशाँ हुईं तिरी यादें
जैसे औराक़े-गुल बिखर जायें

• • • • •

परसोख़्ता पतंगे, शमएँ बुझी-बुझी सी
दिलसोज़ हैं मनाज़िर बज़्मे-सहरगही के

• • • • •

घर लुटाकर वतन में जी न लगा
फिर किसी अंजुमन में जी न लगा

• • • • •

तुम ही कहो ऐ अंजुमे-शब
कितनी दूर है शहरे-तरब

• • • • •

उठी थी आज दिल से फिर इक आवाज़
उलझकर रह गयी तारे-गुलू से

• • • • •

घुट के मर जाऊँगा ऐ सुब्हे-जमाल
मैं अँधेरे में हूँ, आवाज़ न दे

• • • • •

कोई झोंका जो सरे-शाम आया
मैं ये समझा तिरा पैग़ाम आया

ज़िंदगी उसके तसव्वुर में कटी
दूर रहकर भी वही काम आया

• • • • •

दिन का चराग़ निकला गुल हो गये सितारे
दुनिया के शोरो-गुल में दिल अब किसे पुकारे

• • • • •

ऐ दिल न तड़प कि क़हर हो
रुस्वा कोई शहर-शहर होगा

• • • • •

आलमे-ख़्वाब में दिखाये गये
कब के साथी कहाँ मिलाये गये

• • • • •

कैसी गर्दिश में अब के साल पड़ा
जंग सर से टली तो काल पड़ा

तुझसे मिलकर भी दिल को चैन नहीं
दरमियाँ फिर वही सवाल पड़ा

• • • • •

न फूल झड़ते हैं हम पर न बर्क़ गिरती है
पड़े हुए हैं ब-उन्वाने-सब्ज़ा-ए-बेकार

• • • • •

अब दिल में क्या रहा है तिरी याद हो तो हो
ये घर इसी चराग़ से आबाद हो तो हो

• • • • •

अव्वलीं शबे-गुलशन किस क़दर सुहानी थी
अजनबी महक पाकर हम निकल पड़े घर से

• • • • •

एक तुम ही न मिल सके वरना
मिलने वाले बिछड़-बिछड़ के मिले

रोये हम मौसमे-बहार के बाद
अब की पतझड़ में कितने फूल खिले

• • • • •

सीना-ए-नै में सदा मेरी है
इसमें कुछ तर्ज़े-अदा मेरी है

बाग़ तेरा ही सही ऐ गुलचीं
फूल मेरे हैं, सबा मेरी है

• • • • •

न पूछो किस ख़राबे में पड़े हैं
तहे-अब्रे-रवाँ प्यासे खड़े हैं

ज़रा घर से निकलकर देख 'नासिर'
चमन में किस क़दर पत्ते झड़े हैं

• • • • •

वीरान पड़ा है मयकदा हुस्ने-ख़याल का
ये दौर है बहा-ए-हुनर के ज़वाल का

• • • • •

ढूँढ़ेंगे लोग मुझको हर महफ़िले-सुख़न में
हर दौर की ग़ज़ल में मेरा निशाँ मिलेगा

• • • • •

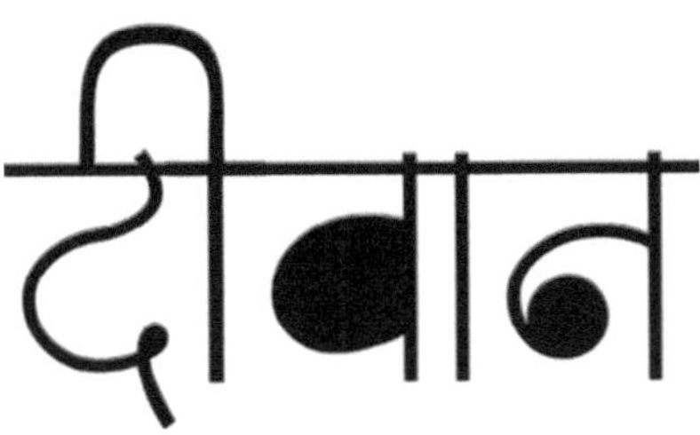

(प्रकाशन वर्ष : 1972)

जाने का नहीं शोर सुख़न का मिरे हरगिज़
ता हश्र जहाँ में मिरा दीवान रहेगा

- मीर तक़ी 'मीर'

01

आराइशे-ख़याल भी हो दिलकुशा भी हो
वो दर्द अब कहाँ जिसे जी चाहता भी हो

ये क्या कि रोज़ एक-सा ग़म एक-सी उमीद
इस रंजे-बेख़ुमार की अब इंतिहा भी हो

ये क्या कि एक तौर से गुज़रे तमाम उम्र
जी चाहता है अब कोई तेरे सिवा भी हो

टूटे कभी तो ख़्वाबे-शबो-रोज़ का तिलिस्म
इतने हुजूम में कोई चेहरा नया भी हो

दीवानगी-ए-शौक़ को ये धुन है इन दिनों
घर भी हो और बेदरो-दीवार-सा भी हो

जुज़ दिल कोई मकान नहीं दहर में जहाँ
रहज़न का ख़ौफ़ भी न रहे, दर खुला भी हो

हर ज़र्रा एक महमिले-इबरत है दश्त का
लेकिन किसे दिखाऊँ कोई देखता भी हो

हर शय पुकारती है पसे-पर्दा-ए-सुकूत
लेकिन किसे सुनाऊँ कोई हमनवा भी हो

फ़ुर्सत में सुन शगुफ़्तगी-ए-ग़ुँचा की सदा
ये वो सुख़न नहीं जो किसी ने कहा भी हो

बैठा है एक शख़्स मिरे पास देर से
कोई भला-सा हो तो हमें देखता भी हो

बज़्मे-सुख़न भी हो सुख़ने-गर्म के लिए
ताऊस बोलता हो तो जंगल हरा भी हो

(1957)

02

नीयते-शौक़ भर न जाये कहीं
तू भी दिल से उतर न जाये कहीं

आज देखा है तुझको देर के बाद
आज का दिन गुज़र न जाये कहीं

ना मिला कर उदास लोगों से
हुस्न तेरा बिखर न जाये कहीं

आरज़ू है कि तू यहाँ आये
और फिर उम्र भर न जाये कहीं

जी जलाता हूँ और सोचता हूँ
रायगाँ ये हुनर न जाये कहीं

आओ कुछ देर रो ही लें 'नासिर'
फिर ये दरिया उतर न जाये कहीं

03

मुम्किन नहीं मता-ए-सुख़न मुझसे छीन ले
गो बाग़बाँ ये कुंजे-चमन मुझसे छीन ले

गर एहतिरामे-रस्मे-वफ़ा है तो ऐ ख़ुदा
ये एहतिरामे-रस्मे-कुहन मुझसे छीन ले

मंज़र दिलो-निगाह के जब हो गये उदास
ये बेफ़ज़ा इलाक़ा-ए-तन मुझसे छीन ले

गुलरेज़ मेरी नालाकशी से है शाख़-शाख़
गुलचीं का बस चले तो ये फ़न मुझसे छीन ले

सींची हैं दिल के ख़ून से मैंने ये क्यारियाँ
किसकी मजाल मेरा चमन मुझसे छीन ले

(1956, कराची, रेडियो पाकिस्तान)

04

फिर सावन रुत की पवन चली तुम याद आये
फिर पत्तों की पाज़ेब बजी तुम याद आये

फिर कुंजें बोलीं घास के हरे समुंदर में
रुत आयी पीले फूलों की तुम याद आये

फिर कागा बोला घर के सूने आँगन में
फिर अमृत-रस की बूँद पड़ी तुम याद आये

पहले तो मैं चीख़ के रोया और फिर हँसने लगा
बादल गरजा, बिजली चमकी, तुम याद आये

दिन भर तो मैं दुनिया के धंधों में खोया रहा
जब दीवारों से धूप ढली तुम याद आये

05

मुसलसल बेकली दिल को रही है
मगर जीने की सूरत तो रही है

मैं क्यूँ फिरता हूँ तन्हा मारा-मारा
ये बस्ती चैन से क्यूँ सो रही है

चले दिल से उमीदों के मुसाफ़िर
ये नगरी आज ख़ाली हो रही है

न समझो तुम इसे शोरे-बहाराँ
ख़िज़ाँ पत्तों में छुपकर रो रही है

हमारे घर की दीवारों पे 'नासिर'
उदासी बाल खोले सो रही है

(1953)

06

'नासिर' क्या कहता फिरता है कुछ न सुनो तो बेहतर है
दीवाना है दीवाने के मुँह न लगो तो बेहतर है

कल जो था वो आज नहीं, जो आज है कल मिट जायेगा
रूखी-सूखी जो मिल जाये शुक्र करो तो बेहतर है

कल ये ताबो-तवाँ न रहेगी, ठंडा हो जायेगा लहू
नामे-ख़ुदा हो जवान अभी कुछ कर गुज़रो तो बेहतर है

क्या जाने क्या रुत बदले हालात का कोई ठीक नहीं
अब के सफ़र में तुम भी हमारे साथ चलो तो बेहतर है

कपड़े बदलकर, बाल बनाकर कहाँ चले हो किसके लिए
रात बहुत काली है 'नासिर' घर में रहो तो बेहतर है

(दिसम्बर, 1956)

07

सुनाता है कोई भूली कहानी
महकते मीठे दरियाओं का पानी

यहाँ जंगल थे आबादी से पहले
सुना है मैंने लोगों की ज़ुबानी

यहाँ इक शहर था शहरे-निगाराँ
न छोड़ी वक़्त ने उसकी निशानी

मैं वो दिल हूँ दबिस्ताने-अलम का
जिसे रोयेगी बरसों शादमानी

तसव्वुर ने उसे देखा है अक्सर
ख़िरद कहती है जिसको लामकानी

ख़यालों ही में अक्सर बैठे-बैठे
बसा लेता हूँ इक दुनिया सुहानी

हुजूमे-नश्शा-ए-फ़िक्रे-सुख़न में
बदल जाते हैं लफ़्ज़ों के मआ'नी

बता ऐ ज़ुल्मते-सहरा-ए-इम्काँ
कहाँ होगा मिरे ख़्वाबों का सानी

अँधेरी शाम के पर्दों में छुपकर
किसे रोती है चश्मों की रवानी

किरन, परियाँ उतरती हैं कहाँ से
कहाँ जाते हैं रस्ते कहकशानी

पहाड़ों से चली फिर कोई आँधी
उड़े जाते हैं औराक़े-ख़िज़ानी

नयी दुनिया के हंगामों में 'नासिर'
दबी जाती हैं आवाज़ें पुरानी

(1954)

08

रह-नवर्दे-बियाबाने-ग़म सब्र कर, सब्र कर
कारवाँ फिर मिलेंगे बहम सब्र कर, सब्र कर

बेनिशाँ है सफ़र रात सारी पड़ी है, मगर
आ रही है सदा दम-ब-दम सब्र कर, सब्र कर

तेरी फ़रियाद गूँजेगी धरती से आकाश तक
कोई दिन और सह ले सितम सब्र कर, सब्र कर

तेरे क़दमों से जागेंगे उजड़े दिलों के ख़ुतन
पा शिकस्ता ग़ज़ाले-हरम सब्र कर, सब्र कर

शहर उजड़े तो क्या है कुशादा ज़मीने-ख़ुदा
इक नया घर बनायेंगे हम सब्र कर, सब्र कर

ये महल्लाते-शाही तबाही के हैं मुंतज़िर
गिरने वाले हैं इनके अलम सब्र कर, सब्र कर

दफ़ बजायेंगे बर्गो-शजर सफ़-ब-सफ़ हर तरफ़
ख़ुश्क मिट्टी से फूटेगा नम सब्र कर, सब्र कर

लहलहायेंगी फिर खेतियाँ कारवाँ-कारवाँ
खुल के बरसेगा अब्रे-करम सब्र कर, सब्र कर

क्यूँ पटकता है सर संग से, जी जला ढंग से
दिल ही बन जायेगा ख़ुद सनम सब्र कर, सब्र कर

पहले खिल जाये दिल का कँवल फिर लिखेंगे ग़ज़ल
कोई दम ऐ सरीरे-क़लम! सब्र कर, सब्र कर

दर्द के तार मिलने तो दे, होंठ हिलने तो दे
सारी बातें करेंगे रक़म सब्र कर, सब्र कर

देख 'नासिर' ज़माने में कोई किसी का नहीं
भूल जा उसके क़ौलो-क़सम सब्र कर, सब्र कर

(02.11.1956)

09

दुख की लहर ने छेड़ा होगा
याद ने कंकर फेंका होगा

आज तो मेरा दिल कहता है
तू इस वक़्त अकेला होगा

मेरे चूमे हुए हाथों से
औरों को ख़त लिखता होगा

भीग चलीं अब रात की पलकें
तू अब थककर सोया होगा

रेल की गहरी सीटी सुनकर
रात का जंगल गूँजा होगा

शहर के ख़ाली स्टेशन पर
कोई मुसाफ़िर उतरा होगा

आँगन में फिर चिड़ियाँ बोलीं
तू अब सोकर उट्ठा होगा

यादों की जलती शबनम से
फूल-सा मुखड़ा धोया होगा

मोती जैसी शक्ल बनाकर
आईने को तकता होगा

शाम हुई अब तू भी शायद
अपने घर को लौटा होगा

नीली धुँदली ख़ामोशी में
तारों की धुन सुनता होगा

मेरा साथी शाम का तारा
तुझसे आँख मिलाता होगा

शाम के चलते हाथ ने तुझको
मेरा सलाम तो भेजा होगा

प्यासी कुरलाती कूँजों ने
मेरा दुख तो सुनाया होगा

मैं तो आज बहुत रोया हूँ
तू भी शायद रोया होगा

'नासिर' तेरा मीत पुराना
तुझको याद तो आता होगा

(1962)

10

गुल नहीं, मय नहीं, पियाला नहीं
कोई भी यादगारे-रफ़्ता नहीं

फ़ुर्सते-शौक़ बन गयी दीवार
अब कहीं भागने का रस्ता नहीं

होश की तल्ख़ियाँ मिटें कैसे
जितनी पीता हूँ उतना नश्शा नहीं

दिल की गहराइयों में डूब के देख
कोई नग़मा ख़ुशी का नग़मा नहीं

ग़म ब हर रंगे-दिलकुशा है मगर
सुनने वालों को ताबे-नाला नहीं

मुझसे कहती है मौजे-सुब्हे-निशात
फूल ख़ेमा है पेश ख़ेमा नहीं

अभी वो रंग दिल में पेचाँ हैं
जिन्हें आवाज़ से इलाक़ा नहीं

अभी वो दश्त मुंतज़िर हैं मिरे
जिन पे तहरीर पा-ए-नाक़ा नहीं

ये अँधेरे सुलग भी सकते हैं
तेरे दिल में मगर वो शोला नहीं

राख का ढेर है वो दिल 'नासिर'
जिसकी धड़कन सदा-ए-तेशा नहीं

(1954)

11

इन सहमे हुए शहरों की फ़ज़ा कुछ कहती है
कभी तुम भी सुनो ये धरती क्या कुछ कहती है

ये ठिठुरी हुई लम्बी रातें कुछ पूछती हैं
ये ख़ामुशी-ए-आवाज़नुमा कुछ कहती है

सब अपने घरों में लम्बी तान के सोते हैं
और दूर कहीं कोयल की सदा कुछ कहती है

जब रात को तारे बारी-बारी जागते हैं
कई डूबे हुए तारों की निदा कुछ कहती है

कभी भोर भये, कभी शाम पड़े, कभी रात गये
हर आन बदलती रुत की हवा कुछ कहती है

मेहमान हैं हम, मेहमानसरा है ये नगरी
मेहमानों को मेहमानसरा कुछ कहती है

बेदार रहो, बेदार रहो, बेदार रहो
ऐ हम-सफ़रो! आवाज़े-दरा कुछ कहती है

'नासिर' आशोबे-ज़माना से ग़ाफ़िल न रहो
कुछ होता है जब ख़ल्क़े-ख़ुदा कुछ कहती है

12

अपनी धुन में रहता हूँ
मैं भी तेरे जैसा हूँ

ओ पिछली रुत के साथी
अब के बरस मैं तन्हा हूँ

तेरी गली में सारा दिन
दुख के कंकर चुनता हूँ

मुझसे आँख मिलाये कौन
मैं तेरा आईना हूँ

मेरा दिया जलाये कौन
मैं तिरा ख़ाली कमरा हूँ

तेरे सिवा मुझे पहने कौन
मैं तिरे तन का कपड़ा हूँ

तू जीवन की भरी गली
मैं जंगल का रस्ता हूँ

आती रुत मुझे रोयेगी
जाती रुत का झोंका हूँ

अपनी लहर है अपना रोग
दरिया हूँ और प्यासा हूँ

13

गली-गली मिरी याद बिछी है प्यारे रस्ता देख के चल
मुझसे इतनी वहशत है तो मेरी हदों से दूर निकल

एक समय तिरा फूल-सा नाज़ुक हाथ था मेरे शानों पर
एक ये वक़्त कि मैं तन्हा और दुख के काँटों का जंगल

याद है अब तक तुझसे बिछड़ने की वो अँधेरी शाम मुझे
तू ख़ामोश खड़ा था लेकिन बातें करता था काजल

मैं तो एक नयी दुनिया की धुन में भटकता फिरता हूँ
मेरी तुझसे कैसे निभेगी एक हैं तेरे फ़िक्रो-अमल

मेरा मुँह क्या देख रहा है देख इस काली रात को देख
मैं वही तेरा हमराही हूँ साथ मिरे चलना हो तो चल

(1963)

14

जब ज़रा तेज़ हवा होती है
कैसी सुनसान फ़ज़ा होती है

हमने देखे हैं वो सन्नाटे भी
जब हर इक साँस सदा होती है

दिल का ये हाल हुआ तेरे बाद
जैसे वीरान सरा होती है

रोना आता है हमें भी लेकिन
इसमें तौहीने-वफ़ा होती है

मुँह-अँधेरे कभी उठकर देखो
क्या तरो-ताज़ा हवा होती है

अजनबी ध्यान की हर मौज के साथ
किस क़दर तेज़ हवा होती है

ग़म की बेनूर गुज़रगाहों में
इक किरन ज़ौक़-फ़ज़ा होती है

ग़मगुसारे - सफ़रे - राहे - वफ़ा
मिज़ा-ए-आबला-पा होती है

गुलशने-फ़िक्र की मुँह-बंद कली
शबे-महताब में वा होती है

जब निकलती है निगारे-शबे-गुल
मुँह पे शबनम की रिदा होती है

हादसा है कि ख़िज़ाँ से पहले
बू-ए-गुल, गुल से जुदा होती है

इक नया दौर जनम लेता है
एक तहज़ीब फ़ना होती है

जब कोई ग़म नहीं होता 'नासिर'
बेकली दिल की सिवा होती है

(1953)

15

शहर सुनसान है किधर जायें
ख़ाक होकर कहीं बिखर जायें

रात कितनी गुज़र गयी लेकिन
इतनी हिम्मत नहीं कि घर जायें

यूँ तिरे ध्यान से लरज़ता हूँ
जैसे पत्ते हवा से डर जायें

उन उजालों की धुन में फिरता हूँ
छब दिखाते ही जो गुज़र जायें

रैन अँधेरी है और किनारा दूर
चाँद निकले तो पार उतर जायें

16

दिल में इक लहर-सी उठी है अभी
कोई ताज़ा हवा चली है अभी

कुछ तो नाज़ुक मिज़ाज हैं हम भी
और ये चोट भी नयी है अभी

शोर बरपा है ख़ाना-ए-दिल में
कोई दीवार-सी गिरी है अभी

भरी दुनिया में जी नहीं लगता
जाने किस चीज़ की कमी है अभी

तू शरीके-सुख़न नहीं है तो क्या
हमसुख़न तेरी ख़ामुशी है अभी

याद के बेनिशाँ जज़ीरों से
तेरी आवाज़ आ रही है अभी

शहर की बेचराग़ गलियों में
ज़िन्दगी तुझको ढूँढ़ती है अभी

सो गये लोग उस हवेली के
एक खिड़की मगर खुली है अभी

तुम तो यारो अभी से उठ बैठे
शहर में रात जागती है अभी

वक़्त अच्छा भी आयेगा 'नासिर'
ग़म न कर ज़िन्दगी पड़ी है अभी

(1961)

17

ऐ हमसुख़न! वफ़ा का तक़ाज़ा है अब यही
मैं अपने हाथ काट लूँ तू अपने होंठ सी

किन बेदिलों में फेंक दिया हादिसात ने
आँखों में जिनकी नूर न बातों में ताज़गी

बोल ऐ मिरे दयार की सोयी हुई ज़मीं!
मैं जिनको ढूँढ़ता हूँ कहाँ हैं वो आदमी

वो शायरों का शहर, वो लाहौर बुझ गया
उगते थे जिसमें शेर वो खेती ही जल गयी

मीठे थे जिनके फल वो शजर कट-कटा गये
ठण्डी थी जिसकी छाँव वो दीवार गिर गयी

बाज़ार बंद, रास्ते सुनसान बेचराग़
वो रात है कि घर से निकलता नहीं कोई

गलियों में अब तो शाम से फिरते हैं पहरादार
है कोई-कोई शमअ सो वो भी बुझी-बुझी

ऐ रौशनी-ए-दीदा-ओ-दिल अब नज़र भी आ
दुनिया तिरे फ़िराक़ में अंधेर हो गयी

अल क़िस्सा जेब चाक ही करनी पड़ी हमें
गो इब्तिदा-ए-ग़म में बड़ी एहतियात की

अब जी में है कि सर किसी पत्थर से फोड़िए
मुम्किन है क़ल्बे-संग से निकले कोई परी

बेकार बैठे रहने से बेहतर है कोई दिन
तस्वीर खींचिए किसी मौज-ए-ख़याल की

'नासिर' बहुत-सी ख़्वाहिशें दिल में हैं बेक़रार
लेकिन कहाँ से लाऊँ वो बेफ़िक्र ज़िंदगी

(1957)

18

फूल ख़ुश्बू से जुदा है अब के
यारो ये कैसी हवा है अब के

दोस्त बिछड़े हैं कई बार मगर
ये नया दाग़ खिला है अब के

पत्तियाँ रोती हैं सर पीटती हैं
क़त्ले-गुल आम हुआ है अब के

शफ़क़ी हो गयी दीवारे-ख़याल
किस क़दर ख़ून बहा है अब के

मंज़रे-ज़ख़्मे-वफ़ा किसको दिखायें
शहर में क़हते-वफ़ा है अब के

वो तो फिर ग़ैर थे लेकिन यारो
काम अपनों से पड़ा है अब के

क्या सुनें शोरे-बहाराँ 'नासिर'
हमने कुछ और सुना है अब के

19

दफ़अतन दिल में किसी याद ने ली अँगड़ाई
इस ख़राबे में ये दीवार कहाँ से आई

आज खुलने ही को था दर्दे-मुहब्बत का भरम
वो तो कहिए कि अचानक ही तिरी याद आई

नश्शा-ए-तल्ख़ी-ए-अय्याम उतरता ही नहीं
तेरी नज़रों ने गुलाबी तो बहुत छलकाई

यूँ तो हर शख़्स अकेला है भरी दुनिया में
फिर भी हर दिल के मुक़द्दर में नहीं तन्हाई

यूँ तो मिलने को वो हर रोज़ ही मिलता है मगर
देखकर आँख उसे आज बहुत ललचाई

डूबते चाँद पे रोयी हैं हज़ारों आँखें
मैं तो रोया भी नहीं तुम को हँसी क्यूँ आई

रात भर जागते रहते हो भला क्यूँ 'नासिर'
तुमने ये दौलते-बेदार कहाँ से पाई

20

सरे-मक़्तल भी सदा दी हमने
दिल की आवाज़ सुना दी हमने

पहले एक रौज़ने-दर तोड़ा था
अब के बुनियाद हिला दी हमने

फिर सरे-सुब्ह वो क़िस्सा छेड़ा
दिन की क़ंदील बुझा दी हमने

आतिशे-ग़म के शरारे चुनकर
आग ज़िंदाँ में लगा दी हमने

रह गये दस्ते-सबा कुमलाकर
फूल को आग पिला दी हमने

आतिशे-गुल हो कि हो शोला-ए-साज़
जलने वालों को हवा दी हमने

कितने अदवार की गुमगश्ता नवा
सीना-ए-नै में छिपा दी हमने

दमे-महताब फ़िशाँ से 'नासिर'
आज तो रात जगा दी हमने

21

धूप निकली दिन सुहाने हो गये
चाँद के सब रंग फीके हो गये

क्या तमाशा है कि बेअय्यामे-गुल
टहनियों के हाथ पीले हो गये

इस क़दर रोया हूँ तेरी याद में
आइने आँखों के धुँधले हो गये

हम भला चुप रहने वाले थे कहीं
हाँ मगर हालात ऐसे हो गये

अब तो ख़ुश हो जायें अरबाबे-हवस
जैसे वो थे हम भी वैसे हो गये

हुस्न अब हंगामाआरा हो तो हो
इश्क़ के दावे तो झूठे हो गये

ऐ सुकूते-शामे-ग़म! ये क्या हुआ
क्या वो सब बीमार अच्छे हो गये

दिल को तेरे ग़म ने फिर आवाज़ दी
कब के बिछड़े फिर इकट्ठे हो गये

आओ 'नासिर' हम भी अपने घर चलें
बंद इस घर के दरीचे हो गये

(1960)

22

तू असीरे-बज़्म है हमसुख़न, तुझे ज़ौक़े-नाला-ए-नै नहीं
तिरा दिल गुदाज़ हो किस तरह ये तिरे मिज़ाज की लय नहीं

तिरा हर कमाल है ज़ाहिरी, तिरा हर ख़याल है सरसरी
कोई दिल की बात करूँ तो क्या, तिरे दिल में आग तो है नहीं

जिसे सुन के रूह महक उठे, जिसे पी के दर्द चहक उठे
तिरे साज़ में वो सदा नहीं, तिरे मयकदे में वो मय नहीं

कहाँ अब वो मौसमे-रंगो-बू कि रगों में बोल उठे लहू
यूँ ही नागवार चुभन-सी है कि जो शामिले-रगो-पै नहीं

तिरा दिल हो दर्द से आश्ना, तो ये नाला ग़ौर से सुन ज़रा
बड़ा जाँगुसिल है ये वाक़िआ, ये फ़साना-ए-जमो-कै नहीं

मैं हूँ एक शायरे-बेनवा, मुझे कौन चाहे मिरे सिवा
मैं अमीरे-शामो-अजम नहीं, मैं कबीरे-कूफ़ा-ओ-रै नहीं

यही शेर हैं मिरी सल्तनत, इसी फ़न में है मुझे आफ़ियत
मिरे कासा-ए-शबो-रोज़ में तिरे काम की कोई शय नहीं

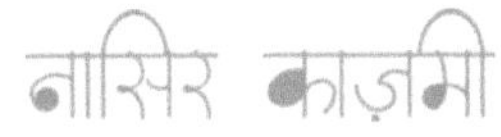

23

आज तो बेसबब उदास है जी
इश्क़ होता तो कोई बात भी थी

जलता फिरता हूँ मैं दोपहरों में
जाने क्या चीज़ खो गयी मेरी

वहीं फिरता हूँ मैं भी ख़ाक-बसर
इस भरे शहर में है एक गली

छुपता फिरता है इश्क़ दुनिया से
फैलती जा रही है रुस्वाई

हमनशीं क्या कहूँ कि वो क्या है
छोड़ ये बात नींद उड़ने लगी

आज तो वो भी कुछ ख़मोश-सा था
मैंने भी उससे कोई बात न की

एकदम उसके होंठ चूम लिए
ये मुझे बैठे-बैठे क्या सूझी

एकदम उसका हाथ छोड़ दिया
जाने क्या बात दरमियाँ आयी

तू जो इतना उदास है 'नासिर'
तुझे क्या हो गया, बता तो सही

(1967)

24

जब तक न लहू दीदा-ए-अंजुम से टपक ले
ऐ दिल क़फ़से-जाँ में ज़रा और फड़क ले

ज़र्रे हैं हवस के भी ज़रे-नाबे-वफ़ा में
हाँ! जिंसे-वफ़ा को भी ज़रा छान-फटक ले

फिर देखना उसके लब-ए-लालीं की अदाएँ
ये आतिश-ए-ख़ामोश ज़रा और दहक ले

गूँगा है तो लबबस्तों से आदाबे-सुख़न सीख
अंधा है तो हम ज़ुल्म-रसीदों से चमक ले

'नासिर' से कहे कौन कि अल्लाह के बंदे
बाक़ी है अभी रात ज़रा आँख छपक ले

(14.08.1967)

25

फिर नयी फ़स्ल के उनवाँ चमके
अब्र गरजा, गुले-बाराँ चमके

आँख झपकूँ तो शरारे बरसें
साँस खींचूँ तो रगे-जाँ चमके

क्या बिगड़ जायेगा ऐ सुब्हे-जमाल!
आज अगर शामे-ग़रीबाँ चमके

ऐ फ़लक! भेज कोई बर्क़े-ख़याल
कुछ तो शामे-शबे-हिज्राँ चमके

फिर कोई दिल को दिखाये 'नासिर'
काश ये घर किसी उनवाँ चमके

(1953)

26

ज़िन्दगी भर वफ़ा हमीं से हुई
सच है यारो ख़ता हमीं से हुई

दिल ने हर दाग़ को रखा महफ़ूज़
ये ज़मीं ख़ुशनुमा हमीं से हुई

हमसे पहले ज़मीने-शहरे-वफ़ा
ख़ाक थी, कीमिया हमीं से हुई

कितनी मर्दुमशनास है दुनिया
मुनहरिफ़, बेहया हमीं से हुई

कौन उठाता शबे-फ़िराक़ के नाज़
ये बला आश्ना हमीं से हुई

बेग़रज़ कौन दिल गँवाता है
तेरी क़ीमत अदा हमीं से हुई

सितमे-नारवा तुझी से हुआ
तेरे हक़ में दुआ हमीं से हुई

सई-ए-तजदीदे-दोस्ती 'नासिर'
आज क्या, बारहा हमीं से हुई

27

बदली न उसकी रूह किसी इंक़लाब में
क्या चीज़ ज़िंदा बंद है दिल के रबाब में

लफ़्ज़ों में बोलता है रगे-अस्र का लहू
लिखता है दस्ते-ग़ैब कोई इस किताब में

तू ढूँढ़ती है अब किसे ऐ शामे-ज़िंदगी!
वो दिन तो ख़र्च हो गये ग़म के हिसाब में

ख़ुशवक़्तियों में तुम जिन्हें भूले हुए हो आज
वो याद आयेंगे तुम्हें हाले-ख़राब में

याराने-ज़ूद नश्शे का आलम ये है तो आज
ये रात डूब जाएगी जामे-शराब में

नींदें भटकती फिरती हैं गलियों में सारी रात
ये शहर छुप के रात को सोता है आब में

ये आज राह भूल के आये किधर से आप
ये ख़्वाब मैंने रात ही देखा था ख़्वाब में

(01.01.1971)

28

मौसमे-गुलज़ारे-हस्ती इन दिनों क्या है न पूछ
तूने जो देखा-सुना, क्या मैंने देखा है न पूछ

हाथ ज़ख़्मी हैं तो पलकों से गुले-मंज़र उठा
फूल तेरे हैं न मेरे, बाग़ किसका है न पूछ

रात अँधेरी है तो अपने ध्यान की मशअल जला
क़ाफ़िले वालों में किसको किसकी पर्वा है न पूछ

जो तिरा महरम मिला उसको न थी अपनी ख़बर
शहर में तेरा पता किस-किससे पूछा है न पूछ

29

तुम आ गये हो तो क्यूँ इंतिज़ारे-शाम करें
कहो तो क्यूँ न अभी से कुछ एहतिमाम करें

ख़ुलूसो-मेहरो-वफ़ा लोग कर चुके हैं बहुत
मिरे ख़याल में अब और कोई काम करें

ये ख़ासो-आम की बेकार गुफ़्तुगू कब तक
क़ुबूल कीजिए जो फ़ैसला अवाम करें

हर आदमी नहीं शाइस्ता-ए-रुमूज़े-सुख़न
वो कमसुख़न हो मुख़ातिब तो हम कलाम करें

जुदा हुए हैं बहुत लोग एक तुम भी सही
अब इतनी बात पे क्या ज़िन्दगी हराम करें

ख़ुदा अगर कभी कुछ इख़्तियार दे हमको
तो पहले ख़ाकनशीनों का इंतिज़ाम करें

रहे-तलब में जो गुमनाम मर गये 'नासिर'
मताअ-ए-दर्द उन्ही साथियों के नाम करें

(1971)

30

हम जिस पेड़ की छाँव में बैठा करते थे
अब उस पेड़ के पत्ते झड़ते जाते हैं

एक अनोखी बस्ती ध्यान में बसती है
उस बस्ती के वासी मुझे बुलाते हैं

मैं तो आँखें बंद किये बैठा हूँ मगर
दिल के दरवाज़े क्यों खुलते जाते हैं

तू आँखों से ओझल होता जाता है
दूर खड़े हम ख़ाली हाथ हिलाते हैं

जब भी नये सफ़र पर जाता हूँ 'नासिर'
पिछले सफ़र के साथी ध्यान में आते हैं

31

सारी रात जगाती है
बीते लम्हों की झाँझन

लाल खजूरों ने पहने
ज़र्द बगूलों के कंगन

चलता दरिया, ढलती रात
सन-सन करती तेज़ पवन

होंटों पर बरसों की प्यास
आँखों में कोसों की थकन

पहली बारिश, मैं और तू
ज़र्द पहाड़ों का दामन

प्यासी झील और दो चेहरे
दो चेहरे और इक दर्पन

तेरी याद से लड़ता हूँ
देख तो मेरा पागलपन

(1963)

32

चराग़ बन के वही झिलमिलाये शामे-फ़िराक़
बचा लिए थे जो आँसू बराए-शामे-फ़िराक़

किधर चले गये वो हमनवा-ए-शामे-फ़िराक़
खड़ी है दर पे मिरे सर झुकाये शामे-फ़िराक़

पलक उठाते ही चिंगारियाँ बरसती हैं
बिछी है आग-सी क्या ज़ेरे-पा-ए-शामे-फ़िराक़

ये रेंगती चली आती हैं क्या लकीरें-सी
ये ढूँढ़ती है किसे साये-साये शामे-फ़िराक़

कभी ये फ़िक्र कि दिन को भी मुँह दिखाना है
कभी ये ग़म कि फिर आये न आये शामे-फ़िराक़

वो अश्क-ए-ख़ूँ ही सही दिल का कोई रंग तो हो
अब आ गयी है तो ख़ाली न जाये शामे-फ़िराक़

बुझी-बुझी सी है क्यों चाँद की ज़िया 'नासिर'
कहाँ चली है ये कासा उठाये शामे-फ़िराक़

(12.02.1967)

33

तेरी मजबूरियाँ दुरुस्त मगर
तूने वादा किया था याद तो कर

तू जहाँ चंद रोज़ ठहरा था
याद करता है तुझको आज वो घर

हम जहाँ रोज़ सैर करते थे
आज सुनसान है वो राहगुज़र

तू जो नागाह सामने आया
रख लिए मैंने हाथ आँखों पर

34

कोई सूरत-आश्ना अपना न बेगाना कोई
कुछ कहो यारो ये बस्ती है कि वीराना कोई

सुब्ह दम देखा तो सारा बाग़ था गुल की तरफ़
शमअ के ताबूत पर रोया न परवाना कोई

ख़ल्वतों में रोयेगी छुप-छुप के लैला-ए-ग़ज़ल
इस बियाबाँ में न अब आयेगा दीवाना कोई

हमनशीं ख़ामोश दीवारें भी सुनती हैं यहाँ
रात ढल जाये तो फिर छेड़ेंगे अफ़साना कोई

(1967)

35

यूँ तिरे हुस्न की तस्वीर ग़ज़ल में आये
जैसे बिल्क़ीस सुलेमाँ के महल में आये

जब्र से एक हुआ ज़ायक़ा-ए-हिज्रो-विसाल
अब कहाँ से वो मज़ा सब्र के फल में आये

हमसफ़र थी जहाँ फ़रहाद के तीशे की सदा
वो मक़ामात भी कुछ सैरे-जबल में आये

ये भी आराइशे-हस्ती का तक़ाज़ा था कि हम
हल्क़ा-ए-फ़िक्र से मैदाने-अमल में आये

हर क़दम दस्तो-गरेबाँ है यहाँ ख़ैर से शर
हम भी किस मारका-ए-जंगो-जदल में आये

ज़िन्दगी जिनके तसव्वुर से जिला पाती थी
हाय! क्या लोग थे जो दामे-अजल में आये

(13 मई, 1966, रेडियो लाहौर)

36

तिरे आने का धोका-सा रहा है
दिया-सा रात भर जलता रहा है

अजब है रात से आँखों का आलम
ये दरिया रात भर चढ़ता रहा है

सुना है रात भर बरसा है बादल
मगर वो शहर जो प्यासा रहा है

वो कोई दोस्त था अच्छे दिनों का
जो पिछली रात से याद आ रहा है

किसे ढूँढ़ोगे इन गलियों में 'नासिर'
चलो अब घर चलें दिन जा रहा है

37

किसी का दर्द हो दिल बेक़रार अपना है
हवा कहीं की हो सीना फ़िगार अपना है

हो कोई फ़स्ल मगर ज़ख़्म खिल ही जाते हैं
सदाबहार दिले-दाग़दार अपना है

बला से हम न पियें मयकदा तो गर्म हुआ
बक़द्रे-तिश्नगी रंजे-ख़ुमार अपना है

जो शाद फिरते थे कल आज छुपके रोते हैं
हज़ार शुक्र ग़मे-पाएदार अपना है

इसीलिए यहाँ कुछ लोग हमसे जलते हैं
कि जी जलाने में क्यूँ इख़्तियार अपना है

न तंग कर दिले-महज़ूँ को ऐ ग़मे-दुनिया
ख़ुदाई भर में यही ग़मगुसार अपना है

कहीं मिला तो किसी दिन मना ही लेंगे उसे
वो ज़ूद-रंज सही फिर भी यार अपना है

वो कोई अपने सिवा हो तो उसका शिकवा करूँ
जुदाई अपनी है और इंतिज़ार अपना है

न ढूँढ़ 'नासिर'-ए-आशुफ़्ता-हाल को घर में
वो बू-ए-गुल की तरह बेक़रार अपना है

(1961)

38

जल्वा-सामाँ है रंगो-बू हमसे
इस चमन की है आबरू हमसे

दर्स लेते हैं ख़ुशख़िरामी का
मौजे-दरिया-ओ-आब-जू हमसे

हर सहर बारगाहे-शबनम में
फूल मिलते हैं बावज़ू हमसे

हमसे रौशन है कारगाहे-सुख़न
नफ़स-ए-गुल है मुश्क-बू हमसे

शब की तन्हाइयों में पिछले पहर
चाँद करता है गुफ़्तुगू हमसे

शहर में अब हमारे चर्चे हैं
जगमगाते हैं काख़ो-कू हमसे

39

आज तुझे क्यूँ चुप-सी लगी है
कुछ तो बता क्या बात हुई है

आज तो जैसे सारी दुनिया
हम दोनों को देख रही है

तू है और बेख़्वाब दरीचे
मैं हूँ और सुनसान गली है

ख़ैर तुझे तो जाना ही था
जान भी तेरे साथ चली है

अब तो आँख लगा ले 'नासिर'
देख तो कितनी रात गयी है

(1962)

40

तिरी निगाह के जादू बिखरते जाते हैं
जो ज़ख़्म दिल को मिले थे वो भरते जाते हैं

तिरे बग़ैर वो दिन भी गुज़र गये आख़िर
तिरे बग़ैर ये दिन भी गुज़रते जाते हैं

लिये चलो मुझे दरिया-ए-शौक़ की मौजो
कि हमसफ़र तो मिरे पार उतरते जाते हैं

तमाम उम्र जहाँ हँसते-खेलते गुज़री
अब उस गली में भी हम डरते-डरते जाते हैं

मैं ख़्वाहिशों के घरौंदे बनाये जाता हूँ
वो मेहनतें मिरी बर्बाद करते जाते हैं

(1969)

41

कब तलक मुद्दआ कहे कोई
न सुनो तुम तो क्या कहे कोई

ग़ैरते-इश्क़ को क़ुबूल नहीं
कि तुझे बेवफ़ा कहे कोई

मिन्नते-नाख़ुदा नहीं मंज़ूर
चाहे उसको ख़ुदा कहे कोई

हर कोई अपने ग़म में है मसरूफ़
किसको दर्द-आश्ना कहे कोई

कौन अच्छा है इस ज़माने में
क्यूँ किसी को बुरा कहे कोई

कोई तो हक़-शनास हो यारब
ज़ुल्म को नारवा कहे कोई

वो न समझेंगे इन किनायों को
जो कहे, बरमला कहे कोई

आरज़ू है कि मेरा क़िस्सा-ए-शौक़
आज मेरे सिवा कहे कोई

जी में आता है कुछ कहूँ 'नासिर'
क्या ख़बर सुन के क्या कहे कोई

(1959)

42

दिल भी अजब आलम है नज़र भर के तो देखो
नक़्शे कभी इस उजड़े हुए घर के तो देखो

ऐ दीदावरो! दीदा-ए-पुरनम की तरफ़ भी
मुश्ताक़ हो लालो-ज़रो-गौहर के तो देखो

बेज़ादे-सफ़र जेब तही शहर-नवर्दी
यूँ मेरी तरह उम्र के दिन भर के तो देखो

कहते हैं ग़ज़ल क़ाफ़ियापैमाई है 'नासिर'
ये क़ाफ़ियापैमाई ज़रा कर के तो देखो

43

प्यारे देस की प्यारी मिट्टी
सोने पर है भारी मिट्टी

कैसे-कैसे बूटे निकले
लाल हुई जब सारी मिट्टी

दुःख के आँसू, सुख की यादें
खारा पानी, खारी मिट्टी

तेरे वादे, मेरे दावे
हो गये बारी-बारी मिट्टी

गलियों में उड़ती फिरती है
तेरे साथ हमारी मिट्टी
(15.11.1966, अलस्सुब्ह)

44

अहले-दिल आँख जिधर खोलेंगे
इक दबिस्ताने-हुनर खोलेंगे

वहीं रुक जायेंगे तारों के क़दम
हम जहाँ रख़्ते-सफ़र खोलेंगे

बहरे-ईजाद ख़तरनाक सही
हम भी अब उसका भँवर खोलेंगे

कुंज में बैठे हैं चुपचाप तुयूर
बर्फ़ पिघलेगी तो पर खोलेंगे

आज की रात न सोना यारो
आज हम सातवाँ दर खोलेंगे

45

इस दुनिया में अपना क्या है
कहने को सबकुछ अपना है

यूँ तो शबनम भी है दरिया
यूँ तो दरिया भी प्यासा है

यूँ तो हीरा भी है कंकर
यूँ तो मिट्टी भी सोना है

मुँह देखे की बातें हैं सब
किसने किसको याद किया है

तेरे साथ गयी वो रौनक़
अब इस शहर में क्या रक्खा है

बात न कर सूरत तो दिखा दे
तेरा इसमें क्या जाता है

ध्यान के आतिशदान में 'नासिर'
बुझे दिनों का ढेर पड़ा है

46

तू है या तेरा साया है
भेस जुदाई ने बदला है

दिल की हवेली पर मुद्दत से
ख़ामोशी का क़ुफ़्ल पड़ा है

चीख़ रहे हैं ख़ाली कमरे
शाम से कितनी तेज़ हवा है

दरवाज़े सर फोड़ रहे हैं
कौन इस घर को छोड़ गया है

तन्हाई को कैसे छोड़ूँ
बरसों में इक यार मिला है

रात अँधेरी नाव न साथी
रस्ते में दरिया पड़ता है

हिचकी थमती ही नहीं 'नासिर'
आज किसी ने याद किया है

47

दिल के लिए दर्द भी रोज़ नया चाहिए
ज़िंदगी तू ही बता कैसे जिया चाहिए

मेरी नवाएँ अलग, मेरी दुआएँ अलग
मेरे लिए आशियाँ सबसे जुदा चाहिए

नर्म है बर्गे-समन, गर्म है मेरा सुख़न
मेरी ग़ज़ल के लिए ज़र्फ़ नया चाहिए

सर न खपा ऐ जरस, मुझको मिरा दिल है बस
फ़ुर्सते-यक-दो नफ़स मिस्ले-सबा चाहिए

बाग़ तिरा बाग़बाँ, तू है अबस बदगुमाँ
मुझको तो ऐ मेहरबाँ, थोड़ी-सी जा चाहिए

ख़ूब हैं गुल-फूल भी तेरे चमन में मगर
सहने-चमन में कोई नग़्मासरा चाहिए

है यही ऐने-वफ़ा दिल न किसी का दुखा
अपने भले के लिए सब का भला चाहिए

बैठे हो क्यों हार के साये में दीवार के
शायरो! सूरतगरो! कुछ तो किया चाहिए

मानो मिरी 'काज़मी' तुम हो भले आदमी
फिर वही आवारगी कुछ तो हया चाहिए

48

शोला-सा पेचो-ताब में देखा
जाने क्या इज़्तिराब में देखा

गुलकदों के तिलिस्म भूल गये
वो तमाशा नक़ाब में देखा

आज हमने तमाम हुस्ने-बहार
एक बर्गे-गुलाब में देखा

सर खुले, पा-बरहना कोठे पर
रात उसे माहताब में देखा

फ़ुर्सते-मौसमे-नशात न पूछ
जैसे इक ख़्वाब, ख़्वाब में देखा

(21.06.1957)

49

जो गुफ़्तनी नहीं वो बात भी सुना दूँगा
तू एक बार तो मिल, सब गिले मिटा दूँगा

मजाल है कोई मुझसे तुझे जुदा कर दे
जहाँ भी जायेगा तू मैं तुझे सदा दूँगा

तिरी गली में बहुत देर से खड़ा हूँ मगर
किसी ने पूछ लिया तो जवाब क्या दूँगा

मिरी ख़मोश निगाहों को चश्मे-कम से न देख
मैं रो पड़ा तो दिलों के तबक़ हिला दूँगा

यूँ ही उदास रहा मैं तो देखना इक दिन
तमाम शहर में तन्हाइयाँ बिछा दूँगा

ब पासे-सोहबते-देरीना कोई बात ही कर
नज़र मिला तो सही मैं तुझे दुआ दूँगा

बुलाऊँगा न मिलूँगा, न ख़त लिखूँगा तुझे
तिरी ख़ुशी के लिए ख़ुद को ये सज़ा दूँगा

वो दर्द ही न रहा वरना ऐ मताअ-ए-हयात!
मुझे गुमाँ भी न था मैं तुझे भुला दूँगा

अभी तो रात है कुछ देर सो ही ले 'नासिर'
कोई बुलाएगा तो मैं तुझे जगा दूँगा

50

ज़मीं चल रही है कि सुब्हे-ज़वाले-ज़माँ है
कहो ऐ मकीनो! कहाँ हो ये कैसा मकाँ है

परेशान चीज़ों की हस्ती को तन्हा न समझो
यहाँ संग-रेज़ा भी अपनी जगह इक जहाँ है

कभी तेरी आँखों के तिल में जो देखा था मैंने
वही एक पल महमिले-शौक़ का सारबाँ है

कहीं तू मिरे इश्क़ से बदगुमाँ हो न जाये
कई दिन से होंठों पे तेरे 'नहीं' है न 'हाँ' है

ख़ुदा जाने हम किस ख़राबे में आकर बसे हैं
जहाँ अर्ज़े-अहले-हुनर निकहते-रायगाँ है

जहानों के मालिक ज़मानों से पर्दा उठा दे
कि दिल इन दिनों बेनियाज़े-बहारो-ख़िज़ाँ है

तिरे फ़ैसले वक़्त की बारगाहों में दायम
तिरे इस्म हर चार सू हैं मगर तू कहाँ है

ख़ुमारे-ग़रीबी में बेग़म गुज़रती है 'नासिर'
दरख़्तों से बढ़कर मुझे धूप का सायबाँ है

(1955)

51

दर्द काँटा है इसकी चुभन फूल है
दर्द की ख़ामुशी का सुख़न फूल है

उड़ता फिरता है फुलवारियों से जुदा
बर्गे-आवारा जैसे पवन फूल है

इसकी ख़ुश्बू दिखाती है क्या-क्या समय
दश्ते-ग़ुर्बत में यादे-वतन फूल है

तख़्ता-ए-रेग पर कोई देखे इसे
साँप के ज़हर में रस है, फन फूल है

मेरी लय से महकते हैं कोहो-दमन
मेरे गीतों का दीवानापन फूल है

52

कारवाँ सुस्त राहबर ख़ामोश
कैसे गुज़रेगा ये सफ़र ख़ामोश

तुझे कहना है कुछ मगर ख़ामोश
देख और देखकर गुज़र ख़ामोश

यूँ तिरे रास्ते में बैठा हूँ
जैसे इक शमअ-ए-रहगुज़र ख़ामोश

तू जहाँ एक बार आया था
एक मुद्दत से है वो घर ख़ामोश

उस गली के गुज़रने वालों को
तकते रहते हैं बामो-दर ख़ामोश

उठ गये कैसे-कैसे प्यारे लोग
हो गये कैसे-कैसे घर ख़ामोश

ये ज़मीं किसके इंतिज़ार में है
क्या ख़बर क्यूँ है ये नगर ख़ामोश

शहर सोता है रात जागती है
कोई तूफ़ाँ है पर्दादर ख़ामोश

अब के बेड़ा गुज़र गया तो क्या
हैं अभी कितने ही भँवर ख़ामोश

चढ़ते दरिया का डर नहीं यारो
मैं हूँ साहिल को देखकर ख़ामोश

अभी वो क़ाफ़िले नहीं आये
अभी बैठें न हमसफ़र ख़ामोश

हर नफ़स इक पयाम था 'नासिर'
हम ही बैठे रहे मगर ख़ामोश

(21.10.1957)

53

छुप जाती हैं आईना दिखाकर तिरी यादें
सोने नहीं देतीं मुझे शब भर तिरी यादें

तू जैसे मिरे पास है और महवे-सुख़न है
महफ़िल-सी जमा देती हैं अक्सर तिरी यादें

मैं क्यों न फिरूँ तपती दोपहरों में हिरासाँ
फिरती हैं तसव्वुर में खुले सर तिरी यादें

जब तेज़ हवा चलती है बस्ती में सरे-शाम
बरसाती हैं अतराफ़ से पत्थर तिरी यादें

54

मैं हूँ रात का एक बजा है
ख़ाली रस्ता बोल रहा है

आज तो यूँ ख़ामोश है दुनिया
जैसे कुछ होने वाला है

कैसी अँधेरी रात है देखो
अपने आप से डर लगता है

आज तो शहर की रविश-रविश पर
पत्तों का मेला-सा लगा है

आओ घास पे सभा जमायें
मयख़ाना तो बंद पड़ा है

फूल तो सारे झड़ गये लेकिन
तेरी याद का ज़ख़्म हरा है

तूने जितना प्यार किया था
दुख भी मुझे उतना ही दिया है

ये भी है एक तरह की मुहब्बत
मैं तुझसे, तू मुझसे जुदा है

ये तिरी मंज़िल वो मिरा रस्ता
तेरा मेरा साथ ही क्या है

मैंने तो इक बात कही थी
क्या तू सचमुच रूठ गया है

ऐसा गाहक कौन है जिसने
सुख देकर दुख मोल लिया है

तेरा रस्ता तकत-तकते
खेत गगन का सूख चला है

खिड़की खोल के देख तो बाहर
देर से कोई शख़्स खड़ा है

सारी बस्ती सो गयी 'नासिर'
तू अब तक क्यूँ जाग रहा है

(1962)

55

गा रहा था कोई दरख़्तों में
रात नींद आ गयी दरख़्तों में

चाँद निकला उफ़ुक़ के ग़ारों से
आग-सी लग गयी दरख़्तों में

मीना जो बरसा तो बर्गरेज़ों ने
छेड़ दी बाँसुरी दरख़्तों में

ये हवा थी कि ध्यान का झोंका
किसने आवाज़ दी दरख़्तों में

हम इधर घर में हो गये बेचैन
दूर आँधी चली दरख़्तों में

लिये जाती है मौसमों की पुकार
अजनबी-अजनबी दरख़्तों में

कितनी आबादियाँ हैं शहर से दूर
जाके देखो कभी दरख़्तों में

नीले, पीले, सफ़ेद, लाल, हरे
रंग देखे सभी दरख़्तों में

ख़ुशबुओं की उदास शहज़ादी
रात मुझको मिली दरख़्तों में

देर तक उसकी तेज़ आँखों से
रौशनी-सी रही दरख़्तों में

चलते-चलते डगर उजालों की
जाने क्यों मुड़ गयी दरख़्तों में

सहमे-सहमे थे रात अहले-चमन
था कोई आदमी दरख़्तों में

56

कहीं उजड़ी-उजड़ी सी मंज़िलें कहीं टूटे-फूटे से बामो-दर
ये वही दयार है दोस्तो! जहाँ लोग फिरते थे रात-भर

मैं भटकता फिरता हूँ देर से, यूँ ही शहर-शहर, नगर-नगर
कहाँ खो गया मिरा क़ाफ़िला, कहाँ रह गये मिरे हमसफ़र

जिन्हें ज़िंदगी का शऊर था उन्हें बेज़री ने बिछा दिया
जो गराँ थे सीना-ए-ख़ाक पर, वही बनके बैठे हैं मोतबर

मिरी बेकसी का न ग़म करो, मगर अपना फ़ायदा सोच लो
तुम्हें जिसकी छाँव अज़ीज़ है, मैं उसी दरख़्त का हूँ समर

ये बजा कि आज अँधेर है, ज़रा रुत बदलने की देर है
जो ख़िज़ाँ के ख़ौफ़ से ख़ुश्क है, वही शाख़ लायेगी बर्गो-बर

57

रात ढल रही है
नाव चल रही है

बर्फ़ के नगर में
आग जल रही है

लोग सो रहे हैं
रुत बदल रही है

आज तो ये धरती
ख़ूँ उगल रही है

ख़्वाहिशों की डाली
हाथ मल रही है

जाहिलों की खेती
फूल-फल रही है
(5 सित. 1971)

58

क्या ज़माना था कि हम रोज़ मिला करते थे
रात भर चाँद के हमराह फिरा करते थे

जहाँ तन्हाइयाँ सर फोड़ के सो जाती हैं
इन मकानों में अजब लोग रहा करते थे

कर दिया आज ज़माने ने इन्हें भी मजबूर
कभी ये लोग मिरे दुख की दवा करते थे

देखकर जो हमें चुपचाप गुज़र जाता है
कभी उस शख़्स को हम प्यार किया करते थे

इत्तिफ़ाक़ाते-ज़माना भी अजब हैं 'नासिर'
आज वो देख रहे हैं जो सुना करते थे

59

दिल में और तो क्या रक्खा है
तेरा दर्द छुपा रक्खा है

इतने दुखों की तेज़ हवा में
दिल का दीप जला रक्खा है

धूप से चेहरों ने दुनिया में
क्या अंधेर मचा रक्खा है

इस नगरी के कुछ लोगों ने
दुख का नाम दवा रक्खा है

वादा-ए-यार की बात न छेड़ो
ये धोका भी खा रक्खा है

भूल भी जाओ बीती बातें
इन बातों में क्या रक्खा है

चुप-चुप क्यूँ रहते हो 'नासिर'
ये क्या रोग लगा रक्खा है

(08.10.1959)

60

चेहरा-अफ़रोज़ हुई पहली झड़ी, हमनफ़सो शुक्र करो
दिल की अफ़्सुर्दगी कुछ कम तो हुई, हमनफ़सो शुक्र करो

आओ फिर यादे-अज़ीज़ाँ ही से मयख़ाना-ए-जाँ गर्म करें
देर के बाद ये महफ़िल तो जमी, हमनफ़सो शुक्र करो

आज फिर देर की सोयी हुई नदी में नयी लहर आयी
देर के बाद कोई नाव चली, हमनफ़सो शुक्र करो

रात भर शहर में बिजली-सी चमकती रही हम सोये रहे
वो तो कहिए कि बला सर से टली, हमनफ़सो शुक्र करो

दर्द की शाख़े-तही-कासा में अश्कों के नये फूल खिले
दिलजली शाम ने फिर माँग भरी, हमनफ़सो शुक्र करो

आसमाँ लाला-ए-ख़ूनीं की नवाओं से जिगर चाक हुआ
क़स्रे-बेदाद की दीवार गिरी, हमनफ़सो शुक्र करो

(मुशायरा, ओपन एयर थिएटर, बाग़े-जिन्नाह, लाहौर 04.09.1965)

61

हुस्न कहता है इक नज़र देखो
देखो और आँख खोलकर देखो

सुनके ताऊस-ए-रंग की झनकार
अब्र उट्ठा है झूमकर देखो

फूल को फूल का निशाँ जानो
चाँद को चाँद से उधर देखो

जल्वा-ए-रंग भी है इक आवाज़
शाख़ से फूल तोड़कर देखो

जी जलाती है ओस गुर्बत में
पाँव जलते हैं घास पर, देखो

झूठी उम्मीद का फ़रेब न खाओ
रात काली है किस क़दर देखो

नींद आती नहीं तो सुब्ह तलक
गर्दे-महताब का सफ़र देखो

इक किरन झाँककर ये कहती है
सोने वालो ज़रा इधर देखो

ख़ुमे-हरलफ़्ज़ है गुले-मानी
अहले-तहरीर का हुनर देखो

(1953)

62

हँसते, गाते, रोते फूल
जी में हैं कैसे-कैसे फूल

और बहुत क्या करने हैं
काफ़ी हैं ये थोड़े फूल

वक़्त की फुलवारी में नहीं
दामन में हैं ऐसे फूल

इस धरती की रौनक़ हैं
मेरे काँटे, तेरे फूल

कैसे अंधे हैं वो हाथ
जिन हाथों ने तोड़े फूल

उन प्यासों पर मेरा सलाम
जिनकी ख़ाक से निकले फूल

एक हरी कोंपल के लिए
मैंने छोड़े कितने फूल

ऊँचे-ऊँचे लम्बे पेड़
सादे पत्ते, पीले फूल

मिट्टी ही से निकले थे
मिट्टी हो गये सारे फूल

मिट्टी की ख़ुश्बू लेने
नीलगगन से उतरे फूल

चादर ओढ़ के शबनम की
निकले आँखें मलते फूल

शाम हुई अब गलियों में
देखो चलते-फिरते फूल

सूना जिस्म, सफ़ेद क़मीज़
गोरे हाथ, सुनहरे फूल

कच्ची उम्रें, कच्चे रंग
हँसमुख भोले-भाले फूल

आँख-आँख में भीगी नींद
होंठ-होंठ से झड़ते फूल

गोरे-गोरे नंगे पैर
झिलमिल-झिलमिल करते फूल

जैसा बदन वैसा ही लिबास
जैसी मिट्टी वैसे फूल

महक उठी फिर दिल की किताब
याद आए ये कब के फूल

शाम के तारे तू ही बता
आज किधर से गुज़रे फूल

काँटे छोड़ गयी आँधी
ले गयी अच्छे-अच्छे फूल

ध्यान में फिरते हैं 'नासिर'
अपनी आँखों वाले फूल

63

दर्द कम होने लगा आओ कि कुछ रात कटे
ग़म की मीआद बढ़ा जाओ कि कुछ रात कटे

हिज्र में आहो-बुका रस्मे-कोहन है लेकिन
आज ये रस्म ही दोहराओ कि कुछ रात कटे

यूँ तो तुम रौशनी-ए-क़ल्बो-नज़र हो लेकिन
आज वो मोजिज़ा दिखलाओ कि कुछ रात कटे

दिल दुखाता है वो मिलकर भी मगर आज की रात
उसी बेदर्द को ले आओ कि कुछ रात कटे

दम घुटा जाता है अफ़्सुर्दादिली से यारो
कोई अफ़्वाह ही फैलाओ कि कुछ रात कटे

मैं भी बेकार हूँ और तुम भी हो वीरान बहुत
दोस्तो! आज न घर जाओ कि कुछ रात कटे

छोड़ आये हो सरे-शाम उसे क्यूँ 'नासिर'
उसे फिर घर से बुला लाओ कि कुछ रात कटे

64

ऐसा भी कोई सपना जागे
साथ मिरे इक दुनिया जागे

वो जागे जिसे नींद न आये
या कोई मेरे जैसा जागे

हवा चली तो जागे जंगल
नाव चले तो नदिया जागे

रातों में ये रात अमर है
कल जागे तो फिर क्या जागे

दाता की नगरी में 'नासिर'
मैं जागूँ या दाता जागे

65

नये कपड़े बदलकर जाऊँ कहाँ और बाल बनाऊँ किसके लिए
वो शख़्स तो शहर ही छोड़ गया, मैं बाहर जाऊँ किसके लिए

जिस धूप की दिल में ठंडक थी, वो धूप उसी के साथ गयी
इन जलती-बलती गलियों में अब ख़ाक उड़ाऊँ किसके लिए

वो शहर में था तो उसके लिए औरों से भी मिलना पड़ता था
अब ऐसे-वैसे लोगों के मैं नाज़ उठाऊँ किसके लिए

अब शहर में उसका बदल ही नहीं कोई वैसा जाने-ग़ज़ल ही नहीं
ऐवाने-ग़ज़ल में लफ़्ज़ों के गुलदान सजाऊँ किसके लिए

मुद्दत से कोई आया न गया, सुनसान पड़ी है घर की फ़ज़ा
इन ख़ाली कमरों में 'नासिर', अब शमअ जलाऊँ किसके लिए

66

जुर्म-ए-इंकार की सज़ा ही दे
मेरे हक़ में भी कुछ सुना ही दे

शौक़ में हम नहीं ज़ियादा-तलब
जो तिरा नाज़े-कमनिगाही दे

तूने तारों से शब की माँग भरी
मुझको इक अश्के-सुब्हगाही दे

तूने बंजर ज़मीं को फूल दिये
मुझको इक ज़ख़्मे-दिलकुशा ही दे

बस्तियों को दिये हैं तू ने चराग़
दश्ते-दिल को भी कोई राही दे

उम्र भर की नवागरी का सिला
ऐ ख़ुदा कोई हमनवा ही दे

ज़र्द-रू हैं वरक़ ख़यालों के
ऐ शबे-हिज्र कुछ सियाही दे

गर मजाले-सुख़न नहीं 'नासिर'
लबे-ख़ामोश से गवाही दे

(01.01.1968)

67

क़िस्से हैं ख़मोशी में निहाँ और तरह के
होते हैं ग़मे-दिल के बयाँ और तरह के

थी और ही कुछ बात कि था ग़म भी गवारा
हालात हैं अब दरपए-जाँ और तरह के

ऐ राहरवे-राहे-वफ़ा देखके चलना
इस राह में हैं संगे-गिराँ और तरह के

खटका है जुदाई का, न मिलने की तमन्ना
दिल को हैं मिरे वहमो-गुमाँ और तरह के

परसाल तो कलियाँ ही झड़ी थीं मगर अब के
गुलशन में हैं आसारे-ख़िज़ाँ और तरह के

दुनिया को नहीं ताब मिरे दर्द की यारब
दे मुझको असालीबे-फ़ुग़ाँ और तरह के

हस्ती का भरम खोल दिया एक नज़र ने
अब अपनी नज़र में हैं जहाँ और तरह के

लश्कर है न परचम है न दौलत है न सर्वत
हैं ख़ाकनशीनों के निशाँ और तरह के

मरता नहीं अब कोई किसी के लिए 'नासिर'
थे अपने ज़माने के जवाँ और तरह के

(1961)

68

सुब्ह का तारा उभरकर रह गया
रात का जादू बिखरकर रह गया

हमसफ़र सब मंज़िलों से जा मिले
मैं नयी राहों में मरकर रह गया

क्या कहूँ अब तुझसे ऐ जू-ए-कमआब
मैं भी दरिया था उतरकर रह गया

(5 सितंबर, 1971)

69

अब उनसे और तक़ाज़ा-ए-बादा क्या करता
जो मिल गया है मैं उससे ज़ियादा क्या करता

भला हुआ कि तिरे रास्ते की ख़ाक हुआ
मैं ये तवील सफ़र पा-पियादा क्या करता

मुसाफ़िरों की तो ख़ैर अपनी-अपनी मंज़िल थी
तिरी गली को न जाता तो जादा क्या करता

तुझे तो घेरे ही रहते हैं रंग-रंग के लोग
तिरे हुज़ूर मिरा हर्फ़े-सादा क्या करता

बस एक चेहरा किताबी नज़र में है 'नासिर'
किसी किताब से मैं इस्तिफ़ादा क्या करता
(02.10.1966)

70

दयार-ए-दिल की रात में चराग़-सा जला गया
मिला नहीं तो क्या हुआ वो शक्ल तो दिखा गया

वो दोस्ती तो ख़ैर अब नसीबे-दुश्मनाँ हुई
वो छोटी-छोटी रंजिशों का लुत्फ़ भी चला गया

जुदाइयों के ज़ख़्म दर्दे-ज़िन्दगी ने भर दिये
तुझे भी नींद आ गयी, मुझे भी सब्र आ गया

पुकारती हैं फ़ुर्सतें, कहाँ गयीं वो सोहबतें
ज़मीं निगल गयी उन्हें कि आसमान खा गया

ये सुब्ह की सफ़ेदियाँ, ये दोपहर की ज़र्दियाँ
अब आइने में देखता हूँ मैं कहाँ चला गया

ये किस ख़ुशी की रेत पर ग़मों को नींद आ गयी
वो लहर किस तरफ़ गयी, ये मैं कहाँ समा गया

गये दिनों की लाश पर पड़े रहोगे कब तलक
अलम-कशो! उठो कि आफ़्ताब सर पे आ गया
(एक बजे शब, 30.01.1967)

71

कब तक बैठे हाथ मलें
चल साथी कहीं और चलें

अब किस घाट पे बाँधें नाव
अब ये तूफ़ाँ कैसे टलें

अब ये माँगें कौन भरे
अब ये पौधे कैसे खिलें

जुग-जुग जियें मिरे साथी
जलने वाले और जलें

तुझको चैन मिले 'नासिर'
तेरे दुःख गीतों में ढलें

(20.06.1971)

72

एक नगर मैं ऐसा देखा दिन भी जहाँ अँधेर
पिछले पहर यूँ चले अँधेरी जैसे गरजें शेर

हवा चली तो पंख-पँखेरू बस्ती छोड़ गये
सूनी रह गयी कँगनी, ख़ाली हुई मुँडेर

बचपन में भी वही खिलाड़ी बना है अपना मीत
जिसने ऊँची डाल से तोड़े ज़र्द सुनहरे बेर

यारो तुम तो एक डगर पर हार के बैठ गये
हमने तपती धूप में काटे कड़े कोस के फेर

अबके तो इस देस में यूँ आया सैलाब
कब की खड़ी हवेलियाँ पल में हो गयीं ढेर

(1955)

73

कल जिन्हें ज़िन्दगी थी रास बहुत
आज देखा उन्हें उदास बहुत

रफ़्तगाँ का निशाँ नहीं मिलता
उग रही है ज़मीं पे घास बहुत

क्यूँ न रोऊँ तिरी जुदाई में
दिन गुज़ारे हैं तेरे पास बहुत

छाँव मिल जाये दामने-गुल की
है ग़रीबी में ये लिबास बहुत

वादी-ए-दिल में पाँव देख के रख
है यहाँ दर्द की उगास बहुत

सूखे पत्तों को देखकर 'नासिर'
याद आती है गुल की बास बहुत

74

ये ख़्वाबे-सब्ज़ है या रुत वही पलट आयी
छतों पे घास हवा में नमी पलट आयी

कुछ इस अदा से दुखाया है तेरी याद ने दिल
वो लहर-सी जो रगो-पै में थी पलट आयी

तिरी हँसी के गुलाबों को कोई छू न सका
सबा भी चंद क़दम ही गयी, पलट आयी

ख़बर नहीं वो मेरे हमसफ़र कहाँ पहुँचे
कि रहगुज़र तो मिरे साथ ही पलट आयी

कहाँ से लाओगे 'नासिर' वो चाँद-सी सूरत
गर इत्तिफ़ाक़ से वो रात भी पलट आयी

75

दिल में आओ अजीब घर है ये
उम्रे-रफ़्ता की रहगुज़र है ये

संगे-मंज़िल से क्यों न सर फोड़ूँ
हासिले-ज़हमते-सफ़र है ये

रंजे-ग़ुर्बत के नाज़ उठाता हूँ
मैं हूँ अब और दर्दे-सर है ये

अभी रस्तों की धूप-छाँव न देख
हमसफ़र दूर का सफ़र है ये

दिन निकलने में कोई देर नहीं
हम न सो जायें अब तो डर है ये

कुछ नये लोग आने वाले हैं
गर्म अब शहर में ख़बर है ये

अब कोई काम भी करें 'नासिर'
रोना-धोना तो उम्र भर है ये

(23.02.1957)

76

तू है दिलों की रौशनी, तू है सहर का बाँकपन
तेरी गली-गली की ख़ैर, ऐ मिरे दिलरुबा वतन!

वो तो बस एक मौज थी, आयी इधर-उधर गयी
आँखों में है मगर अभी रात के ख़्वाब की थकन

फिर वही दश्ते-बेअमाँ, फिर वही रंजे-रायगाँ
दिल को जगा के सो गयी, तेरे ख़याल की किरन

आया गया न मैं कहीं, सुब्ह से शाम हो गयी
जलने लगे हैं हाथ क्यों, टूट रहा है क्यों बदन

किससे कहूँ कोई नहीं, सो गये शहर के मकीं
कब से पड़ी है राह में मैयते-शहरे-बेकफ़न

मयकदा बुझ गया तो क्या, रात है मेरी हमनवा
साया है मेरा हमसुबू, चाँद है मेरा हमसुख़न

दिल है मिरा लहू-लहू, ताब न ला सकेगा तू
ऐ मिरे ताज़ा हमनशीं, तू मिरा हमसुबू न बन

(23.03.1964, कराची)

77

ये रंगे-ख़ूँ है गुलों पर निखार अगर है भी
"हिना-ए-पा-ए-ख़िज़ाँ है बहार अगर है भी"

ये पेशख़ेमा-ए-बेदाद ताज़ा हो न कहीं
बदल रही है हवा साज़गार अगर है भी

लहू की शमएँ जलाओ क़दम बढ़ाये चलो
सरों पे साया-ए-शबहा-ए-तार अगर है भी

अभी तो गर्म है मयख़ाना जाम खनकाओ
बला से सर पे किसी का उधार अगर है भी

हयाते-दर्द को आलूदा-ए-निशात न कर
ये कारोबार कोई कारोबार अगर है भी

ये इम्तियाज़े-मनो-तू ख़ुदा के बंदों से
वो आदमी नहीं ताअतगुज़ार अगर है भी

न पूछ कैसे गुज़रती है ज़िंदगी 'नासिर'
बस एक जब्र है ये इख़्तियार अगर है भी

(12.03.1969, रेडियो, लाहौर)

78

फिर लहू बोल रहा है दिल में
दम-ब-दम कोई सदा है दिल में

ताब लायेंगे न सुनने वाले
आज वो नग़मा छिड़ा है दिल में

हाथ मलते ही रहेंगे गुलचीं
आज वो फूल खिला है दिल में

दश्त भी देखे, चमन भी देखा
कुछ अजब आबो-हवा है दिल में

रंज भी देखे, ख़ुशी भी देखी
आज कुछ दर्द नया है दिल में

चश्मे-तर ही नहीं महवे-तस्बीह
ख़ूँ भी सरगर्मे-दुआ है दिल में

फिर किसी याद ने करवट बदली
कोई काँटा-सा चुभा है दिल में

फिर किसी ग़म ने पुकारा शायद
कुछ उजाला-सा हुआ है दिल में

कहीं चेहरे, कहीं आँखें, कहीं होंठ
इक सनमख़ाना खुला है दिल में

उसे ढूँढ़ा वो कहीं भी न मिला
वो कहीं भी नहीं या है दिल में

क्यों भटकते फिरें दिल से बाहर
दोस्तो! शहर बसा है दिल में

कोई देखे तो दिखाऊँ 'नासिर'
वुसअते-अर्ज़ो-समा है दिल में

79

जबीं पे धूप-सी आँखों में कुछ हया-सी है
तू अजनबी है मगर शक्ल आश्ना-सी है

ख़याल ही नहीं आता किसी मुसीबत का
तिरे ख़याल में हर बात ग़मरुबा-सी है

जहाँ में यूँ तो किसे चैन है मगर प्यारे
ये तेरे फूल से चेहरे पे क्यूँ उदासी है

दिल-ए-गर्मी से भी जलते हैं शादमाने-हयात
उसी चराग़ की अब शहर में हवा-सी है

हमीं से आँख चुराता है उसका हर ज़र्रा
मगर ये ख़ाक हमारे ही ख़ूँ की प्यासी है

उदास फिरता हूँ मैं जिसकी धुन में बरसों से
यूँ ही-सी है वो ख़ुशी, बात वो ज़रा-सी है

चहकते-बोलते शहरों को क्या हुआ 'नासिर'
कि दिन को भी मिरे घर में वही उदासी है

(1962)

80

सो गयी शहर की हर एक गली
अब तो आजा कि रात भीग चली

कोई झोंका चला तो दिल धड़का
दिल धड़कते ही तेरी याद आयी

कौन है तू कहाँ से आया है
कहीं देखा है तुझको पहले भी

तू बता क्या तुझे सवाब मिला
ख़ैर मैंने तो रात काट ही ली

मुझसे क्या पूछता है मेरा हाल
सामने है तिरे किताब खुली

मेरे दिल से न जा ख़ुदा के लिए
ऐसी बस्ती न फिर बसेगी कभी

मैं इसी ग़म में घुलता जाता हूँ
क्या मुझे छोड़ जायेगा तू भी

ऐसी जल्दी भी क्या, चले जाना
मुझे इक बात पूछनी है अभी

आ भी जा मेरे दिल के सद्रनशीं
कब से ख़ाली पड़ी है ये कुर्सी

मैं तो हलकान हो गया 'नासिर'
मुद्दते-हिज्र कितनी फैल गयी

(7 जून, 1967)

81

शुआ-ए-हुस्न तिरे हुस्न को छुपाती थी
वो रौशनी थी कि सूरत नज़र न आती थी

किसे मिलें, कहाँ जायें कि रात काली है
वो शक्ल ही न रही जो दिये जलाती थी

वही तो दिन थे हक़ीक़त में उम्र का हासिल
ख़ुशा वो दिन कि हमें रोज़ मौत आती थी

ज़रा-सी बात सही तेरा याद आ जाना
ज़रा-सी बात बहुत देर तक रुलाती थी

उदास बैठे हो क्यों हाथ तोड़कर 'नासिर'
वो नै कहाँ है जो तारों की नींद उड़ाती थी

(1960)

82

बर्फ़ गिरती रहे आग जलती रहे
आग जलती रहे रात ढलती रहे

रात भर हम यूँ ही रक़्स करते रहें
नींद तन्हा खड़ी हाथ मलती रहे

बर्फ़ के हाथ प्यानो बजाते रहें
जाम चलते रहें मय उछलती रहे

(04.09.1971)

83

कुंज-कुंज नग़माज़न, बसंत आ गयी
अब सजेगी अंजुमन, बसंत आ गयी

उड़ रहे हैं शहर में पतंग रंग-रंग
जगमगा उठा गगन, बसंत आ गयी

मोहने-लुभाने वाले प्यारे-प्यारे लोग
देखना चमन-चमन, बसंत आ गयी

सब्ज़ खेतियों पे फिर निखार आ गया
ले के ज़र्द पैरहन, बसंत आ गयी

पिछले साल के मलाल दिल से मिट गये
ले के फिर नयी चुभन, बसंत आ गयी

(ठण्डी दोपहर, 12.11.1956, दफ़्तर, हुमायूँ)

84

कहाँ गये वो सुखनवर जो मीर-ए-महफ़िल थे
हमारा क्या है भला, हम कहाँ के कामिल थे

भला हुआ कि हमें यूँ भी कोई काम न था
जो हाथ टूट गये टूटने के क़ाबिल थे

हराम है जो सुराही को मुँह लगाया हो
ये और बात कि हम भी शरीके-महफ़िल थे

गुज़र गये हैं जो ख़ूशबू-ए-रायगाँ की तरह
वो चंद रोज़ मिरी ज़िंदगी का हासिल थे

पड़े हैं साया-ए-गुल में जो सुर्ख़-रू होकर
वो जाँनिसार ही ऐ शमअ! तेरे क़ातिल थे

अब उनसे दूर का भी वास्ता नहीं 'नासिर'
वो हमनवा जो मिरे रतजगों में शामिल थे

85

शौक़ क्या-क्या दिखाये जाता है
दिल तुझे भी भुलाये जाता है

अगले वक़्तों की यादगारों को
आसमाँ क्यों मिटाये जाता है

सूखते जा रहे हैं गुलबूटे
बाग़ काँटे लगाये जाता है

जाते मौसम को किस तरह रोकूँ
पत्ता-पत्ता उड़ाये जाता है

हाल किससे कहूँ कि हर कोई
अपनी-अपनी सुनाये जाता है

क्या ख़बर कौन-सी ख़ुशी के लिए
दिल यूँ ही दिन गँवाये जाता है

रंग पीला है तेरा क्यों 'नासिर'
तुझे क्या रंज खाये जाता है

86

क्या लगे आँख कि फिर दिल में समाया कोई
रात भर फिरता है इस शहर में साया कोई

फ़िक्र ये थी कि शबे-हिज्र कटेगी क्यूँकर
लुत्फ़ ये है कि हमें याद न आया कोई

शौक़ ये था कि मुहब्बत में जलेंगे चुपचाप
रंज ये है कि तमाशा न दिखाया कोई

शहर में हमदमे-देरीना बहुत थे 'नासिर'
वक़्त पड़ने पे मिरे काम न आया कोई

(12.04.1957)

87

चंद घरानों ने मिल-जुलकर
कितने घरों का हक़ छीना है

बाहर की मिट्टी के बदले
घर का सोना बेच दिया है

सबका बोझ उठाने वाले!
तू इस दुनिया में तन्हा है

मैली चादर ओढ़ने वाले
तेरे पाँव तले सोना है

गहरी नींद से जागो 'नासिर'
वो देखो सूरज निकला है

(1970)

88

बने-बनाये हुई रास्तों पे जा निकले
ये हमसफ़र मिरे कितने गुरेज़-पा निकले

चले थे और किसी रास्ते की धुन में मगर
हम इत्तिफ़ाक़ से तेरी गली में आ निकले

ग़मे-फ़िराक़ में कुछ देर रो ही लेने दो
बुख़ार कुछ तो दिले-बेक़रार का निकले

नसीहतें हमें करते हैं तर्के-उल्फ़त की
ये ख़ैरख़्वाह हमारे किधर से आ निकले

ये ख़ामुशी तो रगो-पै में रच गयी 'नासिर'
वो नाला कर कि दिले-संग से सदा निकले

(1961)

89

शिकवा-बतर्ज़े-आम नहीं आपसे मुझे
नाकाम हूँ कि काम नहीं आपसे मुझे

कहता सुलूक आपके एक-एक से मगर
मतलूब इंतिक़ाम नहीं आपसे मुझे

ऐ मुंसिफ़ो! हक़ायक़ो-हालात से अलग
कुछ बहसे-ख़ासो-आम नहीं आपसे मुझे

ये शहरे-दिल है शौक़ से रहिए यहाँ मगर
उम्मीदे-इंतिज़ाम नहीं आपसे मुझे

फ़ुर्सत है और शाम भी गहरी है किस क़दर
इस वक़्त कुछ कलाम नहीं आपसे मुझे

(1970)

90

जन्नत माहीगीरों की
ठण्डी रात जज़ीरों की

सब्ज़ सुनहरे खेतों पर
फुवारें सुर्ख़ लकीरों की

इस बस्ती से आती हैं
आवाज़ें ज़ंजीरों की

कड़वे ख़्वाब ग़रीबों के
मीठी नींद अमीरों की

रात गये तेरी यादें
जैसे बारिश तीरों की

मुझसे बातें करती है
ख़ामोशी तस्वीरों की

इन वीरानों में 'नासिर'
कान दबी है हीरों की

(22.05.1971)

91

कोई और है, नहीं तू नहीं, मिरे रू-ब-रू कोई और है
बड़ी देर में तुझे देखकर ये लगा कि तू कोई और है

ये गुनाहगारों की सरज़मीं, है बहिश्त से भी सिवा हसीं
मगर इस दयार की ख़ाक में सबबे-नुमू कोई और है

जिसे ढूँढ़ता हूँ गली-गली, वो है मेरे जैसा ही आदमी
मगर आदमी के लिबास में वो फ़रिश्ता-ख़ू कोई और है

कोई और शय है वो बेख़बर जो शराब से भी है तेज़तर
मिरा मयकदा कहीं और है मिरा हमसुबू कोई और है

(एल्बर्ट विक्टर हॉस्पिटल, 10.04.1971)

92

ग़म है या ख़ुशी है तू
मेरी ज़िन्दगी है तू

आफ़तों के दौर में
चैन की घड़ी है तू

मेरी रात का चराग़
मेरी नींद भी है तू

मैं ख़िज़ाँ की शाम हूँ
रुत बहार की है तू

दोस्तों के दरमियाँ
वज्हे-दोस्ती है तू

मेरी सारी उम्र में
एक ही कमी है तू

मैं तो वो नहीं रहा
हाँ मगर वही है तू

'नासिर' इस दयार में
कितना अजनबी है तू

(30.06.1971)

93

देस सब्ज़ झीलों का
ये सफ़र है मीलों का

राह में जज़ीरों की
सिलसिला है टीलों का

कश्तियों की लाशों पर
जमघटा है चीलों का

रंग उड़ता जाता है
शहर की फ़सीलों का

देखकर चलो 'नासिर'
दश्त है ये फ़ीलों का

(22.05.1971)

94

धुआँ-सा है जो ये आकाश के किनारे पर
लगी है आग कहीं रात से किनारे पर

ये काले कोस की पुरहौल रात है साथी
कहीं अमाँ न मिलेगी मुझे किनारे पर

सदाएँ आती हैं उजड़े हुए जज़ीरों से
कि आज रात न कोई रहे किनारे पर

यहाँ तक आये हैं छींटे लहू की बारिश के
वो रन पड़ा है कहीं दूसरे किनारे पर

ये ढूँढ़ता है किसे चाँद सब्ज़ झीलों में
पुकारती है हवा अब किसे किनारे पर

इस इंक़लाब की शायद ख़बर न थी उनको
जो नाव बाँध के सोते रहे किनारे पर

हैं घात में अभी कुछ क़ाफ़िले लुटेरों के
अभी जमाये रहो मोर्चे किनारे पर

बिछड़ गये थे जो तूफ़ाँ की रात में 'नासिर'
सुना है उनमें से कुछ आ मिले किनारे पर
(एल्बर्ट विक्टर हॉस्पिटल, 15.04.1971)

95

कुछ यादगारे-शहरे-सितमगर ही ले चलें
आये हैं इस गली में तो पत्थर ही ले चलें

यूँ किस तरह कटेगा कड़ी धूप का सफ़र
सर पर ख़याले-यार की चादर ही ले चलें

रंजे-सफ़र की कोई निशानी तो पास हो
थोड़ी-सी ख़ाके-कूचा-ए-दिलबर ही ले चलें

ये कहके छेड़ती है हमें दिल-गिरफ़्तगी
घबरा गये हैं आप तो बाहर ही ले चलें

इस शहरे-बेचराग़ में जायेगी तू कहाँ
आ ऐ शबे-फ़िराक़! तुझे घर ही ले चलें
(6 सितंबर, 1967)

96

रक़म करेंगे तिरा नाम इंतिसाबों में
कि इंतिख़ाबे-सुख़न है ये इंतिख़ाबों में

मिरी भरी हुई आँखों को चश्मे-कम से न देख
कि आसमान मुक़ैयद हैं इन हबाबों में

हर आन दिल से उलझते हैं दो जहान के ग़म
घिरा है एक कबूतर कई उक़ाबों में

ज़रा सुनो तो सही कान धर के नाला-ए-दिल
ये दास्ताँ न मिलेगी तुम्हें किताबों में

नयी बहार दिखाते हैं दाग़े-दिल हर रोज़
यही तो वस्फ़ है इस बाग़ के गुलाबों में

पवन चली तो गुल-ओ-बर्ग दफ़ बजाने लगे
उदास ख़ुश्बुएँ लौ दे उठीं नक़ाबों में

हवा चली तो खुले बादबाने-तबअ-ए-रसा
सफ़ीने चलने लगे याद के सराबों में

कुछ इस अदा से उड़ा जा रहा है अबलक़े-रंग
सबा के पाँव ठहरते नहीं रकाबों में

बदलता वक़्त ये कहता है हर घड़ी 'नासिर'
कि यादगार है ये वक़्त इंक़लाबों में

97

गये दिनों का सुराग़ लेकर, किधर से आया किधर गया वो
अजीब मानूस अजनबी था, मुझे तो हैरान कर गया वो

बस एक मोती-सी छब दिखाकर, बस एक मीठी-सी धुन सुना-कर
सितारा-ए-शाम बनके आया, बरंगे-ख़्वाबे-सहर गया वो

ख़ुशी की रुत हो कि ग़म का मौसम, नज़र उसे ढूँढ़ती है हर दम
वो बू-ए-गुल था कि नग़मा-ए-जाँ, मिरे तो दिल में उतर गया वो

न अब वो यादों का चढ़ता दरिया, न फ़ुर्सतों की उदास बरखा
यूँ ही ज़रा-सी कसक है दिल में, जो ज़ख़्म गहरा था भर गया वो

कुछ अब सँभलने लगी है जाँ भी, बदल चला दौरे-आसमाँ भी
जो रात भारी थी टल गयी है, जो दिन कड़ा था गुज़र गया वो

बस एक मंज़िल है बुलहवस की, हज़ार रस्ते हैं अहले-दिल के
यही तो है फ़र्क़ मुझमें-उसमें, गुज़र गया मैं ठहर गया वो

शिकस्ता-पा राह में खड़ा हूँ, गये दिनों को बुला रहा हूँ
जो क़ाफ़िला मेरा हमसफ़र था, मिसाले-गर्दे-सफ़र गया वो

मिरा तो ख़ूँ हो गया है पानी, सितमगरों की पलक न भीगी
जो नाला उट्ठा था रात दिल से, न जाने क्यूँ बेअसर गया वो

वो मयकदे को जगाने वाला, वो रात की नींद उड़ाने वाला
ये आज क्या उसके जी में आयी, कि शाम होते ही घर गया वो

वो हिज्र की रात का सितारा, वो हमनफ़स, हमसुख़न हमारा
सदा रहे उसका नाम प्यारा, सुना है कल रात मर गया वो

वो जिसके शाने पे हाथ रखकर, सफ़र किया तूने मंज़िलों का
तिरी गली से न जाने क्यूँ आज, सर झुकाये गुज़र गया वो

वो रात का बेनवा मुसाफ़िर, वो तेरा शायर वो तेरा 'नासिर'
तिरी गली तक तो हमने देखा था फिर न जाने किधर गया वो

(14.08.1963)

98

ज़बाँ सुख़न को सुख़न बाँकपन को तरसेगा
सुख़नकदा मिरी तर्ज़े-सुख़न को तरसेगा

नये पियाले सही तेरे दौर में साक़ी
ये दौर मेरी शराबे-कुहन को तरसेगा

मुझे तो ख़ैर वतन छोड़कर अमाँ न मिली
वतन भी मुझसे ग़रीब-उल-वतन को तरसेगा

उन्ही के दम से फ़रोज़ाँ हैं मिल्लतों के चराग़
ज़माना सोहबते-अर्बाबे-फ़न को तरसेगा

बदल सको तो बदल दो ये बाग़बाँ वरना
ये बाग़ साया-ए-सर्वो-समन को तरसेगा

हवा-ए-ज़ुल्म यही है तो देखना इक दिन
ज़मीन पानी को, सूरज किरन को तरसेगा
(04.11.1957)

99

वो साहिलों पे गाने वाले क्या हुए
वो कश्तियाँ चलाने वाले क्या हुए

वो सुब्ह आते-आते रह गयी कहाँ
जो क़ाफ़िले थे आने वाले क्या हुए

मैं उनकी राह देखता हूँ रात भर
वो रौशनी दिखाने वाले क्या हुए

ये कौन लोग हैं मिरे इधर-उधर
वो दोस्ती निभाने वाले क्या हुए

वो दिल में खुबने वाली आँखें क्या हुईं
वो होंट मुस्कुराने वाले क्या हुए

इमारतें तो जल के राख हो गयीं
इमारतें बनाने वाले क्या हुए

अकेले घर से पूछती है बेकसी
तिरा दिया जलाने वाले क्या हुए

ये आप हम तो बोझ हैं ज़मीन का
ज़मीं का बोझ उठाने वाले क्या हुए
(एल्बर्ट विक्टर हॉस्पिटल, 30.04.1971)

मुतफ़र्रिक़ अशआर

हर एक शक्ल को दिल से निकालकर रक्खा
ये आइना तिरी ख़ातिर सँभालकर रक्खा

जो दिल दुखा भी तो होंठों ने फूल बरसाये
ख़ुशी को हमने शरीके-मलाल कर रक्खा

• • • • •

हमसुबू घर से निकलते ही नहीं अब 'नासिर'
मयकदा रात गये अब भी खुला होता है

(02.08.1966)

अहले-ख़िरद के माज़ी-ओ-हाल
चंद किताबें चंद ख़याल

दुख की धूप में याद आये
तेरे ठण्डे-ठण्डे बाल

• • • • •

तिरे बग़ैर भी ख़ाली नहीं मिरी रातें
है एक साया मिरे साथ हम-नशीं की तरह

क़िस्से तिरी नज़र ने सुनाये न फिर कभी
हमने भी दिल के दाग़ दिखाये न फिर कभी

ऐ यादे-दोस्त आज तो जी भर के दिल दुखा
शायद ये रात हिज्र की आये न फिर भी

चाँद निकला था मगर रात न थी पहली-सी
ये मुलाक़ात, मुलाक़ात न थी पहली-सी

रंज कुछ कम तो हुआ आज तिरे मिलने से
ये अलग बात कि वो बात न थी पहली-सी

(13.04.1963)

आप क्यों रुक गये चलते-चलते
आपको मैंने बुलाया तो न था

(18.04.1971)

• • • • •

मैं तो बीते दिनों की खोज में हूँ
तू कहाँ तक चलेगा मेरे साथ

(1964)

• • • • •

चैन से बैठने नहीं देती
मौसमे-याद की उदास हवा

फैलती जाती है 'नासिर' रंजे-हस्ती की रिदा
और सिमटते जा रहे हैं पाँव फैलाने को हम

• • • • •

तमाम उम्र यूँही हमने दुःख उठाया है
ज़ियादा ख़र्च किया और कम कमाया है

चार घड़ी यारों का मेला, फिर ख़ामोशी
पहरों तन्हा बैठ के रोना, फिर ख़ामोशी

इससे तो हम सोये ही रहते सुब्ह न होती
नींद उड़ाकर उड़ गयी चिड़िया, फिर ख़ामोशी

(1963)

• • • • •

हवा भी चल रही है और जागती है रात भी
कोई अगर कहे तो हम सुनायें दिल की बात भी

(20.01.1967)

मैं देखता हूँ तो बस देखता ही रहता हूँ
वो आइने में भी अपने ही रंग छोड़ गया

(21.06.1967)

• • • • •

यूँ तो उसे हमसुख़नो! बात नहीं कहने की
बात रह जायेगी ये रात नहीं रहने की

(01.02.1967)

नाला-ए-आख़िरे-शब किसको सुनाऊँ 'नासिर'
नींद प्यारी है मिरे दौर के फ़नकारों को

(1955)

• • • • •

कहीं कहीं कोई रौशनी है
जो आते-जाते से पूछती है

कहाँ है वो अजनबी मुसाफ़िर
कहाँ गया वो उदास शायर

(30.12.1971)

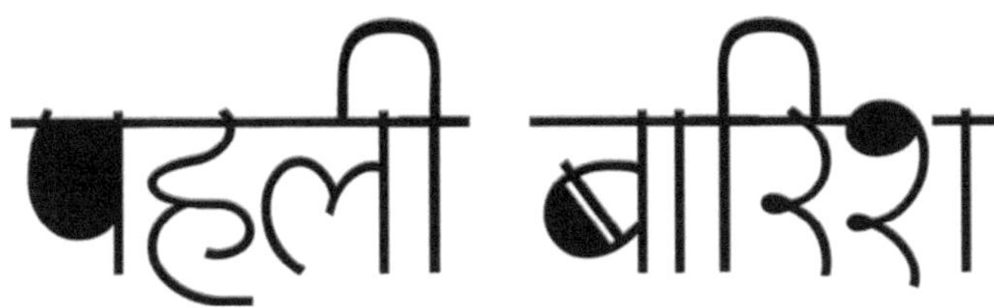

(प्रकाशन वर्ष : 1975)

शफ़ीक़ा बेगम के नाम

पहली बारिश

ग़ज़लों के इस दायरावार अर्ज़ंग में 'था' एक ज़र्बे-मुसलसल की तरह, दिल की धड़कन के मानिंद, तमाम सिरे थामे खड़ा है। दुनिया में हर शय के अव्वलो-आख़िर, ज़ाहिरो-बातिन में 'था' की गूँज सुनायी देती है। इसकी क़लम-रौ सिर्फ़ माज़ी तक महदूद नहीं, हाल और मुस्तक़बिल भी इसकी कमंद के असीर हैं। आदमी सोचता है- 'मैं भी कभी था' और होते हुए भी एक यासअंगेज़ सतह पर अपनी नफ़ी करता है। आदमी सोचता है- 'कभी मेरा मुस्तक़बिल रौशन था', लेकिन एक सूरते-हाल, जिसे अभी बरपा होना है, वजूद में आने से पहले ही माज़ी के दरो-बाम के नक़्शो-निगार बनकर रह गयी। इंसानी तख़य्युल का ख़ासा है कि इसमें सब कुछ गडमड रहता है। माज़ी, हाल, मुस्तक़बिल, ज़िंदगी, मौत, मुहब्बत, नफ़रत, दिलेरी, बुज़दिली, सेहतमंदी और बीमारी एक दूसरे में समाकर तख़य्युल को बारआवर बनाती हैं

हक़ायक़ की सत्ह पर, या जिसे हम हिकायत की सत्ह समझते हैं, चीज़ों और वाक़ियात की अलग-अलग शिनाख़्त मुमकिन है। फूल मुरझा गया, आँधी आयी, सूरज डूबा, चराग़ रौशन हुआ, आग जलाती है। पानी आदमी को ज़िंदा रखता है, पानी ही में डूबकर आदमी मर भी जाते हैं। ये सामने की बातें हैं। तख़य्युल की नय्यरगी की बात और है कि वहाँ दिल को भले लगनेवाले फूल भी मुरझाते हैं, चढ़ी आँधियाँ उतरती नहीं और डूबता सूरज नज़र से ग़ायब होने के बजाय किसी लाज़वाल उफ़ुक़ में खुब जाता है। सैंकड़ों मंज़र दिल में खिंचे रहते हैं और जानी-अनजानी आरज़ूओं से ग़मआलूद ख़ुशी का जौहर कशीद करते हैं। ऐसे बहुत से अमिट लम्हों की कहानी नासिर काज़मी की 'पहली बारिश' में बयान हुई है और उसे पढ़कर पता चलता है कि तख़य्युल किस तरह नये-नये लिबास पहनकर छोटी बड़ी यादों की सैर करता है।

ग़ज़ले-मुसलसल एक जाना-पहचाना अंदाज़े-तकल्लुम है और असातिज़ा ने अपनी क़ादिर-उल-कलामी का सिक्का बिठाने के लिए एक ही रदीफ़ क़ाफ़िये में तीन-तीन चार-चार ग़ज़लें भी कही हैं, मगर चंद एक नहीं बल्कि चौबीस ग़ज़लें इस तरह कहना कि उनका अलग-अलग किसी तरतीब के बग़ैर मुताला किया जाये तो किसी ऐसे सफ़र का लुत्फ़ आये, जिस पर अफ़साने की परछाईं पड़ रही हो, और फिर इन सब में एक ही रदीफ़ क़ाफ़िये को इस बेतकान अंदाज़ में बरतना कि तकरार के बावजूद हर शेर के आख़िर में 'था' का लफ़्ज़ अव्वल-ता-आख़िर तरो-ताज़ा और नागुज़ीर मालूम हो, ये बड़ी दीदारेज़ी का काम है।

ग़ज़ल कहानी बयान नहीं करती। वो तो उन लोगों की तर्जुमान है जो ख़ुद कहानियों की तरह अपनी इब्तिदा और इंतिहा ढूँढ़ते, हर्ज-मर्ज खींचते शश-जिहात में सरगरदाँ रहते हैं। नासिर काज़मी ने यको-तन्हा 'पहली बारिश' में ग़ज़ल का तनाज़ुर इस तरह बदला है जैसे एक तवील, तूफ़ानी समंदरी सफ़र के बाद किसी नये बर्रे-आज़म का हरा-भरा साहिल रह-रहकर दूर से झलके।

इन ग़ज़लों की जड़ें रिवायत की मिट्टी में दूर तक मज़बूती से जमी हुई हैं। वही मजाज़ो-हकीकत आपस में यूँ घुले-मिले कि ठीक से पता न चले कि कौन कहाँ पे ख़त्म और कहाँ से शुरू है। वही मुलाक़ात का सुरूर और फ़िराक़ की रंजूरी, वही मंज़रों और मौसमों की तिलिस्मबंदी, मानूस होने के बावजूद इन ग़ज़लों में ऐसा जोशे-नुमू है, जिसकी अजनबीयत, शाख़-दर-शाख़, रिवायत के दरो-दीवार के तहत साँचों को तोड़कर बाहर फैलती चली गयी है। गोया ये ग़ज़लें जितनी रिवायत के अंदर हैं उतनी ही बल्कि उससे भी ज़ियादा रिवायत से बाहर हैं। रिवायत और ग़ैर-रिवायत का ये आमेख़्ता, ग़ैर महसूस तौर पर तशद्दुद और तोड़-फोड़ के बग़ैर, बातिनी हरारत से रफ़्ता-रफ़्ता फल कर शक्लपज़ीर हुआ है।

अफ़सानाख़्वानी ग़ज़ल का मंसब नहीं और इसकी मख़सूस हैयत, बल्कि मिज़ाज भी, जिसमें ज़ाहिरी परीशाँख़याली के रूप में किसी अंदरूनी वहदत को उजागर करने का रुझान पाया जाता है, अफ़सानवी जकड़बंदियों से कम-अज़-कम हक़ीक़त पसंदाना अफ़साने के तारो-पौद से क़द्रे-बाद रखता है। मेरे ख़याल में 'पहली बारिश' मंज़ूम कहानी नहीं, बल्कि किसी मुहब्बत करनेवाले आदमी की रेज़ा-रेज़ा याद का सफ़र है जो हुज़ूरी, नासबूरी और तस्लीम के मरहलों से गुज़रकर बअंदाज़े-दिगर जुड़ती-निथरती जा रही है।

ये सफ़र दो सत्हों पर है। एक सत्ह सामने की, जिसमें सफ़र नक़्ले-मकानी, आवारगी और कहीं दूर निकल जाने की रूदाद है, जो मंज़र-आगीं भी है और मुतनव्वे भी : गर्मी के तपते गर्दआलूद दिन, धूप, बादल, अँधेरी शामें तूफ़ानी बारिशें, चाँदनी रातें, रेल का सफ़र, टेंशन, पहाड़ी शहर, झीलें, जंगल, बहता पानी, ठहरा पानी, कश्तियाँ, ख़राबे, ग़रज़ कि सैर-बीनी झमेला है जिसमें जी लगा रहता है। सफ़र की दूसरी सत्ह बातिनी है जहाँ मुहब्बत की तपिश (जो आलमे-ज़ाहिर में गर्मी की रुत है), दोस्त को दूर पहाड़ों पर ले जाने और साथ लिये फिरने की कैफ़ियत, जज़्बात और वहमो-गुमान के एक नारी हैजान के बाद गुदाख़्तगी, नर्मी और बहाव (जो सुपुर्दगी की अलामत है) में बदलकर मुसाफ़िर को सब्रो-तस्लीम की ऐसी जन्नत में ले जाती है जहाँ नुमू की अबदीयत में वो तन्हा भी है और आज़ाद भी। और ख़ुद आज़ाद होकर उसने दूसरों को भी आज़ाद किया है। और उन दूसरों में उसका दोस्त भी शामिल है और उसकी तितर-बितर याद भी।

'पहली बारिश' को बआसानी तीन हिस्सों में तक़सीम किया जा सकता है। एक तो पहली बारह ग़ज़लें जिनमें दोस्त की क़ुर्बत भी मयस्सर है और फ़ितरत का हुस्न भी और साथ ही साथ एक दहशतअंगेज़ी का सामना भी है। इन ग़ज़लों के फ़ौरन बाद, सिलसिले

के गोया तक़रीबावस्त में, बहरानी और जहन्नुमी शबीहों से मामूर, एक ग़ज़ल इस तरह वाक़े है जैसे बर्ज़ख़ हो। यहाँ शायर जुर्मो-सज़ा के दोराहे का ज़िक्र भी करता है। गोया ये वो नुक़्ता है जहाँ पहुँचकर इंसान चाहे तो अपनी ग़लतियों को दोहराते जाने की।

अज़ीयतआमेज़ लज़्ज़त पर इक्तिफ़ा कर ले या ततहीर के अमल का आग़ाज़ करे। बर्ज़ख़ के बाद दो ग़ज़लें हैं उनसे सुराग़ मिलता है कि ततहीरो-तफ़जीर का अमल शुरू हो गया है। पथरीले शहरों, पहाड़ों और संगलाख़ी फ़िज़ा की जगह दरियाओं और कश्तियों ने ले ली है और गुदाज़ की ये कैफ़ियत, ग़ैर महसूस बहाव बनकर, सरे-तस्लीम ख़म करनेवाले को जवारे-रहमत में पहुँचा देती है। पत्थर, पानी, सब्ज़ा और बारिश अर्ज़ंग के चार खोंट हैं और बारिश जो मुर्दा ज़मीनों में जान डालती है। झलक है इस नापैदा कनार की सिफ़ात की और साहबे-दिल के लिए एक झलक ही बहुत है।

लेकिन क्या ये वाक़ई मुहब्बत की कहानी है या क़दम-क़दम पर तग़य्युर से दो-चार नासूती फ़िज़ा में मुहब्बत की, किसी पाएदार इर्तिबात की तलाश है जिससे बिलआख़िर ये साबित होता है कि इंसान दूसरों से सिर्फ़ आईने का काम लेता है (बेएनीह जैसे कोई कायनाती हक़ीक़त इंसान से आईने का काम ले रही है) और आईने में नज़र आनेवाली शक्ल को देखनेवाला न छू सकता है न उससे हमकलाम हो सकता है। आईने से हमकलामी का वाहिमा पैदा करने के लिए ज़ाहिरी होशो-हवास की हदबंदियों से आज़ाद होना पड़ता है। 'पहली बारिश' कहती मालूम होती है कि इंसान तन्हा है और तन्हा रहने के लिए पैदा हुआ है, लेकिन इस तन्हाई में महबूब नहीं, बल्कि मुहब्बत रख़्ना डाल सकती है। मुहब्बत हमें अपनी बेकराँ तन्हाई से निबाह करना सिखाती है। मुहब्बत किसी ऐसे मक़सद के लिए हमारी तकमील करती है, जिसका ख़ुद हमें भी ठीक तरह कोई इदराक नहीं।

'पहली बारिश' पर तफ़सील से कुछ लिखने के लिए ये ज़रूरी है कि यहाँ जो बातें कही गयी हैं उनका नासिर के कलाम में इब्तिदा से सुराग़ लगाया जाये, क्योंकि ये तय है कि इस अर्ज़ंग के अव्वलीन नुक़ूश 'दीवान' की बाज़ ग़ज़लों में देखे जा सकते हैं। जो इमारत हमें खड़ी नज़र आती है इसकी बुनियाद में कई खंडहर, कई इब्तिदाई परतौ रहे हैं। मसलन इन ग़ज़लों पर नज़र डालनी चाहिए : 'दुख की लहर ने छेड़ा होगा', 'अपनी धुन में रहता हूँ', 'सारी रात जगाती है (जिसमें ये शेर भी है, पहली बारिश मैं और तू, ज़र्द पहाड़ों का दामन)', 'आज मुझे क्यों चुप-सी लगी है', 'इस दुनिया में अपना क्या है', 'मैं हूँ रात का एक बजा है'। इनके अलावा उन ग़ज़लों को भी सामने रखना होगा जो नासिर ने इसी बह्र, रदीफ़ और क़ाफ़िये में कही हैं, लेकिन 'पहली बारिश' की हतमी तरतीब में शामिल नहीं कीं । किसी चीज़ की अदम शमूलीयत की ग़रज़ो-ग़ायत से भी फ़नपारे की मानवीयत पर नये रुख़ से रौशनी पड़ सकती है।

मुहम्मद सलीमुर्रहमान

दीबाचा तबअ-ए-सोम

(तीसरे संस्करण की भूमिका)

(1)

मैं स्कूल में पढ़ता था। नया-नया शेर कहना शुरू किया था। एक महबूब मशग़ला पापा की ग़ैर मौजूदगी में, उनके कमरे में, हर क़िस्म के नये और पुराने रिसाले खँगालना था। (ग़ैर-निसाबी किताबें पढ़ने का दौर भी नहीं आया था।) एक रोज़ 'नया दौर' के दो मुख़्तलिफ़ शुमारों में पापा की ग़ज़लें एक साथ मिलीं। उनके बारे में अनोखी बात ये थी कि ये सब की सब एक ही ज़मीन में थीं। हैरत हुई कि पापा, जो एक ग़ज़ल में एक ही क़ाफ़िया एक से ज़ाइद बार बाँधने से गुरेज़ करने को कहा करते थे, ख़ुद एक ही ज़मीन में इतनी ग़ज़लें लिख गये, और कई क़ाफ़िये कई-कई दफ़ा इस्तेमाल किये। अचंभे की दूसरी बात ये थी कि इन ग़ज़लों की ज़बान इतनी सादा थी कि पहाड़ और गिलहरी और गाय और बकरी की याद ताज़ा हो जाती थी और लबो-लहजा रोज़मर्रा गुफ़्तगू के इतना क़रीब था कि लगता जैसे नस्र को औज़ान का पाबंद कर दिया गया हो। शेर कहना बहुत आसान दिखाई देने लगा। कई बार तो बेइख़्तियार हँसी भी आ गयी -

सीने पर दो काली कलियाँ
पेट की झील में कँवल खिला था

पापा रेडियो स्टेशन से लौटे तो मैंने उन्हें देखते ही कहा- "पापा, कुछ ग़ज़लें पढ़ीं आज। ऊपर आपका नाम था। आप ही की हैं?"

"हाँ! हाँ! मेरी हैं। बिल्कुल मेरी, क्यों?" पापा ने रिसाले देखते हुए कहा और सिटपिटा कर मुझे देखने लगे। पहले तो उन्हें ख़याल हुआ कि शायद मैं मज़ाक़ कर रहा हूँ, लेकिन फिर मुझे इंतिहाई संजीदा पाकर उन्हें तशवीश होना शुरू हुई कि कल तक तो बरख़ुर्दार भला-चंगा था।

"बहुत सीधी-सीधी ग़ज़लें हैं। फीकी-फीकी, कुछ ज़ियादा ही आसान और सादा"- मैंने डरते-डरते कहना शुरू किया। "कोई भी लिख सकता है .....बात नहीं बनी"।

अब सोचता हूँ तो काँप जाता हूँ कि नासिर काज़मी से ये बात और वो भी 'पहली बारिश' के बारे में, इस अंदाज़ से मैंने कह दिया! फिर अपनी जहालत को मासूमियत का नाम देकर दिल को तसल्ली देता हूँ। नाबालिग़, नमाज़-रोज़े के अलावा भी बहुत-सी पाबंदियों से

मुस्तस्ना होते हैं। उनके लिए हुदूद में रहना नामुम्किन होता है, क्योंकि वो हुदूद से वाक़िफ़ ही नहीं होते। जहाँ तक बेबाकी का तअल्लुक़ है तो नावाक़िफ़ीयत भी इसका इतना ही अहम मम्बा है जितना कि इल्म। (अगरचे जो जुरअत लाइल्मी से फूटे वो गुस्ताख़ी और हठधर्मी कहलाती है और जो इल्म के नतीजे में पैदा हो वो ख़ुद-एतिमादी और यक़ीन की अलामत ख़याल की जाती है।) फिर नाबालिग़ों और नावाक़िफ़ों को एक और रिआयत भी तो हासिल है। इल्म का बाब वा करने की एक कलीद बेबाकी है। इसीलिए कहते हैं कि जानने और सीखने में शर्म महसूस न करो। पापा भी यही तल्क़ीन किया करते थे। सवालों के जवाब चाहो और जवाब सुनकर सवाल करो। सवाल कितने ही मज़हकाख़ेज़ और बचगाना क्यों न हों।

तो ज़िक्र था 'पहली बारिश' की ग़ज़लों का। मेरी बात पर पापा का रद्दे-अमल ऐसा था गोया वो कुछ बताने या समझाने, बल्कि कुछ भी कहने को बेसूद समझ रहे हों।

मज़कूरा वाक़िये के कई बरस बाद अपनी वफ़ात से कुछ अरसा पहले जब पापा ने अपना कलाम इकट्ठा करके तरतीब देना शुरू किया तो मैंने देखा कि एक डायरी के पहले सफ़्हे पर 'पहली बारिश' जली हुरूफ़ में लिखा हुआ था और अगले औराक़ में वैसी ही हमज़मीन ग़ज़लें। पापा ये ग़ज़लें एक पुरानी डायरी (जो मेरे पास अब भी महफ़ूज़ है) से नक़्ल कर रहे थे। इस पुरानी डायरी में ये ग़ज़लें मिन-ओ-अन उसी तरह लिखी हुई थीं जैसे मैं रिसाले में पढ़ चुका था, मगर अब कई अशआर क़लमज़द या तब्दील किये जा चुके थे, कुछ नये अशआर का इज़ाफ़ा कर दिया गया था और दो-तीन ग़ज़लें ख़ारिज कर दी गयीं थीं। अब मुझे महसूस हुआ कि ये मजमूआ ग़ज़लों के उन मजमूओं से बहुत मुख़्तलिफ़ था जिनसे मेरी आश्नाई थी। मैंने पापा से कहा कि वो इसे छपवा क्यों नहीं देते तो उनका जवाब सिर्फ़ इतना आता था- "अभी लोग उसके लिए तैयार नहीं हैं।"

पापा अक्सर हमसे, हमारी उम्र के उस दौर के मुताबिक़ जिससे हम गुज़र रहे होते, सवाल किया करते, हमारा इम्तिहान लिया करते। एक रोज़ रात को अपने लिखने-पढ़ने के औक़ात में मुझे बुलाया और कहा- "इस शे'र के क्या मानी तुम्हारी समझ में आते हैं?"

दिल की सूरत का इक पत्ता
तेरी हथेली पर रक्खा था

मैं सोचने लगा। पान का पत्ता मेरे ज़ेहन में आ रहा था, लेकिन ग़ज़ल के शेर के मानी, एक पहेली के हल की तरह बताते हुए डर लग रहा था।

"दिल की सूरत का पत्ता नहीं देखा कभी?"

"पान! मैंने फ़ौरन जवाब दिया।"

"ठीक। अब इस शेर को देखो" -

काग़ज़ के दिल में चिंगारी
जिसकी ज़बाँ पर अंगारा था

"सिगरेट। माचिस।"
"ख़ूब अब ये शेर"

चाँद के दिल में जलता सूरज
सूरज के दिल में काँटा था

ये पहेली मैं न बूझ सका। आख़िर उन्होंने ख़ुद ही बताया- "फ़्राइड अंडा"
बहुत महज़ूज़ हुआ। "तो क्या ये पहेलियाँ हैं?"
"हाँ। पहेलियाँ भी।" वो मुस्कुराने लगे।

ये भी वक़्त गुज़रने के साथ-साथ मेरे लिए अहम से अहमतर होता चला गया। हर शय अपने अलावा (यानी जो कुछ वो दिखाई देती है या समझी जाती है, उसके अलावा) और 'भी' बहुत कुछ नज़र आती। पापा का ये शेर हर वक़्त ज़ेहन में फिरने लगा -

फूल को फूल का निशाँ जानो
चाँद को चाँद से उधर देखो

फिर एक रोज़ दिल की सूरत का पत्ता एक हथेली पर रखा देखा। सर-ब-कफ़ लोगों के बारे में तो सुना था, दिल-बदस्त भी देख लिया। फिर 'चाँद' के दिल में जलता सूरज, 'सूरज' के दिल में काँटा, काग़ज़ी पैकर के दिल में चिंगारी और 'ख़स' की ज़बाँ पर अंगारा भी देखा। अब इन अशआर में पहेलियाँ कम और कहानियाँ ज़ियादा नज़र आने लगीं। मेरी हैरत के सहरा में 'पहली बारिश' से नित नये गुलहा-ए-मआनी खिले। जिन बातों पर पहले हँसी आती थी, अब आँसूओं के दरिया बहते। 'मीर' पर पापा का मज़मून जो कभी 'सवेरा' में शाए हुआ था, (और अब उनके नस्री मजमूए, 'ख़ुश्क चश्मे के किनारे' में शाए हुआ है) पढ़ा। इस शेर - 'याँ पलैथन निकल गया वाँ ग़ैर, अपनी टक्की लगाये जाता है' के हवाले से पापा की ख़यालआराई पढ़कर मुझे अपना पहली बार 'पहली बारिश' पढ़ना बहुत याद आया। लिखते हैं- "बज़ाहिर ये शेर आदमी के सस्ते और उमूमी जज़्बात को इस क़दर बरअंगेख़्ता कर सकता है कि माक़ूल क़ारी भी उनकी रौ में बहकर इस तरह क़हक़हे

लगाने लगे कि उसे अपने मुब्तज़िल होने पर कोई शक न रहे, रद्दे-अमल के तौर पर ऐसा माक़ूल क़ारी बिल्कुल वीरान हो सकता है और उन्ही वीरान लम्हों में ये शे'र अपना आपा दिखाता है। इसमें भोंडे क़हक़हों की गूँज के साथ वो अलमनाक तजुर्बा अपनी पूरी शिद्दत के साथ समोया हुआ है जिस पर दहाड़ें मार-मार कर रोया भी जा सकता है।

'पहली बारिश', दोबारा, सहबारा पढ़ी। यूँ लगा जैसे किताब अब समझ में आ गयी। जिस तरह किसी ग़ज़ल के अशआर अपना जुदागाना वजूद रखते हुए भी आपस में किसी तौर मुंसलिक होते हैं इसी तरह पहली बारिश की ग़ज़लें भी इन्फ़िरादी तौर पर मुकम्मल ग़ज़लें होने के साथ-साथ मिलकर एक वहदत को तशकील देती दिखाई दीं। ये वहदत तवील नज़्म के क़रीब की कोई चीज़ मालूम दी। हर ग़ज़ल गोया इस नज़्म का एक बंद थी। जिसके अशआर ऐसे मरबूत नज़र आये जैसे किसी ज़ीने के मदारिज या किसी मंज़िल के मराहिल। ऐसा महसूस हुआ गोया शायर कोई कहानी सुना रहा हो। बार-बार पढ़ने पर ये कहानी वाज़ेह होती चली गयी।

(2)

सदियों पुरानी रिवायत है कि शोरा (मग़रिबी-ओ-मशरिक़ी) तवील नज़्म की इब्तिदा ख़ुदा या देवी-देवताओं (अपने-अपने ईमान या एतिक़ाद के मुताबिक़) से ख़िताब कर के करते हैं। 'पहली बारिश' और रिवायती तवील नज़्म का एक और मुश्तरक वस्फ़, आग़ाज़ है -

मैंने जब लिखना सीखा था
पहले तेरा नाम लिखा था

इस शे'र के बारे में पापा ख़ुद कहा करते थे कि इसका शुमार चंद बेहतरीन हम्दिया अशआर में होगा।

इसके अलावा पहली ग़ज़ल, 'कहानी' के 'मरकज़ी किरदार' का तआरुफ़ भी है। शुरू ही में पढ़ने वाला जान लेता है कि ये एक ऐसे तख़्लीक़ी शख़्स की कहानी है जो अल्लाह को मानने वाला और उसकी किताब का बग़ौर मुताला करने वाला है। अल्लाह ही के फ़रमान पर अमल करते हुए वो क़ुरआनी आयात पढ़कर औंधे मुँह गिर नहीं जाता, (अंधाधुंध ईमान नहीं ले आता) बल्कि मुतदब्बिर करता है और ग़ौरो-फ़िक्र के ज़रिये इन आयात को अपने रगो-पै का हिस्सा बनाता है। वो आदम के मक़ाम और कायनात में उसके किरदार से बख़ूबी वाक़िफ़ है-

मैं वो सब्रे-समीम हूँ जिसने
बारे-अमानत सर पे लिया था

मैं वो इस्मे-अज़ीम हूँ जिसको
जिन्नो-मलक ने सज्दा किया था

ये शख़्स न सिर्फ़ अल्लाह से सवाल करने की, बल्कि शिकवा करने की भी जुरअत रखता है

तू ने क्यों मेरा हाथ न पकड़ा
मैं जब रस्ते से भटका था

पहली बारिश भेजने वाले
मैं तिरे दर्शन का प्यासा था

ये अशआर ग़ज़लों के इस सिलसिले में बयान की जाने वाली कहानी के मौज़ू की तरफ़ भी एक वाज़ेह इशारा हैं। यहाँ अगर मैं ये कहूँ कि पापा की अपनी शख़्सियत भी कुछ ऐसी ही थी तो बेजा न होगा। अपने दावे की हिमायत में उन्हीं के दो बयानात दर्ज करता हूँ। 'सवेरा' के एक मुज़ाकरे में 'मेरा हमअस्र' (मतबूआ, ख़ुश्क चश्मे के किनारे) के तहत लिखते हैं, '... मैं अस्र के क़ुरआनी मआनी पर तवज्जोह देना ज़रूरी समझता हूँ। अब अगर सलीम अहमद साहब ये एतिराज़ करें कि मैं अदब के मुआमले में क़ुरआन मजीद को बीच में क्यों लाता हूँ तो मेरी गुज़ारिश है कि मैं क़ुरआन को अदब समझ कर पढ़ता हूँ और अपनी ज़बान के बाज़ लफ़्ज़ों के अस्ल मानी पर इसलिए भी ज़ोर देता हूँ कि दौरे-ग़ुलामी ने हमारी क़ौमी अलामतों का इस क़दर मज़ाक़ उड़ाया है कि अब हम हर मुआमले में अहले-मग़रिब के दस्तनिगर होकर रह गये हैं। मिसाल के तौर पर मौलवी, मौलाना, हज़रत, ये अल्फ़ाज़ मग़िरबज़दा लोगों के लिए महज़ गाली या फबती की हैसियत रखते हैं।

अपनी ज़िंदगी के आख़िरी अय्याम में टेलीविज़न के लिए इंतिज़ार हुसैन को इंटरव्यू देते हुए ग़ज़ल सुनाने की फ़रमाइश किये जाने पर उन्होंने कहा, "...लाइए तुम्हें कुछ शेर सुना देता हूँ। ये ग़ज़ल, इसमें थोड़ी-सी ख़िताबत है; मगर ये है कि बाज़ वजूह से मुझे पसंद है; कि तुलूअ-ओ-ग़ुरूब के मनाज़िर हैं; हैरतो-इबरत, कि दुनिया में क्या होता है; किस तरह चीज़ें डूबती हैं, उभरती हैं? किस तरह सुब्ह शामें होती हैं, और कुछ क़ुरआने-करीम के पढ़ने वालों के लिए भी ये कुछ दो-चार शेर मैं अर्ज़ कर देता हूँ -

साज़े-हस्ती की सदा ग़ौर से सुन
क्यों है ये शोर बपा ग़ौर से सुन

दिन के हंगामों को बेकार न जान
शब के पर्दों में है क्या ग़ौर से सुन

क्यों ठहर जाते हैं दरिया सरे-शाम
रूह के तार हिला ग़ौर से सुन

यास की छाँव में सोने वाले
जाग और शोरे-दरा ग़ौर से सुन

कभी फ़ुर्सत हो तो ऐ सुब्हे-जमाल
शबगज़ीदों की दुआ ग़ौर से सुन

कुछ तो कहती हैं चटककर कलियाँ
क्या सुनाती है सबा ग़ौर से सुन

बर्ग-ए-आवारा भी इक मुत्रिब है
ताइरे-नग़मासरा ग़ौर से सुन

दिल से हर वक़्त कोई कहता है
मैं नहीं तुझसे जुदा, ग़ौर से सुन

(बर्गे-नै)

यहाँ अगर कोई ये कहे कि शायर की शख़्सियत और उसके नज़रियात और अक़ाइद की रौशनी में उसके कलाम को देखना, बे-लाग objective मुताले के तक़ाज़ों के ख़िलाफ़ है तो मैं जवाब में पापा ही के अल्फ़ाज़ पेश करूँगा। मज़कूरा बाला इंटरव्यू में उन्होंने कहा था- "बात ये है कि जिस तरह मोअत्तर की शीशी आप खोलते हैं तो ख़ुश्बू आपको आती है; तो फूल और बाग़ तो कहीं नज़र नहीं आते; तो शायरी में मेरी, ये तमाम वाक़िआत बराहे-रास्त तो आपको नज़र नहीं आयेंगे, अलबत्ता ये है कि वो जो याद में हैं, जो ज़माना था हमारी ग़ुलामी का और जिसमें हम जीने के लिए कोशिश कर रहे थे, उनकी तगो-दौ को मेरी शायरी के आहंग में, रंगों में, लफ़्ज़ों में आप देख सकते हैं।" आगे चलकर इस सवाल के जवाब में कि तुम्हारा commitment क्या है? उन्होंने कहा- "commitment मैंने

इस तरह बाज़ बयानात की सूरत में तो शायद बहुत कम किया हो, लेकिन मेरे कलाम में आपको, मेरा तो ख़याल है कि मैंने जो लफ़्ज़ लिखा है वो commitment समझकर लिखा है। पाकिस्तान की पच्चीस साला तारीख़ को आप देखें और मेरे कलाम को देखें तो ज़रूर इसमें वो चीज़ें धड़कती हुई नज़र आयेंगी।"

सज्जाद बाक़र रिज़वी की किताब के दीबाचे, 'शहरी फ़रहाद' में वो लिखते हैं- 'शायर की शायरी और उसके नज़रियात की मुलाक़ात किसी मक़ाम पर तो होनी चाहिए। इस ज़िम्न में बाक़ायदा मिसालें तो मग़रिब के अदब ही में मिलेंगी लेकिन उर्दू अदब भी ऐसी मिसालों से ख़ाली नहीं। "मीर" ने अपने तज़किरे में, "ग़ालिब" ने अपने ख़ुतूत में, "हाली" ने मुक़द्दमा-ए-शेरो-शायरी में, फिर हमारे ज़माने में "फ़िराक़" साहब ने अपने मज़ामीन में शायरी के बारे में जिन ख़यालात का इज़हार किया है, उनका अक्स उनकी शायरी में भी मौजूद है। शायर अपने नज़रियात को मुसलसल तजुर्बातो-मुशाहिदात और मुताले के बाद मुरत्तब करता है और शायरी में उन्हें ज़ायक़ा बना देता है। शायर का मुताला और उसके नज़रियात ख़ाम लोहे की तरह होते हैं, जो शेर में दमे-शमशीर बनकर अपना जौहर दिखाता है।'

यहाँ ये बातें मुम्किन है कुछ लोगों को ग़ैर मुताल्लिक़ लगें लेकिन मेरे ख़याल में इनका ज़ेहननशीन होना न सिर्फ़ 'पहली बारिश', बल्कि 'नासिर' काज़मी की पूरी शायरी को समझने के लिए इंतिहाई ज़रूरी है-

(3)

वो कोई अपने सिवा हो तो उसका शिकवा करूँ
जुदाई अपनी है और इंतिज़ार अपना है (दीवान)

'पहली बारिश' के शायर की कहानी ये बताती है कि इंसान इस दुनिया में न सिर्फ़ अकेला आता है और यहाँ से अकेला जाता है, बल्कि वो यहाँ रहता भी अकेला ही है। इस हक़ीक़त को तस्लीम करने के बाद, अपने अंदर झाँक कर, अपनी ज़ात की मुसलसल नश्वो-नुमा (या ज़का) करते रहने से ही वो सुकून की मंज़िल या जन्नत तक पहुँच सकता है। इंसान की ज़रूरतें उसे दूसरों के पास भी ले जाती हैं और उनसे जुदा भी करती हैं। हर तअल्लुक़ और दोस्ती की एक मीआद होती है। ये मीआद तमाम उम्र पर भी मुहीत हो सकती है। बशर्ते कि फ़रीक़ैन एक-दूसरे की नश्वो-नुमा में इज़ाफ़े का बायस बनते रहें (और इसके लिए ज़रूरी है कि वो अपनी-अपनी नश्वो-नुमा के लिए भी कोशिश करते रहें। ज़ाहिर है जो ख़ुद रुक गया, वो किसी को क्या आगे बढ़ायेगा।) लेकिन जब रोज़ के मिलने वाले दोस्त एक दूसरे की नश्वो-नुमा में मज़ीद कोई किरदार अदा नहीं कर सकते तो उनका मिलना कम होने लगता है। उन्हें एहसास भी नहीं होता कि वो एक-दूसरे से जुदा हो रहे हैं या हो चुके हैं-

दोस्त बिछड़ते जाते हैं
शौक़ लिये जाता है दूर (बर्गे-नै)

अब उनसे दूर का भी वास्ता नहीं 'नासिर'
वो हमनवा जो मिरे रतजगों में शामिल थे (दीवान)

मुहब्बत का मुआमला इससे कुछ मुख़्तलिफ़ नहीं। महबूब के बग़ैर एक पल न जी सकने वाला, यूँ भी सोचता है-

ये क्या कि एक तौर से गुज़रे तमाम उम्र
जी चाहता है अब कोई तेरे सिवा भी हो (दीवान)

शौक़ क्या-क्या दिखाये जाता है
दिल तुझे भी भुलाये जाता है (दीवान)

और एक वक़्त ऐसा भी आता है कि :-

रिश्ता-ए-जाँ था कभी जिसका ख़याल
उसकी सूरत भी तो अब याद नहीं (बर्गे-नै)

वो रिश्ता जो अज़ ख़ुद, बतदरीज ने और ग़ैर महसूस तौर पर टूटे; वो दोस्ती जो अपने तमाम इम्कानात को Explore और Exhaust कर ले, उसका दुख या मलाल नहीं होता, लेकिन जो तअल्लुक़ अधूरा रह जाये; दरमियान में किसी हादसे, रंजिश, बदगुमानी, ग़लतफ़हमी रक़ाबत या 'ज़ालिम समाज' की वजह से मुनक़ता' हो जाये, बहुत तड़पाता है-

कहाँ है तू कि तिरे इंतिज़ार में ऐ दोस्त
तमाम रात सुलगते हैं दिल के वीराने (बर्गे-नै)

याद आता है रोज़ो-शब कोई
हमसे रूठा है बे-सबब कोई (बर्गे-नै)

'पहली बारिश' के आग़ाज़ में कैफ़ियत 'तू मन शुदी, मन तू शुदम' के मिस्दाक़ नज़र आती है। दो रूहों का प्यासा बादल गरज-गरजकर बरसता है, दो यादों का चढ़ता दरिया एक ही सागर में गिरता है और दिल की कहानी कहते-कहते रात का आँचल भीग जाता है। सफ़र की रात ख़ुश्बू के झोंके की मानिंद गुज़र जाती है। दिन की ठण्डी धूप में *'तेरी हिलाल-सी ऊँगली पकड़े/मैं कोसों पैदल चलता था'* और पिछले-पहर के सन्नाटे में *'तेरे साये की लहरों को/मेरा साया काट रहा था'*, ग़रज़, *'वक़्त का ठाठें मारता सागर/एक ही पल में सिमट गया था'*, लेकिन फ़िराक़ की मंज़िल दूर न थी-

कैसी अँधेरी शाम थी उस दिन
बादल भी घिरकर छाया था

रात की तूफ़ानी बारिश में
तू मुझसे मिलने आया था

भीगी-भीगी ख़ामोशी में
मैं तिरे घर तक साथ गया था

एक तवील सफ़र का झोंका
मुझको दूर लिये जाता था

ये कैसी ख़ामोशी है? क्या बातें ख़त्म हो गयीं? क्या तमाम यादों और सपनों का तबादला हो चुका? या ये बातों के दरमियान महज़ एक वक़्फ़ा है?

ये कैसा सफ़र है? ग़मे-रोज़गार की मजबूरी, ज़माने की आइदकर्दा पाबंदी या ज़ात की दाख़िली एहतियाज? अगली ग़ज़ल में इन सारे सवालों के जवाब मिल जाते हैं। मतला में 'दोबारा' का लफ़्ज़ बहुत अहम है। यहाँ उसका मतलब दूसरी बार नहीं, बल्कि एक बामानी (significant) वक़्फ़े के बाद आना है। घर वही, शाम का तारा वही, रात वही, सपना वही, मगर अब 'तेरे' लिए लम्बी तानकर पहरों सोना मुम्किन है (इसके बरअक्स तेरी नींद भी उड़ी-उड़ी थी, ग़ज़ल नंबर- 2) 'मुझ' से बेनियाज़ होने के अमल में ये मक़ाम आ चुका है। फिर उस नींद को भी एक अनोखे वहम का झोंका, उड़ा-उड़ा देता है और एक दिन ये वहम 'तुझ' को घेर लेता है और 'तू' 'मुझ' को सोता छोड़कर चला जाता है।

लेकिन ये वहम क्या था? एक नज़रिया ये है कि हर ख़याल वहम होता है। *'ये तवह्हुम का कारख़ाना है, याँ वही है जो एतिबार किया'* जबकि दूसरे ज़ाविये से देखें तो वहम भी

एक ख़याल ही होता है। दरअस्ल हम वही देखते हैं जो देखना चाहते हैं। हर बात के दो रुख़ होते हैं। जब हम किसी से दूर होना चाहते हैं तो उसकी बातों के वही मानी हमारी समझ में आते हैं जो हमारे और उसके दरमियान फ़ासला बढ़ाते हों (चाहे वो हमें दिलो-जान से चाहता हो) बसूरते-दीगर वो मानी जो हमें उसके क़रीब ले जाते हों (ख़्वाह वो हमसे कितना ही बेज़ार हो) उसके दिल की बात हमें बहुत बाद में पता चलेगी। 'पहली बारिश' में भी आख़िरी ग़ज़ल में एक ऐसा ही इंकिशाफ़ मिलता है-

तेरा क़सूर नहीं मेरा था
मैं तुझको अपना समझा था

अब मैं समझा, अब याद आया
तू उस दिन क्यों चुप-चुप-सा था

सो ये अहम नहीं कि वहम क्या है। अस्ल बात ये है कि रब्त टूट चुका है। इसका इल्म भी पूरी तरह इसलिए नहीं हुआ क्योंकि जिस्मानी फ़ासला भी कम है। एक मिसाल इस बात की वज़ाहत कर सकेगी। अगर दो बराबर के पहिये, एक tie-rod से जुड़े, एक हमवार और सीधे रास्ते पर चले जा रहे हों और ये tie-rod टूट जाये (बग़ैर झटके के) तो तब भी वो साथ-साथ उसी तरह चलते जायेंगे और किसी को ये एहसास नहीं होगा कि उनका आपस में तअल्लुक़ मुनक़ता' हो चुका है। ज़रा कहीं नाहमवार सत्ह आयी और ये दोनों या तो आपस में टकराये या फिर मुख़ालिफ़ सम्तों में लुढ़ककर हमेशा-हमेशा के लिए एक-दूसरे से जुदा हुए। अगरचे घूमते-घूमते वो दुबारा भी एक-दूसरे के क़रीब आ सकते हैं, लेकिन मिलने के लिए नहीं, बल्कि फिर से बिछड़ने के लिए।

दूसरी क़ाबिले-ग़ौर बात ये है कि 'मेरी' कैफ़ियत में हनूज़ कोई तब्दीली नहीं आयी। 'तू' ने मुम्किन है ख़ूब तजज़िये और ग़ौरो-फ़िक्र के बाद रख़्ते-सफ़र बाँधा हो, लेकिन मेरे ख़याल में तुझे वहम ही हुआ है। तेरे आने पर मैं तेरा मुंतज़िर था और 'वही' सपना देख रहा था। तू सो जाता तो पहरों तुझे तकता रहता, तेरी एक सदा सुनते ही घबराकर जाग उठता और जब तक तुझको नींद न आ जाती, तेरे पास खड़ा रहता; माहौल को दिलचस्प बनाने की ख़ातिर और तेरे बेज़ार हो जाने के डर से, नयी अनोखी बात सुनाकर तेरा जी बहलाता, इस आरज़ू में और इस उम्मीद पर कि तेरे दिल में जाने का ख़याल न आये। मेरे लिए वक़्त इतनी तेज़ी से गुज़र गया कि एक महीना एक पल के बराबर महसूस हुआ। मेरे लिए भी इस तअल्लुक़ में बहुत कुछ बाक़ी था, तेरी तलब कम न हुई थी, इसीलिए-

आँख खुली तो तुझे न पाकर
मैं कितना बेचैन हुआ था

आज वो सीढ़ी साँप बनी थी
कल जहाँ ख़ुश्बू का फेरा था

अगली ग़ज़ल 'मेरी' और 'तेरी' इन कैफ़ियात को मज़ीद नुमायाँ करती है :-

तुझ बिन घर कितना सूना था
दीवारों से डर लगता था

भूली नहीं वो शामे-जुदाई
मैं उस रोज़ बहुत रोया था

तुझको जाने की जल्दी थी
और मैं तुझको रोक रहा था

'तुझ' से बिछड़कर 'मेरी' हालत ग़ैर हो जाती है। तरह-तरह के ख़याल सताते हैं। सन्नाटे में कोई दूर से आवाज़ें देता हुआ महसूस होता है। बाहर के मनाज़िर कुछ-के-कुछ दिखाई देते हैं। नींद भी ख़ौफ़ और वसवसों से ख़ाली नहीं होती। बारहवीं ग़ज़ल में ऐसे ही एक allucination या डरावने ख़्वाब का बयान है।

तेरहवीं ग़ज़ल में कहानी का मरकज़ी किरदार या 'हीरो' तन्हाई के आतिशदान में लकड़ी की तरह जलता दिखाई देता है। अपनी ख़ुशी और तस्कीन के लिए वो अपने से बाहर देखने का आदी और मोहताज है। अभी उसने अपने अंदर झाँकना शुरू नहीं किया। इसकी ज़रूरत ही पेश नहीं आयी। दोज़ख़ उस मक़ाम को भी कहते हैं जहाँ फ़र्द या मआशरे की नश्वो-नुमा रुक जाये। इस वक़्त 'हीरो' की यही कैफ़ियत है। उसे जीना मुहाल नज़र आता है। *"दम होंठों पे आके रुका था/ ये कैसा शोला भड़का था"* ज़िंदगी में उसकी कोई दिलचस्पी बाक़ी नहीं रही। अब उसे बाहर भी कुछ दिखाई नहीं देता-

मेरी आँखें भी रोती थीं
शाम का तारा भी रोता था

गलियाँ शाम से बुझी-बुझी थीं
चाँद भी जल्दी डूब गया था

लेकिन ख़ुशक़िस्मती से उसका दम निकल नहीं जाता, बल्कि हयात से उसका रिश्ता बहाल हो जाता है-

क़यामत रहा इज़्तिराब उनके ग़म में
जिगर फिर गया रात होंठों तक आकर

जाँ-कनी के आलम में उसे दोज़ख़ की एक वाज़ेह झलक दिखाई देती है। 'आग के सपने' से 'एक रसीले जुर्म का चेहरा' नुमूदार होता है। उसे एहसास होता है कि वो ज़िंदगी जैसी ने'मत से लापरवाई बरतने का मुजरिम बन रहा है। उसे अपनी वो इमकानी हालत नज़र आती है जो मुसलसल, बेमक़्सद जलते-कुढ़ते रहने से हो सकती है :-

प्यासी लाल लहू-सी आँखें
रंग लबों का ज़र्द हुआ था

बाज़ू खिंचकर तीर बने थे
जिस्म कमाँ की तरह हिलता था

हड्डी-हड्डी साफ़ अयाँ थी
पेट कमर से आन मिला था

वहम की मकड़ी ने चेहरे पर
मायूसी का जाल बुना था

जलती साँसों की गर्मी से
शीशा-ए-तन पिघला जाता था

मायूसी जहन्नुम की निशानियों में से एक है। लफ़्ज़ इब्लीस 'बल्स' से निकला है जिसके मानी हैं- मायूसी। इब्लीस वो जो मायूस हो गया। वो आदम के अर्ज़ पर ख़लीफ़ा बनाये जाने पर मायूस disappoint हुआ; और जो ख़ुद मायूस हो जाये वो दूसरों को भी मायूस

करता है, उनके दिलों में वसवसे डालता है और जिन्हें उससे पनाह न मिल सके, जो उसके बहकावे में आ जायें, उनका मुक़द्दर भी दोज़ख़ है।

'पहली बारिश' का हीरो इस अंजाम से बच निकलने में कामयाब हो जाता है। वो उस मक़ाम तक पहुँच जाता है जहाँ जिस्मानी ज़िंदगी की हदें ख़त्म होने लगती हैं और मौत दिखाई देने लगती है। सज़ा और जज़ा की मंज़िल आ जाती है। उसे हयात बाद-उल-मौत का वजूद महसूस होने लगता है। वो डर जाता है। उसे ज़िंदगी का वक़्फ़ा बहुत ग़नीमत नज़र आता है। उसके अंदर जीने की शदीद ख़्वाहिश और तलब पैदा होती है- *'प्यासी कूँजों के जंगल में/मैं पानी पीने उतरा था'* ।

कूँज या क़ाज़ एक ऐसा परिंदा है जो मौसमे-सर्मा में गर्म ख़ित्तों में चला आता है और इसके ग़ोल-के-ग़ोल दरिया के किनारों पर मिलते हैं और क़तार बाँधकर उड़ते हैं। गोया ये हरारत और पानी, यानी हयात के लिए नागुज़ीर अनासिर का तालिब और मुतलाशी रहता है। एक तख़्लीक़ी आदमी की ज़िंदगी भी तलाश और जुस्तजू से इबारत होती है। नादीदा के दर्शन की प्यास और नाआफ़रीदा की तख़्लीक़ की लगन उसे सरगरदाँ फिराती है। ये दुनिया उसके प्यासी कूँजों का जंगल है। कूँजों और तख़्लीक़ी इंसानों की हमसफ़री और हमनवाई का ज़िक्र, नासिर काज़मी और इंतिज़ार हुसैन के मकालमे, 'नया इस्म' (मतबूआ 'सवेरा') के पेश-लफ़्ज़ में निहायत वाज़ेह और भरपूर तौर पर मिलता है। "जब चलते-चलते हंगामे-ज़वाल आया, दिल निढाल हुआ और हाल बेहाल हुआ। एक सवार ने समंदे-अज़्म की बाग छोड़ी और बोला कि इस बियाबान में सफ़र बेअसर है, ख़ाक छानना बेसमर। ख़याल तर्क करें और पलटकर बिछड़ों से जा मिलें। हमसफ़र बोला कि जिस रास्ते को हमने छोड़ वो हम पर बंद हुआ। आगे की राहें खुली हैं, शौक़े-सफ़र शर्त है और हर क़दम रास्ता भी है और मंज़िल भी। उन्होंने बागें सँभालीं और फिर चिल्लाना शुरू कर दिया और ताँबा आसमान, नीचे चटयल मैदान, सुनसान बियाबान, धूप में जलते-बलते पथरीले टीले, रेत के रस्ते , इक्का-दुक्का बेबर्ग दरख़्त, कोई राहगीर नज़र न आया कि सुराग़ मंज़िल का लेते और पता पानी का पाते। दूर कभी धूल उड़ती नज़र आती है तो ख़याल गुज़रता है कि इस दश्ते-बेआब में और भी मुसाफ़िर हैं कि अपने तौर कड़े कोसों का सफ़र करते हैं। दिन ढलने लगा तो दिले-फ़ुज़ूँ निढाल हुआ। गला प्यास से ख़ुश्क हुआ और बलक़ पसीने में सराबोर और थकन से चूर हुए कि इतने में सर से आवाज़ों की लकीर हुवैदा आयी। देखा कि क़ाज़ों की एक क़तार है कि क़ायँ-क़ायँ चीख़ती हुई है और फ़ज़ा में तैरती जाती है। इस आवाज़ को उन्होंने ग़ैब की निदा जाना और पानी का पैग़ाम समझा। घोड़ों को एड़ दी और क़ाज़ों की निदा के हमरिकाब यूँ सरपट दौड़े कि अबलक़ों की टापों से दश्त गूँजा और चिंगारियाँ उड़ीं।"

ये पेश लफ़्ज़ मज़कूरा ग़ज़ल में दाख़िले का रास्ता बन सकता है। इस ग़ज़ल में आग के मुक़ाबले में पानी दिखाई देता है। झुलसते और जलते रहने के बाद ये पानी उसे इतना

ठंडा लगता है कि इसके हाथ देर तक काँपने रहते हैं। वो पानी में झाँकता है तो उसे अपने भीतर की गहराइयाँ और वुसअतें नज़र आती हैं। उसकी आँखें झाँकती ही चली जाती हैं। ज़िंदगी के तक़ाज़ों और महलों के बारे में सोच-सोचकर उसका जिस्म थककर चूर हो जाता है। पानी उसे ललकारता है। पानी इतना चुप-चुप और कमसितम है गोया बातें कर रहा हो। (*मुझसे बातें करती है/ ख़ामोशी तस्वीरों की* (दीवान)) वो पहली बार अपने आपसे हमकलाम होता है।

अब वो एक नये देस में उतरता है, जहाँ का रंग (उसके लिए) नया है। यहाँ धरती से आकाश मिला था, जिसके मानी ये हैं कि यहाँ अर्ज़ो-समा के क़वानीन में हमआहंगी पायी जाती है; वो interpenetrate करते हैं। (इंसानों ने अर्ज़ो-समा को हमेशा बिल्कुल अलग-अलग और एक दूसरे से लातअल्लुक़ क़रार दिया है, हालाँकि अर्ज़ो-समा के बहुत गहरे रिश्ते हैं। हर तरह की नेमतों का नुज़ूल समा से अर्ज़ पर होता है।) यहाँ इंसानों के लिए न सिर्फ़ उफ़क़ी बल्कि उमूदी या इर्तिक़ाई तरक़्क़ी के लामुतनाही और मस्दूद इम्कानात खुले हैं। वो जिस हद तक चाहें आगे जा सकते हैं और जितना चाहें बुलंद हो सकते हैं।

यहाँ दूर के दरियाओं का 'सोना', हरे समंदर में गिरता है। चलती नदियाँ हैं और गाते नौके। पानी की बोहतात का ये आलम है कि सारा शहर गोया नौकों ही में बसा है। यहाँ पानी और ज़िंदगी वाज़ेह और अमली तौर पर एक हो जाते हैं। शायद पानी ही की तलब उसे यहाँ लायी है। वो अभी तक तिश्ना है *"हँसता पानी, रोता पानी मुझको आवाज़ें देता था।"* नये देस में उतरना एक नये जीवन का आग़ाज़ करने के मुतरादिफ़ लगता है। 'वो घर', वो रात और 'वो सपना' अब माज़ी का हिस्सा बन चुका है। 'तेरा ध्यान' मफ़्लूज करने की बजाय सहारा देता है। उसे ज़िंदगी के दरिया की लहरों का मुक़ाबला करने की जुरअत और शक्ति देता है। *"तेरे ध्यान की कश्ती लेकर/ मैंने दरिया पार किया था।"*

इसके बाद वो एक बस्ती में उतरता है जो ग़ालिबान उसी नये देस में है। 'सुरमा नदी' के घाट पर जाड़े का पहला मेला है। रक़्सो-सरोद की महफ़िल भी है। कुछ यादें और कुछ ख़ुशबू लेकर वो इस बस्ती से निकलता है लेकिन -

थोड़ी देर को जी बहला था
फिर तिरी याद ने घेर लिया था

याद आयी वो पहली बारिश
जब तुझे एक नज़र देखा था

याद आयीं कुछ ऐसी बातें
मैं जिन्हें कब का भूल चुका था

अगली ग़ज़ल में हम देखते हैं कि उसका 'तेरे' शहर से फिर गुज़र होता है। हवा इतनी तेज़ और उदास होती है कि उसका चराग़े-दिल बुझा जाता है। इसका दिल हनोज़ सूना है और तन्हाई प्यासी। जन्नत अभी दूर है। इसी आलम में 'तुझ' से मुशाबह एक मुसाफ़िर रेल चलने पर उसके मुक़ाबिल आ बैठता है। ये मुशाबहत कुछ देर के लिए वज्हे-तस्कीन बनती है, लेकिन जुदाई का मोड़ हर सफ़र में होता है। 'तेरी' तरह तेरा 'बदल' भी छोड़ जाता है-

कोई भी हमसफ़र न था शरीके-मंज़िले-जुनूँ
बहुत हुआ तो रफ़्तगाँ का ध्यान आ के रह गया (दीवान)

वो शख़्स जिससे तअल्लुक़ अपनी फ़ितरी अंजाम को पहुँचकर टूटा हो, जिससे दोस्ती अपने तमाम इम्कानी मराहिल तय कर चुकी हो, अरसा-ए-दराज़ के बाद मिले तो एक अंजानी-सी ख़ुशी होती है-

फिर एक तवील हिज्र के बाद
सोहबत रही ख़ुशगवार कुछ देर (बर्गे-नै)

कोई नया मौज़ू न भी छिड़े, कोई नयी बात न भी हो, यादें ही ताज़ा होकर नयी बहार दिखा देती हैं। माज़ी इतनी कुव्वत और शिद्दत से रग-ओ-पै में दाख़िल होता है कि मुर्दा लम्हे ज़िंदा हो जाते हैं। ऐसा लगता है गोया कोई खोयी हुई क़ीमती मता फिर मिल गयी हो। हालाँकि दिल ने कभी इससे उससे मिलने की तमन्ना नहीं की होती, फिर भी उससे मुलाक़ात होने पर ऐसी ख़ुशी होती है जैसे कोई ख़्वाहिश पूरी हो गयी हो। ज़ाहिर है, उससे जुदा होने पर कोई ज़ख़्म लगा होता तो अब हरा होता। यादों के फूल होते हैं, महक उठते हैं।

इसके बरअक्स अजीब बात है कि ऐसा शख़्स जिसके फ़िराक़ में आदमी माही-ए-बेआब की तरह तड़पता रहा हो, जिसकी एक झलक देखने को आँखें पथरा गयी हों, मिल जाये तो रंज कम नहीं होता। बक़ौल हफ़ीज़ होशियारपुरी -

अगर तू इत्तिफ़ाक़न मिल भी जाये
तिरी फ़ुर्क़त के सदमे कम न होंगे

दीवान में भी एक शेर है -

तुझसे मिलकर भी दिल को चैन नहीं
दरमियाँ फिर वही सवाल पड़ा

Heraclitus ने कितना दुरुस्त कहा है - "हम एक ही दरिया में दो बार क़दम नहीं रख सकते।" वक़्त हर लख़्ता हममें और कायनात में तब्दीलियाँ लाता चला जाता है। हमें पुरानी क़ुयूद से रिहाकर के नये तक़ाज़ों की ज़ंजीरों में बाँध देता है। हमारे शौक़, हाजतें, पसंद-नापसंद बदलते रहते हैं, मगर तअल्लुक़ जो अधूरा रह जाता है, वैसे का वैसा रहता है। जो दोस्त बिछड़ जाता है, हमें उसी तरह याद रहता है जैसा कि वो था। वो हमारे ज़ेहनों में परवान नहीं चढ़ता। चुनाँचे जब हम उससे मिलते हैं तो वो हक़ीक़त में तो कुछ-का-कुछ हो चुका होता है, लेकिन हमारी नज़रें उसी को ढूँढ़ रही होती हैं जिससे हम जुदा हुए थे। वो कहीं हो तो मिले। रंज और भी बढ़ जाता है। उसके मिलने की जो एक मौहूम-सी उम्मीद होती है वो भी दम तोड़ देती है। वो मिलकर भी नहीं मिला -

कोई और है नहीं तू नहीं मिरे रूबरू कोई और है
बड़ी देर में मुझे देखकर ये लगा कि तू कोई और है (दीवान)

अब ये और बात है कि हम इस मुलाक़ात में दिल की तसल्ली के लिए भी कोई पहलू ढूँढ़ लें-

दयारे-दिल की रात में चराग़-सा जला गया
मिला नहीं तो क्या हुआ वो शक्ल तो दिखा गया (दीवान)

मगर हमें मालूम होता है कि ये आमना-सामना मुलाक़ात नहीं कहला सकता और अगर इसे मुलाक़ात कहा भी जाये तो भी -

चाँद निकला था मगर रात न थी पहली-सी
ये मुलाक़ात, मुलाक़ात न थी पहली-सी (दीवान)

और दो-चार बार ऐसा आमना-सामना और हो जाये तो कैफ़ियत बिल आख़िर ये हो जाती है -

बराबर है मिलना न मिलना तिरा
बिछड़ने का तुझसे क़लक़ अब कहाँ (बर्गे-नै)

'पहली बारिश' के मरकज़ी किरदार को भी ऐसी ही एक इत्तिफ़ाक़ी और ग़ैर मुतवक़्क़े

मुलाक़ात का भरपूर तजुर्बा होता है -

पल-पल काँटा-सा चुभता था
ये मिलना भी क्या मिलना था

कितनी बातें की थीं लेकिन
एक बात से जी डरता था

तेरे हाथ की चाय तो पी थी
दिल का रंज तो दिल में रहा था

किसी पुराने वहम ने शायद
तुझको फिर बेचैन किया था

मैं भी मुसाफ़िर, तुझको भी जल्दी
गाड़ी का भी वक़्त हुआ था

इक उजड़े-से स्टेशन पर
तूने मुझको छोड़ दिया था

तेरे साथ तिरे हमराही
मेरे साथ मिरा रस्ता था

रंज तो है लेकिन ये ख़ुशी है
अब के सफ़र तिरे साथ किया था

वो मुलाक़ात की बदली हुई नौईयत से न सिर्फ़ पूरी तरह वाक़िफ़ हो जाता है, बल्कि उसे क़बूल कर लेता है और कुछ देर की जिस्मानी हमराही को ग़नीमत जानता है। वो जान चुका है कि हमसफ़री की आरज़ू न सिर्फ़ बेसूद बल्कि बाइसे-रंज भी है।

तअल्लुक़ की अस्ल नौईयत का शऊर, अपनी दाख़िली और ख़ारिजी तब्दीलियों का इल्म और क़ुबूलीयत उसे दोज़ख़ से मुकम्मल तौर पर निकाल लेते हैं। इस आगही की

बदौलत उसे 'जन्नत का नक़्शा' दिखाई देता है, जहाँ हरियाली-ही-हरियाली है, नूर-ही-नूर, रस-ही-रस, मिठास-ही-मिठास; जहाँ कोई वसवसे पैदा करने वाला नहीं बल्कि 'साया-साया राहनुमा' है। जहाँ गाते फूल हैं और बुलाती शाख़ें हैं और 'पत्ता-पत्ता दस्ते-दुआ' है।

और ये जन्नत उसे जल्द ही मिल भी जाती है। तन्हाई में दरिया-दरिया रोते हुए इस पर इंकिशाफ़ होता है कि तन्हाई का तन्हा साया देर से उसके साथ लगा हुआ है। उसे ख़याल आता है कि जब सारे साथ छोड़ गये थे तो तन्हाई का फूल खिला था। तन्हाई में यादे-ख़ुदा भी थी और ख़ौफ़े-ख़ुदा भी। तन्हाई मेहरबे-इबादत भी थी और मिंबर का दिया भी; इसका पा-ए-शिकस्ता भी था और दस्ते-दुआ भी। ग़रज़ उसका सबकुछ तन्हाई में था, उसका सबकुछ तन्हाई थी। वो जन्नत जिसे वो बाहर ढूँढ़ रहा था, उसके दिल में भी थी। वो तस्लीम कर लेता है कि वो तन्हा था और तन्हा है। उसके दिल की जन्नत तन्हाई है।

जन्नत की दरयाफ़्त और हुसूल के बाद वो 'तुझ' से अपने तअल्लुक़ का एक बार फिर जायज़ा लेता है। अब उसे ये रिश्ता अपने सही रंगों में नज़र आता है। वो एतिराफ़ करता है कि क़सूर उसका ही था, जो वो 'तुझ' को अपना समझा था। अब पता चला कि 'वो सबकुछ ही धोका था', हक़ीक़त कुछ और ही थी। आख़िर में वो अपनी 'तक़दीर' को क़बूल करता हुआ दिखाई देता है -

वही हुई है जो होनी थी
वही मिला है जो लिक्खा था

दिल को यूँ ही-सा रंज है वर्ना
तेरा-मेरा साथ ही क्या था

किस-किस बात को रोऊँ 'नासिर'
अपना लहना ही इतना था

लेकिन इससे ये मतलब नहीं निकाला जा सकता कि वो इस बात का क़ाइल है कि कायनात में अज़ल से अबद तक जो कुछ होना है वो पहले से तयशुदा है, लिक्खा जा चुका है और उस में कोई तब्दीली या तरमीम नहीं की जा सकती। हमें याद रखना चाहिए कि उसने पहली ही ग़ज़ल में कहा था, और वो भी ख़ुदा को मुख़ातिब करके कि वो ऐसा सब्रे-समीम है, जिसने अपनी मर्ज़ी से अपना इख़्तियार इस्तेमाल करते हुए बारे-अमानत सर पर लिया था। वो जानवरों की तरह एक ही बात करने पर एक ही राह इख़्तियार करने पर मजबूर नहीं। उसे इंतिख़ाब करने का privilege हासिल है। वो ऐसा इस्मे-अज़ीम है

जिसको जिन्नो-मलक ने सज्दा किया था और जब वो ये कहता है कि जो पाया है वो तेरा है, जो खोया वो भी तेरा था, तो इससे लाचारी का इज़हार नहीं होता, बल्कि वो तो सिर्फ़ ये कहना चाहता है कि सब कुछ अल्लाह की मिल्कियत है इंसान इसमें से कुछ पा लेता है, कुछ खो देता है। उसकी ख़्वाहिशों की तकमील का दारो-मदार उसके अपने फ़ैसलों और अपनी कोशिशों पर है-

देख के तेरे देस की रचना
मैंने सफ़र मौक़ूफ़ किया था

नई अनोखी बात सुनाकर
मैं तेरा जी बहलाता था

तुझको जाने की जल्दी थी
और मैं तुझको रोक रहा था

एक ही लहर न सँभली वरना
मैं तूफ़ानों से खेला था

इंसान के ख़यालात, उसका अंदाज़े-नज़र, उसकी ज़िंदगी को दोज़ख़ बना सकते हैं और जन्नत भी। जन्नत तलाश करने पर मिलती है -

वो जन्नत मिरे दिल में छुपी थी
मैं जिसे बाहर ढूँढ़ रहा था

उसका नज़रिया-ए-तक़दीर ये है कि हर शय की हुदूद होती हैं और उन हुदूद से झगड़ना, या उन्हें तोड़ने की कोशिश करना न सिर्फ़ बेसूद बल्कि मुज़िर भी है और उनको जानने और तस्लीम कर लेने ही में फ़लाह है -

उनसे उलझकर भी क्या करता
तीन थे वो और मैं तन्हा था

मैं भी मुसाफ़िर तुझको भी जल्दी
गाड़ी का भी वक़्त हुआ था

अब तुझे क्या-क्या याद दिलाऊँ
अब तो वो सबकुछ ही धोका था

दिल को यूँ ही-सा रंज है वरना
तेरा मेरा साथ ही क्या था

'वही हुई है जो होनी थी' से मुराद है कि जो कुछ हो सकता था वही हुआ है। इल्लत और मालूल में एक नागुज़ीर रिश्ता होता है। 'वही मिला है जो लिक्खा था' और 'अपना लहना ही इतना था' के मानी हैं कि जो बोया था वही काटा, जो किया था उसका ही सिला मिला। इंसान को मिली हुई सलाहियतों के कई (मगर तादाद में मुक़र्रर) इम्तिज़ाजात मुम्किन हैं ,मगर वो उनमें से एक ही का इंतिख़ाब कर सकता है और कुछ चुनने के लिए बहुत-कुछ पीछे छोड़ना भी पड़ता है। इंसान का इख़्तियार उसकी मजबूरी भी है और उसकी मजबूरी ही में उसका इख़्तियार मुज़्मिर है। ज़िंदगी हर लम्हा चुनने और मुस्तरद करते रहने का नाम है लेकिन इंसान एक बार फ़ैसला कर ले और उसके मुताबिक़ अमल-पैरा हो तो फिर उस अमल के अवाक़िब को टाला नहीं जा सकता। इंतिख़ाब से पहले आदमी के सामने कई राहें खुली होती हैं, लेकिन उनमें से किसी एक पर चल निकलने के बाद बाक़ी तमाम उसके लिए बंद हो जाती हैं। अब अगर बाद को उसे ये इल्म या एहसास हो कि उसका फ़ैसला ग़लत था; या उसे छोड़ी हुई राहों में कशिश महसूस होने लगे तो इसका ये मतलब नहीं कि वो मजबूर और बेबस है। इंसान हर वक़्त हर जगह नहीं हो सकता। वो सबकुछ कर नहीं सकता, वो सबकुछ हो नहीं सकता।

(4)

आश्ना दर्द से होना था किसी तौर हमें
तू न मिलता तो किसी और से बिछड़े होते

'पहली बारिश' महज़ दो अश्ख़ास के मिलने और बिछड़ने की कहानी नहीं है। 'मैं' और 'तू' अलामतें हैं दाख़िल और ख़ारिज की नुमाइंदे हैं फ़र्द और मआशरे के। इंसान को मआशरे और तन्हाई दोनों की ज़रूरत है कि दोनों एक दूसरे के ज़ौज हैं या उसकी ज़का दोनों की सही तरकीब ही से मुम्किन है। शायद इसीलिए इंसान दूसरे इंसान से जुदा होकर, तन्हा होकर, रफ़ा-ए-हाजत के लिए जाते हैं। वहाँ वो ख़ुद अपने आप से हमकलाम होते हैं। वहाँ उनको अजीब-अजीब बातें सूझती हैं जिन तक उनके शऊर की रसाई नहीं होती। 'मार्टिन लूथर' ने इस अम्र का एतिराफ़ किया है। मुहब्बत की परवरिश के लिए भी

तन्हाई और ख़ामोशी की ज़रूरत है। (इक़्तिबास अज़ नासिर काज़मी : एक ध्यान अज़ शेख़ सलाहुद्दीन) लेकिन आम आदमी तो तन्हाई से भागता है। वो असीरे-बज़्म होता है। तन्हाई आम आदमी को इसलिए डराती है कि इसमें दुनिया के हंगामों का शोर माँद पड़ जाता है और कान ख़ामोशी का नग़्मा सुनने की ताब नहीं ला पाते, उसके लिए दिल के कान खोलने पड़ते हैं। आम आदमी को ये अमल हालते-नज़अ के मिस्ल नज़र आता है। वो घबरा जाता है, तन्हाई से निकल भागता है अपने आपको हुजूम में गुम करने की कोशिश करता है। चुनाँचे ख़यालात और जज़्बात की परवरिश के लिए क़ुदरत ने इंसान को लाज़िमन, बल्कि जबरन तन्हाई और ख़ामोशी के लम्हात में डालने का इंतिज़ाम कर रखा है। हादिसात, बीमारियाँ, प्यारों का छोड़ना वग़ैरह, ऐसे वाक़ियात हैं जो उसे दर्द से आश्ना करते हैं। वो अपने आपको दूसरों से मुख़्तलिफ़ और कटा हुआ महसूस करता है। लोगों की सोहबत में उसका जी नहीं लगता। बाज़-औक़ात तो उसे कुछ भी अच्छा नहीं लगता। दर्द उसे काँटे की तरह मुसलसल, हमावक़्त चुभता रहता है। ज़िंदगी बोझल और कठिन हो जाती है। ऐसे में या तो वो हथियार डाल देता है और मौत के रास्ते पर चल निकलता है या फिर उसके अंदर का तख़्लीक़ी इंसान जिसे नासिर काज़मी शायर कहते हैं, बेदार होता है, इसकी बहुत-सी ख़ुफ़्ता और नहुफ़्ता सलाहियतें ब-रू-ए-कार आती हैं, और वो अपनी दुनिया आप पैदा करता है -

दर्द काँटा है इसकी चुभन फूल है
दर्द की ख़ामुशी का सुख़न फूल है (दीवान)

नासिर काज़मी के यहाँ शायरी के मानी बहुत वसीअ थे। अपने उसी आख़िरी इंटरव्यू में कहते हैं - मुझे ग़ज़ल, क़तआ, रुबाई, आज़ाद नज़्म वग़ैरह से कोई सरोकार नहीं है। तुम्हें पता है कि शायरी सिर्फ़ मिसरे लिखने का नाम नहीं। शायरी तो एक नुक़्ता-ए-नज़र है ज़िंदगी को देखने का, चीज़ों को देखने का; उनको मौज़ूँ तरीक़े से बयान करने का नाम शायरी है। इसी गुफ़्तगू का एक और टुकड़ा मुलाहिज़ा हो -

नासिर : ......आप ये देखिए कि बाज़ लोग मुख़्तलिफ़ शोबों में पड़े हैं और वो शायर हैं, तख़लीक़ी लोग हैं। नन्हे-नन्हे मज़दूर- मैंने तो दफ़्तरों में बाज़ क्लर्कों को देखा है और बाज़ रेडियो में बाज़ इधर-उधर और इदारों में; वो बड़े तख़लीक़ी लोग हैं; वो बड़े ख़ामोश ख़ादिम हैं। इससे बड़ा कौन शायर है। इंजन ड्राईवर से बड़ा, जो कितने हज़ार और कितने सौ मुसाफ़िरों को लाहौर से कराची ले जाता है और कराची से वापस लाता है। मुझे ये आदमी बहुत पसंद है और एक काँटे वाला, फाटक बंद करने वाला; ये भी शायर हैं, मेरी बिरादरी के लोग। अपना-अपना role है। आपको पता है अगर वो फाटक खोल दे, जब गाड़ी आ रही हो, तो क्या क़यामत आये? बस शायर का भी यही काम है कि किस वक़्त

फाटक बंद करना है; गाड़ी गुज़रती है, उस वक़्त।

इंतिज़ार : लेकिन ऐसे भी शायर तो तुमने देखे होंगे कि जब फाटक को बंद रहना चाहिए, उस वक़्त खोल देते हैं और जब खोलना चाहिए, बंद कर देते हैं।

नासिर : क्योंकि वो सिर्फ़ अपनी नाक से आगे नहीं देख सकते। शायर जो है वो सारी इंसानियत के बारे में सोचता है। वो समझता है कि जब औरों का भला होगा तो उसका अपना भला ख़ुद-ब-ख़ुद होगा।

गोया इंसान जो भी, जहाँ भी हो, तख़्लीक़ी हो सकता है। उसे तख़्लीक़ी होना चाहिए, यही उसका मेराज है। लेकिन इस मेराज को पाने के लिए उसे तन्हाई के जोख़िम से गुज़रना पड़ता है। नासिर काज़मी ने अपने एक रेडियो फीचर, 'शायर और तन्हाई' (मजमूआ' 'ख़ुश्क चश्मे के किनारे') में लिखा था : "रोज़े-अज़ल से तन्हाई शायर का मुक़द्दर है' (यहाँ मुक़द्दर से मुराद मजबूरी नहीं, बल्कि इसके क़ुरआनी मानी पर तवज्जोह देना होगी। "व ख़लक़ कुल्ल शैइन फ़क़द्द रहू तक़दीरन" (अल्लाह ने हर शय पैदा की और उसका ठीक ठीक अंदाज़ा मुक़र्रर कर दिया) - हर शय के ख़वास और उसके इम्कानात उसकी तक़दीर हैं। इक़बाल के यहाँ भी ये लफ़्ज़ इन्हीं मानों में इस्तेमाल हुआ है।) तख़्लीक़ की लगन उसे ख़ल्वतों में लिए फिरती है और ये हक़ीक़त है कि इंसानी तहज़ीब का सूरज तन्हाई के ग़ारों ही से तुलूअ हुआ। इसलिए तन्हाई तख़्लीक़ी के लिए एक नागुज़ीर मरहला है। तख़्लीक़ी इंसान ज़िंदगी के लिए तन्हाई के दुख उठाता और है और जब इस भरी दुनिया में वो अकेला रह जाता है तो अपने माबूदे-हक़ीक़ी हुज़ूरीयों फ़रियाद करता है-

तेरी ख़ुदाई से है मेरे जुनूँ को गिला
अपने लिए ला-मकाँ मेरे लिए चार-सू

इंसान अपने चार-सू से बाहर नहीं निकल सकता। आज़ादी इंसान की अज़ली आरज़ू है, लेकिन तन्हाई से अहदनामा किये बग़ैर ये आज़ादी मुम्किन नहीं।

दुनिया की हर शय तन्हाई की कोख से है। इस आलम में तमाम मख़्लूक़ात तन्हाई के पर्दे ही में नश्वो-नुमा पाती हैं। इंसान शऊर रखता है, इसलिए वो तमाम मख़्लूक़ात से ज़ियादा हस्सास है। शऊरो-आगही का आशोब उसे आसमानो-ज़मीन की वुसअतों में हैरानो-सरगरदाँ लिये फिरता है। शायर की तन्हाइयों ने इस दुनिया के गोशे-गोशे को एक हयाते-ताज़ा बख़्शी है और उसकी तन्हाई का ये सफ़र अबद तक जारी रहेगा..."

'पहली बारिश' के मरकज़ी किरदार की ज़िंदगी में भी एक लम्हा ऐसा आता है जब उसके अंदर का शायर बेदार होता है और उसे एक नयी दुनिया तख़्लीक़ करने पर, एक नया तर्ज़े-ज़ीस्त दरयाफ़्त करने और अपनाने पर मजबूर करता है।

"पिछली रात की तेज़ हवा में/ कोरा काग़ज़ बोल रहा था"। वो जब तक ग़ैर हक़ीक़ी ज़िंदगी बसर करता रहा, कमज़ोर ख़ौफ़ज़दा और मोहताज रहा; तन्हाई उसके लिए दोज़ख़ थी जिसमें वो लकड़ी की तरह जलता था, लेकिन जब उसे शऊर मिला, उसका एहसास जागा, उसके अंदर तख़्लीक़ी सोते फूटे, वो क़वी, जुरअतमंद और ख़ुदमुख़्तार हो गया। उसने अपनी जन्नत को पा लिया लेकिन कहीं बाहर नहीं बल्कि -

वो जन्नत मिरे दिल में छुपी थी
मैं जिसे बाहर ढूँढ़ रहा था

तन्हाई मिरे दिल की जन्नत
मैं तन्हा हूँ मैं तन्हा था

बासिर सुल्तान काज़मी

अगस्त, 1983

ग़ज़लें

01

मैंने जब लिखना सीखा था
पहले तेरा नाम लिखा था

मैं वो सब्रे-समीम हूँ जिसने
बारे-अमानत सर पे लिया था

मैं वो इस्मे-अज़ीम हूँ जिसको
जिन्नो-मलक ने सज्दा किया था

तूने क्यों मेरा हाथ न पकड़ा
मैं जब रस्ते से भटका था

जो पाया है वो तेरा है
जो खोया वो भी तेरा था

तुझ बिन सारी उम्र गुज़ारी
लोग कहेंगे तू मेरा था

पहली बारिश भेजने वाले
मैं तेरे दर्शन का प्यासा था

02

तू जब मेरे घर आया था
मैं इक सपना देख रहा था

तेरे बालों की ख़ुश्बू से
सारा आँगन महक रहा था

चाँद की धीमी-धीमी ज़ौ में
साँवला मुखड़ा लौ देता था

तेरी नींद भी उड़ी-उड़ी थी
मैं भी कुछ-कुछ जाग रहा था

मेरे हाथ भी सुलग रहे थे
तेरा माथा भी जलता था

दो रूहों का प्यासा बादल
गरज-गरजकर बरस रहा था

दो यादों का चढ़ता दरिया
एक ही सागर में गिरता था

दिल की कहानी कहते-कहते
रात का आँचल भीग चला था

रात गये सोया था लेकिन
तुझसे पहले जाग उठा था

03

मैं जब तेरे घर पहुँचा था
तू कहीं बाहर गया हुआ था

तेरे घर के दरवाज़े पर
सूरज नंगे पाँव खड़ा था

दीवारों से आँच आती थी
मटकों में पानी जलता था

तेरे आँगन के पिछवाड़े
सब्ज़ दरख़्तों का रमना था

एक तरफ़ कुछ कच्चे घर थे
एक तरफ़ नाला चलता था

इक भूले हुए देस का सपना
आँखों में घुलता जाता था

आँगन की दीवार का साया
चादर बनकर फैल गया था

तेरी आहट सुनते ही मैं
कच्ची नींद से चौंक उठा था

कितनी प्यार भरी नर्मी से
तूने दरवाज़ा खोला था

मैं और तू जब घर से चले थे
मौसम कितना बदल गया था

लाल खजूरों की छतरी पर
सब्ज़ कबूतर बोल रहा था

दूर के पेड़ का जलता साया
हम दोनों को देख रहा था

04

शाम का शीशा काँप रहा था
पेड़ों पर सोना बिखरा था

जंगल-जंगल, बस्ती-बस्ती
रेत का शहर उड़ा जाता था

अपनी बेचैनी भी अजब थी
तेरा सफ़र भी नया-नया था

तेरी पलकें बोझल-सी थीं
मैं भी थककर चूर हुआ था

तेरे होंठ भी ख़ुश्क हुए थे
मैं तो ख़ैर बहुत प्यासा था

खिड़की के धुँधले शीशे पर
दो चेहरों का अक्स जमा था

जगमग-जगमग कंकरियों का
दश्ते-फ़लक में जाल बिछा था

तेरे शाने पर सर रखकर
मैं सपनों में डूब गया था

यूँ गुज़री वो रात सफ़र की
जैसे ख़ुश्बू का झोंका था

05

दिन का फूल अभी जागा था
धूप का हाथ बढ़ा आता था

सुर्ख़ चिनारों के जंगल में
पत्थर का इक शहर बसा था

पीले-पथरीले हाथों में
नीली झील का आईना था

ठण्डी धूप की छतरी ताने
पेड़ के पीछे पेड़ खड़ा था

धूप के लाल हरे होंठों ने
तेरे बालों को चूमा था

तेरे अक्स की हैरानी से
बहता चश्मा ठहर गया था

तेरी ख़मोशी की शह पाकर
मैं कितनी बातें करता था

तेरी हिलाल-सी उँगली पकड़े
मैं कोसों पैदल चलता था

आँखों में तिरी शक्ल छुपाये
मैं सबसे छुपता फिरता था

भूली नहीं उस रात की दहशत
चर्ख़ पे जब तारा टूटा था

रात गये सोने से पहले
तूने मुझसे कुछ पूछा था

यूँ गुज़री वो रात भी जैसे
सपने में सपना देखा था

06

पत्थर का वो शहर भी क्या था
शहर के नीचे शहर बसा था

पेड़ भी पत्थर फूल भी पत्थर
पत्ता-पत्ता पत्थर का था

चाँद भी पत्थर, झील भी पत्थर
पानी भी पत्थर लगता था

लोग भी सारे पत्थर के थे
रंग भी उनका पत्थर-सा था

पत्थर का इक साँप सुनहरा
काले पत्थर से लिपटा था

पत्थर की अंधी गलियों में
मैं तुझे साथ लिये फिरता था

गूँगी वादी गूँज उठती थी
जब कोई पत्थर गिरता था

07

पिछले पहर का सन्नाटा था
तारा-तारा जाग रहा था

पत्थर की दीवार से लगकर
आईना तुझे देख रहा था

बालों में थी रात की रानी
माथे पर दिन का राजा था

इक रुख़्सार पे ज़ुल्फ़ गिरी थी
इक रुख़्सार पे चाँद खिला था

ठोड़ी के जगमग शीशे में
होंठों का साया पड़ता था

चंद्र किरन-सी उँगली-उँगली
नाख़ुन-नाख़ुन हीरा-सा था

इक पाँव में फूल-सी जूती
इक पाँव सारा नंगा था

तेरे आगे शमअ धरी थी
शमअ के आगे इक साया था

तेरे साये की लहरों को
मेरा साया काट रहा था

काले पत्थर की सीढ़ी पर
नर्गिस का इक फूल खिला था

08

गर्द ने ख़ेमा तान लिया था
धूप का शीशा धुँधला-सा था

निकहतो-नूर को रुख़्सत करना
बादल दूर तलक आया था

गये दिनों की ख़ुशबू पाकर
मैं दोबारा जी उट्ठा था

सोती-जागती गुड़िया बनकर
तेरा अक्स मुझे तकता था

वक़्त का ठाठें मारता सागर
एक ही पल में सिमट गया था

जंगल दरिया खेत के टुकड़े
याद नहीं अब आगे क्या था

नील-गगन से एक परिंदा
पीली धरती पर उतरा था

09

मुझको और कहीं जाना था
बस यूँ ही रस्ता भूल गया था

देख के तेरे देस की रचना
मैंने सफ़र मौक़ूफ़ किया था

कैसी अँधेरी शाम थी उस दिन
बादल भी घिरकर छाया था

रात की तूफ़ानी बारिश में
तू मुझसे मिलने आया था

माथे पर बूँदों के मोती
आँखों में काजल हँसता था

चाँदी का इक फूल गले में
हाथ में बादल का टुकड़ा था

भीगे कपड़े की लहरों में
कुंदन सोना दमक रहा था

सब्ज़ पहाड़ी के दामन में
उस दिन कितना हंगामा था

बारिश की तिरछी गलियों में
कोई चराग़ लिये फिरता था

भीगी-भीगी ख़ामोशी में
मैं तिरे घर तक साथ गया था

एक तवील सफ़र का झोंका
मुझको दूर लिये जाता था

10

तू जब दोबारा आया था
मैं तिरा रस्ता देख रहा था

फिर वही घर, वही शाम का तारा
फिर वही रात, वही सपना था

तुझको लम्बी तान के सोते
मैं पहरों तकता रहता था

एक अनोखे वहम का झोंका
तेरी नींद उड़ा देता था

तेरी एक सदा सुनते ही
मैं घबराकर जाग उठता था

जब तक तुझको नींद न आती
मैं तिरे पास खड़ा रहता था

नयी अनोखी बात सुनाकर
मैं तेरा जी बहलाता था

यूँ गुज़रा वो एक महीना
जैसे एक ही पल गुज़रा था

सुब्ह की चाय से पहले उस दिन
तूने रख़्ते-सफ़र बाँधा था

आँख खुली तो तुझे न पाकर
मैं कितना बेचैन हुआ था

अब न वो घर, न वो शाम का तारा
अब न वो रात, न वो सपना था

आज वो सीढ़ी साँप बनी थी
कल जहाँ ख़ुश्बू का फेरा था

मुरझाये फूलों का गजरा
ख़ाली खूँटी पर लटका था

पिछली रात की तेज़ हवा में
कोरा काग़ज़ बोल रहा था

11

तुझ बिन घर कितना सूना था
दीवारों से डर लगता था

भूली नहीं वो शामे-जुदाई
मैं उस रोज़ बहुत रोया था

तुझको जाने की जल्दी थी
और मैं तुझको रोक रहा था

मेरी आँखें भी रोती थीं
शाम का तारा भी रोता था

गलियाँ शाम से बुझी-बुझी थीं
चाँद भी जल्दी डूब गया था

सन्नाटे में जैसे कोई
दूर से आवाज़ें देता था

यादों की सीढ़ी से 'नासिर'
रात इक साया-सा उतरा था

12

धूप थी और बादल छाया था
देर के बाद तुझे देखा था

मैं इस जानिब तू उस जानिब
बीच में पत्थर का दरिया था

एक पेड़ के हाथ थे ख़ाली
इक टहनी पर दिया जला था

देख के दो चलते सायों को
मैं तो अचानक सहम गया था

एक के दोनों पाँव थे ग़ायब
एक का पूरा हाथ कटा था

एक के उलटे पैर थे लेकिन
वो तेज़ी से भाग रहा था

उनसे उलझकर भी क्या लेता
तीन थे वो और मैं तन्हा था

13

दम होंठों पर आ के रुका था
ये कैसा शोला भड़का था

तन्हाई के आतिशदाँ में
मैं लकड़ी की तरह जलता था

ज़र्द घरों की दीवारों को
काले साँपों ने घेरा था

आग की महलसरा के अंदर
सोने का बाज़ार खुला था

महल में हीरों का बंजारा
आग की कुर्सी पर बैठा था

इक जादूगरनी वाँ देखी
उसकी शक्ल से डर लगता था

काले मुँह पर पीला टीका
अंगारे की तरह जलता था

एक रसीले जुर्म का चेहरा
आग के सपने से निकला था

प्यासी लाल लहू-सी आँखें
रंग लबों का ज़र्द हुआ था

बाज़ू खिंचकर तीर बने थे
जिस्म कमाँ की तरह हिलता था

हड्डी-हड्डी साफ़ अयाँ थी
पेट कमर से आन मिला था

वहम की मकड़ी ने चेहरे पर
मायूसी का जाल बुना था

जलती साँसों की गर्मी से
शीशा-ए-तन पिघला जाता था

जिस्म की पगडण्डी से आगे
जुर्मो-सज़ा का दोराहा था

14

चाँद अभी थककर सोया था
तारों का जंगल जलता था

प्यासी कूँजों के जंगल में
मैं पानी पीने उतरा था

हाथ अभी तक काँप रहे हैं
वो पानी कितना ठंडा था

आँखें अब तक झाँक रही हैं
वो पानी कितना गहरा था

जिस्म अभी तक टूट रहा है
वो पानी था या लोहा था

गहरी-गहरी तेज़ आँखों से
वो पानी मुझे देख रहा था

कितना चुप-चुप, कितना गुमसुम
वो पानी बातें करता था

15

नये देस का रंग नया था
धरती से आकाश मिला था

दूर से दरियाओं का सोना
हरे समंदर में गिरता था

चलती नदियाँ, गाते नौके
नौकों में इक शहर बसा था

नौके ही में रैन-बसेरा
नौके ही में दिन कटता था

नौका ही बच्चों का झूला
नौका ही पीरी का असा था

मछली जाल में तड़प रही थी
नौका लहरों में उलझा था

हँसता पानी रोता पानी
मुझको आवाज़ें देता था

तेरे ध्यान की कश्ती लेकर
मैंने दरिया पार किया था

16

छोटी रात, सफ़र लम्बा था
मैं इक बस्ती में उतरा था

सुरमा नदी के घाट पे उस दिन
जाड़े का पहला मेला था

बारह सखियों का इक झुरमुट
सेज पे चक्कर काट रहा था

नयी नकोर कुँवारी कलियाँ
कोरा बदन, कोरा चोला था

देख के जोबन की फुलवारी
चाँद गगन पे शरमाया था

पेड़ की हरी-भरी क्यारी में
सूरजमुखी का फूल खिला था

माथे पर सोने का झूमर
चिंगारी की तरह उड़ता था

बाली राधा, बाला मोहन
ऐसा नाच कहाँ देखा था

कुछ यादें, कुछ ख़ुश्बू लेकर
मैं उस बस्ती से निकला था

17

थोड़ी देर को जी बहला था
फिर तिरी याद ने घेर लिया था

याद आयी वो पहली बारिश
जब तुझे एक नज़र देखा था

हरे गिलास में चाँद के टुकड़े
लाल सुराही में सोना था

चाँद के दिल में जलता सूरज
फूल के सीने में काँटा था

काग़ज़ के दिल में चिंगारी
जिस की ज़बाँ पर अंगारा था

दिल की सूरत का इक पत्ता
तेरी हथेली पर रक्खा था

शाम तो जैसे ख़्वाब में गुज़री
आधी रात नशा टूटा था

शहर से दूर हरे जंगल में
बारिश ने हमें घेर लिया था

सुब्ह हुई तो सबसे पहले
मैंने तेरा मुँह देखा था

देर के बाद मिरे आँगन में
सुर्ख़ अनार का फूल खिला था

देर के मुरझाये पेड़ों को
ख़ुश्बू ने आबाद किया था

शाम की गहरी ऊँचाई से
हमने दरिया को देखा था

याद आयीं कुछ ऐसी बातें
मैं जिन्हें कब का भूल चुका था

18

मैं तिरे शहर से फिर गुज़रा था
पिछले सफ़र का ध्यान आया था

कितनी तेज़ उदास हवा थी
दिल का चराग़ बुझा जाता था

तेरे शहर का स्टेशन भी
मेरे दिल की तरह सूना था

मेरी प्यासी तन्हाई पर
आँखों का दरिया हँसता था

रेल चली तो एक मुसाफ़िर
मिरे सामने आ बैठा था

सचमुच तेरे जैसी आँख
वैसा ही हँसता चेहरा था

चाँदी का वही फूल गले में
माथे पर वही चाँद खिला था

जाने कौन थी उसकी मंज़िल
जाने क्यों तन्हा-तन्हा था

कैसे कहूँ रूदाद सफ़र की
आगे मोड़ जुदाई का था

19

मैं इस शहर में क्यों आया था
मेरा कौन यहाँ रहता था

गूंगे टीलो! कुछ तो बोलो
कौन इस नगरी का राजा था

किन लोगों के हैं ये ढाँचे
किन माँओं ने इनको जना था

किस देवी की है ये मूरत
कौन यहाँ पूजा करता था

किस दुनिया की कविता है ये
किन हाथों ने इसे लिखा था

किस गोरी के हैं ये कंगन
ये कंठा किसने पहना था

किन वक़्तों के हैं ये खिलौने
कौन यहाँ खेला करता था

बोल मिरी मिट्टी की चिड़िया
तूने मुझको याद किया था

20

पल-पल काँटा-सा चुभता था
ये मिलना भी क्या मिलना था

ये काँटे और तेरा दामन
मैं अपना दुख भूल गया था

कितनी बातें की थीं लेकिन
एक बात से जी डरता था

तेरे हाथ की चाय तो पी थी
दिल का रंज तो दिल में रहा था

किसी पुराने वहम ने शायद
तुझको फिर बेचैन किया था

मैं भी मुसाफ़िर तुझको भी जल्दी
गाड़ी का भी वक़्त हुआ था

इक उजड़े-से स्टेशन पर
तूने मुझको छोड़ दिया था

21

रोते-रोते कौन हँसा था
बारिश में सूरज निकला था

चलते हुए आँधी आयी थी
रस्ते में बादल बरसा था

हम जब क़स्बे में उतरे थे
सूरज कब का डूब चुका था

कभी-कभी बिजली हँसती थी
कहीं कहीं छींटा पड़ता था

तेरे साथ तिरे हमराही
मेरे साथ मिरा रस्ता था

रंज तो है लेकिन ये ख़ुशी है
अब के सफ़र तिरे साथ किया था

22

पवन हरी, जंगल भी हरा था
वो जंगल कितना गहरा था

बूटा-बूटा नूर का ज़ीना
साया-साया राहनुमा था

कोंपल-कोंपल नूर की पुतली
रेशा-रेशा रस का भरा था

ख़ोशों के अंदर ख़ोशे थे
फूल के अंदर फूल खिला था

शाख़ें थीं या मेहराबें थीं
पत्ता-पत्ता दस्ते-दुआ था

गाते फूल, बुलाती शाख़
फल मीठे, जल भी मीठा था

जन्नत तो देखी नहीं लेकिन
जन्नत का नक़्शा देखा था

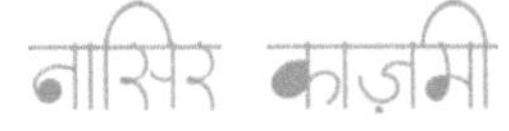

23

तन्हाई का दुख गहरा था
मैं दरिया-दरिया रोता था

एक ही लहर न सँभली वरना
मैं तूफानों से खेला था

तन्हाई का तन्हा साया
देर से मेरे साथ लगा था

छोड़ गये जब सारे साथी
तन्हाई ने साथ दिया था

सूख गयी जब सुख की डाली
तन्हाई का फूल खिला था

तन्हाई में यादे-ख़ुदा थी
तन्हाई में ख़ौफ़े-ख़ुदा था

तन्हाई मेहराबे-इबादत
तन्हाई मिंबर का दिया था

तन्हाई मेरा पा-ए-शिकस्ता
तन्हाई मेरा दस्ते-दुआ था

वो जन्नत मिरे दिल में छुपी थी
मैं जिसे बाहर ढूँढ़ रहा था

तन्हाई मिरे दिल की जन्नत
मैं तन्हा हूँ, मैं तन्हा था

24

तेरा क़सूर नहीं, मेरा था
मैं तुझको अपना समझा था

देख के तेरे बदले तेवर
मैं तो उसी दिन रो बैठा था

अब मैं समझा, अब याद आया
तो उस दिन क्यों चुप-चुप-सा था

तुझको जाना ही था लेकिन
मिले बग़ैर ही क्या जाना था

अब तुझे क्या-क्या याद दिलाऊँ
अब तो वो सब कुछ ही धोखा था

वही हुई है जो होनी थी
वही मिला है जो लिक्खा था

दिल को यूँ ही-सा रंज है वरना
तेरा-मेरा साथ ही क्या था

किस-किस बात को रोऊँ 'नासिर'
अपना लहना ही इतना था

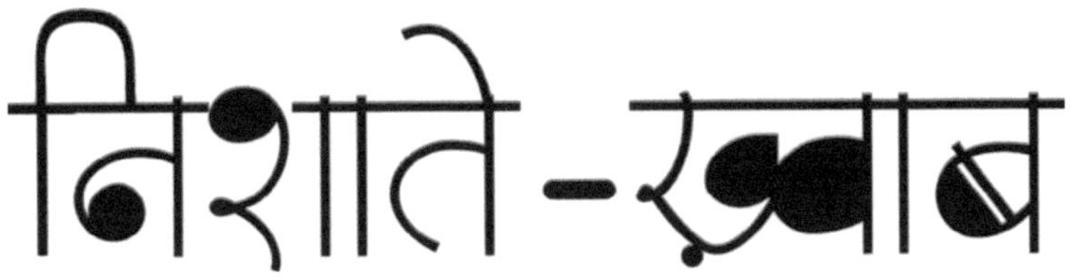

(प्रकाशन वर्ष : 1977)

(नज़्मों का मजमूआ)

'नासिर' ये शेर क्यों न हों मोती-से आबदार
इस फ़न में की है मैंने बहुत देर जाँ-कनी

हिस्सा-ए-अव्वल

नज़्में

01

निशाते-ख़्वाब

(मतला-ए-अव्वल)

हर कूचा इक तिलिस्म था हर शक्ल मोहनी, क़िस्सा है उसके शहर का यारो! शुनीदनी
था इक अजीब शहर दरख़्तों की ओट में, अब तक है याद उसकी जगा-जोत रौशनी
सचमुच का इक मकान परिस्ताँ कहें जिसे, रहती थी उसमें एक परीज़ाद पद्मनी
ऊँची खुली फ़सीलें, फ़सीलों पे बुर्जियाँ, दीवारें संगे-सुर्ख़ की दरवाज़े चंदनी
झल-झल झलक रहे थे पसे-चादरे-ग़ुबार, ख़ेमे शफ़क़ से लाल चतर तख़्त कुंदनी
फ़व्वारे छूटते हुए मरमर के सेहन में, फैली थी जिसके गिर्द गुले-बाँस की बनी
हर बोस्ताँ के फूल थे इस ऐश-गाह में, हर देस के परिंदों ने छायी थी छावनी
झुरमुट कबूतरों के उतरते थे रंग-रंग, नीले, उजाल, जोगिये, गुलदार, कासनी
पट-बीजना-सी अंखड़ियाँ गुल-चाँदनी से ताज, चोंचों में ख़स की तीलियाँ, पंजों में पैंजनी
सारंगियाँ-सी बजती थीं जब खोलते थे पर, यक बार गूँज उठती थी सुनसान कंगनी
इस्तादा अस्तबल में सुबुक सैर घोड़ियाँ, टापों में जिनकी गर्द हो गरदूने-गर्दनी
रहती थी उस नवाह में ऐसी भी एक ख़ल्क़, पोशाक जिसकी धूप थी ख़ूराक चाँदनी
कल रात उस परी की उरूसी का जश्न था, देखी थी मैंने दूर से बस उसकी रौशनी
हर मुल्क हर दयार के ख़ुशवज़अ मेहमाँ, बैठे थे ज़ेबे-तन किये मलबूस दर्शनी
जलने लगीं दरख़्तों में ख़ुश्बू की बत्तियाँ, फिर छेड़ दी हवा-ए-नीस्ताँ ने सिम्फ़नी
हाथों में रंगतरे लिये सर पे सुराहियाँ, कच्ची नकोर बाँदियाँ निकलीं बनी-ठनी
किशमिश, छुवारे, काग़ज़ी बादाम, चार मग़ज़, रक्खे थे रंग-रंग के मेवे चशीदनी
मुर्ग़ाबियाँ तली हुईं, तीतर भुने हुए, ख़स्ता कबाब सीख़ के और नान रोग़नी
संदल, कँवल, सुहाग-पुड़ा, सेहरा, इत्र, फूल, लायी सजा के थाल में इक शोख़ कामनी
शीशे उछाल-उछाल के गाते थे मुग़बचे, बैठी थी शहनशीन पे इक दुख़्ते-अर्मनी
रक़्क़ासे-रंग नाचते फिरते थे सफ़-ब-सफ़, दूल्हा बना गुलाल बसंती दुल्हन बनी
साज़ों की गत पलट गयी तबले ठिठक गये, पीकर शराब नाच रही थी वो कंचनी
अंगारे-सा बदन जो दमकता था बार-बार, गुल मुँह पे ढाँप लेते थे किरनों की ओढ़नी
हर दाँग बाजने लगे बाजे निशात के, मिरदंग, ढोल, तानपुरा, संख-संखनी
आकाश से बरस पड़े रंगों के आबशार, नीले, सियह, सफ़ेद, हरे, लाल, जामनी
इतने में एक कुफ़्रे-सरापा नज़र पड़ा, फिरती थी साथ-साथ लगी जिसके चाँदनी
माथे पे चाँद, कानों में नीलम की बालियाँ, हाथों में सुर्ख़ चूड़ियाँ, शानों पे सोज़नी

पलकें दराज़ ख़ते-शुआई-सी तेज़-तेज़, पुतली हर एक आँख की हीरे की थी कनी
ठोढ़ी वो आइना-सी कि बस देखते रहें, जोबन के घाट पे वो कँवल दो शगुफ़्तनी
गर्दन भड़कती लौ-सी कि जी चाहे जल मरें, काले सियाह बाल कि बदमस्त नागनी
वो उँगलियाँ शफ़क़-सी कि तरशे हुए क़लम, उजले रुपहले गाल कि वरक़े-नविश्तनी
कुंदन-सा रूप धूप-सा चेहरा पवन की चाल, दामन कशीदनी, लबो-आरिज़ चशीदनी
सूरत नज़र-नवाज़, तबीयत अदा-शनास, सौ हुस्न ज़ाहिरी तो कई वस्फ़ बातिनी
पर्दे उठा दिये थे निगाहों ने सब मगर, दिल को रहा है शिकवा-ए-कोताह-दामनी
उड़-उड़के राजहंसों ने जंगल जगा दिया, घोड़ों की रथ में बैठ गये जब बना-बनी
मुँह देखते ही रह गये सब एक-एक का, मुँह फेरकर गुज़र गयी वो राजहंसनी
मंज़र मुझे हवस ने दिखाये बहुत मगर, ठहरा न दिल में हुस्न का रंगे-शिकस्तनी
तारा सहर का निकाला तो ठंडी हवा चली, नींद आ गयी मुझे कि वहाँ छाँव थी घनी

(मतला-ए-सानी)

दिल खींचती है मंज़िले-आबा-ए-रफ़्तनी, जो इस पे मर मिटे वही क़िस्मत के थे धनी
वो शेर सो रहे हैं वहाँ काज़मीन के, हैबत से जिनकी गर्द हुए कोहे-आहनी
शाहाने-फ़क्र वो मिरे अज्दादे-बा-कमाल, करती है जिनकी ख़ाक भी मोहताज को ग़नी
सर ख़म किया न अफ़्सरो-लश्कर के सामने, किस मर्तबा बुलंद थी उनकी फ़रोतनी
करती थी उनके साया-ए-महमूद में क़याम, क़िस्मतमआबी, ख़ुशनसबी, पाकदामनी
शब भर मुराक़बे में न लगती थी उनकी आँख, दिन को तलाशे-रिज़्क़ में करते थे जाँकनी
थी गुफ़्तगू में नर्म-ख़िरामी नसीम की, हरचंद वो दिलेर थे तलवार के धनी
जाते हैं अब भी उसकी ज़ियारत को क़ाफ़िले, उस दर के ज़ाइरों को नहीं ख़ौफ़े-रहज़नी
उस आस्ताँ की ख़ाक अगर ज़ौफ़िशाँ न हो, बुर्जों से आसमान के उड़ जाये रौशनी

(क़ाफ़)

अंबाला एक शहर था सुनते हैं अब भी है, मैं हूँ उसी लुटे हुए क़रये की रौशनी
ऐ साकिनाने-ख़ित्ता-ए-लाहौर देखना, लाया हूँ उस ख़राबे से मैं लाले-मादनी
जलता हूँ दाग़े-बेवतनी से मगर कभी, रौशन करेगी नाम मिरा सोख़्तातनी
ख़ुश रहने के हज़ार बहाने हैं दहर में, मेरे ख़मीर में है मगर ग़म की चाशनी
यारब! ज़माना मुम्तहिने-अहले-सब्र है, दे इस दनी को और भी तौफ़ीक़े-दुश्मनी
'नासिर ये शेर क्यों न हों मोती से आबदार, इस फ़न में की है मैंने बहुत देर जाँकनी
हर लफ़्ज़ एक शख़्स है, हर मिसरा आदमी, देखो मिरी ग़ज़ल में मिरे दिल की रौशनी

02

शहरे-ग़रीब

रात सुनसान, आदमी न दिया
किस से पूछूँ तिरी गली का पता

शहर में बे-शुमार रस्ते हैं
क्या ख़बर तू किधर गया होगा

आज किस रू-सियाह आँधी ने
सब्ज़ तारों का खेत लूट लिया

थम गये रेत के रवाँ चश्मे
सो गया गीत सारबानों का

आ रही है ये किसके पाँव की चाप
फैलता जा रहा है सन्नाटा

ये मिरे साथ चल रहा है कौन
किसने मुझको अभी पुकारा था

सामने घूरती हैं दो आँखें
और पीछे लगी है कोई बला

डूबी जाती हैं वक़्त की नब्ज़ें
आ रही है कोई अजीब निदा

इक तरफ़ बेअमाँ उजाड़ मकाँ
इक तरफ़ सिलसिला मज़ारों का

सर-निगूँ छतरियाँ खजूरों की
बाल खोले खड़ी हो जैसे क़ज़ा

ये दिया-सा है क्या अँधेरे में
हो न हो ये मकान है तेरा

दिल तो कहता है दर पे दस्तक दूँ
सोचता हूँ कि तू कहेगा क्या

जाने क्यों मैंने हाथ रोक लिए
ये मुझे किस ख़याल ने घेरा

किसी बेनाम वहम की दीमक
चाटने आ गयी लहू मेरा

दश्ते-शब में उभर के डूब गयी
किसी नागन की हौलनाक सदा

तेरे दीवारो-दर के सायों पर
मुझको होता है साँप का धोका

बूटा-बूटा है साँप की तस्वीर
पत्ता-पत्ता है साँप का टीका

आसमाँ जैसे साँप की कुंडली
तारा-तारा है साँप का मनका

आ रही है लकीर साँपों की
हर गली पर है साँप का पहरा

साँप ही साँप हैं जिधर देखो
शहर तेरा तो गढ़ है साँपों का

तेरे घर की तरफ़ से मेरी तरफ़
बढ़ता आता है एक साया-सा

धूप-सा रंग बर्क़-सी रफ़्तार
जिस्म शाख़े-नबात-सा पतला

फूल-सा फन, चराग़-सी आँखें
ये तो राजा है कोई साँपों का

हाँ मिरी आस्तीं का साँप है ये
क्यों न हो मुझको जान से प्यारा

एक ही पल में यूँ हुआ ग़ायब
जैसे पानी से अक्स बिजली का

कट गयी फिर मिरे ख़याल की रौ
शीशा-ए-ख़्वाब-कार टूट गया

नागहाँ सीटियाँ-सी बजने लगीं
रात का शहर पल में जाग उठा

आँखें खुलने लगीं दरीचों की
साँस लेने लगी ख़मोश फ़िज़ा

मैं तो चुपचाप चल रहा था मगर
शहर वालों ने जाने क्या समझा

तेरी बस्ती में इतनी रात गये
कौन होता भला ये मेरे सिवा

अरे ये मैं हूँ तेरा शहरे-ग़रीब
तू गली में तो आके देख ज़रा

सोचता हूँ खड़ा अँधेरे में
तूने दरवाज़ा क्यों नहीं खोला

मेरा साथी मिरा शरीके-सफ़र
रह गया पिछली रात का तारा

कहाँ ले आयी तू मुझे तक़दीर
मैं कहाँ आ गया हूँ मेरे ख़ुदा

यहाँ फलता नहीं कोई आँसू
यहाँ जलता नहीं किसी का दिया

तेरा क्या काम था यहाँ 'नासिर'
तू भला इस नगर में क्यों आया

(1954)

03

नया सफ़र

अँधेरों की नगरी से फूटी किरन
महकने लगा ख़ाकदाने-कुहन

उठा महमिले-वक़्त का सारबाँ
नयी मंज़िलों को चले कारवाँ

सुरीली हवाओं ने छेड़ा वो राग
लगी ओस से ख़ेमा-ए-गुल में आग

सबा गुल की नस-नस में बसने लगी
उजालों की बरखा बरसने लगी

नये फूल निकले नये रूप में
ज़मीं झमझमाने लगी धूप में

तुरंजे-फ़लक की ज़िया फैलकर
ज़रे-गुल बिछाने लगी ख़ाक पे

फ़िज़ा जगमगायी गुले-संग से
हवा फिर गयी गर्दिशे-रंग से

पहाड़ों से लावा निकलने लगा
जिगर पत्थरों का पिघलने लगा

चमन-दर-चमन वो रमक़ अब कहाँ
वो शोले शफ़क़-ता-शफ़क़ अब कहाँ

कराँ-ता-कराँ ज़ुल्मतें छा गयीं
वो जल्वे तबक़-दर-तबक़ अब कहाँ

बुझी आतिशे-गुल अँधेरा हुआ
वो उजले सुनहरे वरक़ अब कहाँ

सुरीली हवाओं में रस घोलकर
तुयूर उड़ गये बोलियाँ बोलकर

ज़मीं बट गयी आसमाँ बट गया
चमन बट गया आशियाँ बट गया

निकलने लगा आबशारों से दूद
हुआ क़ुल्ज़ुमे-माह जलकर कबूद

पहाड़ों में, मैदाँ में, जंगल में आग
समंदर में, ख़ुश्की में, जल-थल में आग

गरजने लगीं आग की बदलियाँ
झुलसने लगीं प्यास से खेतियाँ

वो आँधी चली दौरे-आलाम की
कि रुकने लगी नब्ज़ अय्याम की

उठे यूँ नजीबाने-अंजुम-सिपाह
गिरा हारकर ताश का बादशाह

रहे-जुस्तजू मुख़्तसर हो गयी
हिमालय की चोटी भी तर हो गयी

पुरानी बहारें क़फ़स में गयीं
वो इंसाँ गये और वो रस्में गयीं

नयी गर्दिशों में घिरा आसमाँ
ज़मीने-कुहन पर गिरा आसमाँ

"हुआ एक जंगल में आकर गुज़र
किसू को नहीं याँ किसू की ख़बर"

हुआ नौहागर दश्ते-शब का नक़ीब
सदा उसकी पुरहौल सूरत अजीब

ये वहशी जहाँ महवे-फ़रियाद हो
वहाँ कोई बस्ती न आबाद हो

जहाँ घर बनाये ये ख़ानाख़राब
वहाँ के मकीनों को आये न ख़्वाब

सरे-शाम बस्ती में रोने लगे
मगर दिन निकलते ही सोने लगे

पुरानी हवेली की दीवार पर
करे हाव-हू हाव-हू रात भर

फड़कता रहा और रोता रहा
भरे शहर की नींद खोता रहा

किसी मनचले ने जो देखा उधर
उड़ाया उसे कंकरी मारकर

उठी इक सदा बाम के मुत्तसिल
जिसे सुनके फट जाए पत्थर का दिल

लिये चोंच में कंकरी उड़ गया
घने जंगलों की तरफ़ मुड़ गया

बुलंदी से आख़िर गिराया उसे
किसी आब-जू में बहाया उसे

न फिर शहर की सिम्त आया कभी
वो नौहा न उसने सुनाया कभी

इधर फ़िक्र से जान घुलने लगी
ख़यालों की खिड़की-सी खुलने लगी

नज़र आया मुल्के-सुख़न कंकरी
ग़ज़ल कंकरी और भजन कंकरी

घुली कंकरी और पानी हुई
पए-गोशे-इबरत कहानी हुई

पलटकर जो देखा समाँ और था
कि पर्दे में फ़ित्ना निहाँ और था

नया शोर लेकर जमूदी उठे
सुख़नवर गये और नमूदी उठे

चटख़ने लगे यूँ ज़बाँ पर सुख़न
जले जैसे सूखे दरख़्तों का बन

"न बुलबुल ग़ज़ल-ख़्वाँ, न तैरों का शोर
सभी देखते 'मीर' के मुँह की ओर"

निहाँ राज़े-मतलूबो-तालिब रहा
हर आवाज़ पर मीर ग़ालिब रहा

बुझे यूँ उजालों में तीरा-ज़मीर
परेशाँ हो जैसे धुएँ की लकीर

न चश्मे-बसीरत न ज़ौक़े-हुनर
हुईं सारी अक़दार ज़ेरो-ज़बर

रहो-रस्मे-अज्दाद से कट गये
हम अपनी रिवायात से कट गये

यहाँ 'मीरो-ग़ालिब' का फ़न क्या करे
सुख़न-साज़ अर्ज़े-सुख़न क्या करे

उजड़ता रहा बोसताने-अदब
मगर फूल खिलते रहे ज़ेरे-लब

तसव्वुर की तेग़े-दो-दम चूमकर
छुपे कुंज में हम, क़लम चूमकर

मुझे शोरे-चर्ख़ो-ज़मीं ले गया
तसव्वुर कहीं से कहीं ले गया

बदलने लगी आसमानों की लय
नया चाँद उतरा सरे-बर्गे-नै

ज़मीं अजनबी, आसमाँ अजनबी
सफ़र अजनबी, कारवाँ अजनबी

ख़ुनक नीले-नीले बहीरे कहीं
बहीरों के अंदर जज़ीरे कहीं

ख़ुनक पानियों पर सफ़ीने रवाँ
सफ़ीनों पे उड़ते हुए बादबाँ

शराबोर रस्ते, मुअत्तर फ़िज़ा
शजर ख़ूबसूरत, समर ख़ुश-नुमा

सुनीले मकाँ और सजीले मकीं
मिले जिनकी छब दिलरुबा, दिलनशीं

कहीं बदलियाँ गीत गाती हुईं
कहीं बारिशें गुनगुनाती हुईं

किसी मधभरी सुब्ह की आस में
शुतुरमुर्ग़ दुबके हुए घास में

कहीं पेच-दर-पेच बेलों के जाल
कहीं घाटियों में रमीदा ग़ज़ाल

फ़िज़ा-दर-फ़िज़ा फूल-सी तितलियाँ
परों पर उठाये हुए गुलसिताँ

कहीं मंज़िलों के धुआँधार घेर
कहीं सूने-सुनसान रस्तों के फेर

कहीं गर्दे-महताब उड़ती हुई
नशेबों में बल खाके उड़ती हुई

हवा ताज़ा रस फूल चुनती हुई
ज़मीं अनसुने राग बुनती हुई

सितारे गये ज़ुल्मतों को लिये
चटख़ने लगे शाख़चों पर दिये

खुला जन्नते-सुब्ह का दर खुला
ब आवाज़े-अल्लाहु-अकबर खुला

महकने लगीं धान की खेतियाँ
कि अब्रे-बहारी बरसकर खुला

चले मुद्दतों के रुके राहरौ
कोई पा-बरहना, कोई सर खुला

जिन्हें पानियों में उतरना पड़े
वो हाथों में रखते हैं ख़ंजर खुला

लरज़ने लगी तंगना-ए-सुख़न
कि शाहीने-मानी का शहपर खुला

नयी रुत ने छेड़ा नया अर्ग़नूँ
फ़िज़ा में झलकता है लम्हों का ख़ूँ

हुए नग़माज़न ताइराने-चमन
कि अर्से में उतरे हैं अहले-सुख़न

वो दरवेशे-गुलगूँ क़बा आ गये
वो रिंदाने-ख़ूनीं-नवा आ गये

नये दिन का सूरज दमकने लगा
ज़मीं का सितारा चमकने लगा

जुलाई 1954

04

बारिश की दुआ

ऐ दाता! बादल बरसा दे
फ़स्लों के परचम लहरा दे

देस की दौलत, देस के प्यारे
सूख रहे हैं खेत हमारे
इन खेतों की प्यास बुझा दे
ऐ दाता! बादल बरसा दे

यूँ बरसें रहमत की घटाएँ
दाग़ पुराने सब धुल जाएँ
अब के बरस वो रंग जमा दे
ऐ दाता! बारिश बरसा दे

खेतों को दानों से भर दे
मुर्दा ज़मीं को ज़िंदा कर दे
तू सुनता है सबकी दुआएँ
दाता हम क्यों ख़ाली जाएँ
हमको भी मेहनत का सिला दे
ऐ दाता! बादल बरसा दे

2 फ़रवरी, 1967

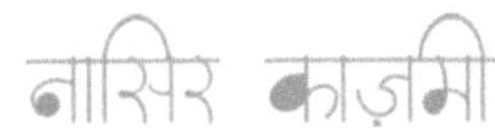

05

गजर फूलों के

इक किरन चश्मो-चराग़ो-दिले-शब
क्यों उसे ख़ूने-रगे-दिल न कहूँ
रक़्स करती है कभी शीशों पर
कभी रौज़न से उतर आती है
कभी इक जामा-ए-आवेज़ाँ की
नर्म सिलवट के ख़ुनुक गोशों में
गीत बनती है गजर फूलों के

06

सातवाँ रंग

बाल काले, सफ़ेद बर्फ़ से गाल
चाँद-सा जिस्म, कोट बादल का
लहरिया आस्तीन, सुर्ख़ बटन
कुछ भला-सा था रंग आँचल का
अब के आये तो ये इरादा है
दोनों आँखों से उसको देखूँगा

हिस्सा-ए-दोयम

07

नात

तज़मीन-बर-अशआरे-ग़ालिब

ये कौन ताइरे-सिदरा से हमकलाम आया
जहाने-ख़ाक को फिर अर्श का सलाम आया
जबीं भी सजदा-तलब है ये क्या मक़ाम आया
"ज़बाँ पे बारे-ख़ुदाया ये किसका नाम आया
कि मेरे नुत्क़ ने बोसे मिरी ज़बाँ के लिये"

ख़ते-जबीं तिरा उम्मुल-किताब की तफ़सीर
कहाँ से लाऊँ तिरा मिस्ल और तेरी नज़ीर
दिखाऊँ पैकरे-अल्फ़ाज़ में तिरी तस्वीर
"मिसाल ये मिरी कोशिश की है कि मुर्ग़े-असीर
करे क़फ़स में फ़राहम ख़स आशियाँ के लिए"

कहाँ वो पैकरे-नूरी कहाँ क़बा-ए-ग़ज़ल
कहाँ वो अर्श-मकीं और कहाँ नवा-ए-ग़ज़ल
कहाँ वो जलवा-ए-मानी कहाँ रिदा-ए-ग़ज़ल
"बक़द्रे-शौक़ नहीं ज़र्फ़े-तंगना-ए-ग़ज़ल
कुछ और चाहिए वुसअत मिरे बयाँ के लिए"

थकी है फ़िक्रे-रसा और मदह बाक़ी है
क़लम है आबला-पा और मदह बाक़ी है
तमाम उम्र लिखा और मदह बाक़ी है
"वरक़ तमाम हुआ और मदह बाक़ी है
सफ़ीना चाहिए इस बहरे-बेकराँ के लिए"

08
नात

ऐ ख़त्मे-रुसल ऐ शाहे-ज़मन

ऐ ख़त्मे-रुसल, ऐ शाहे-ज़मन, ऐ पाक नबी रहमत वाले
तू जाने-सुख़न, मौज़ू-ए-सुख़न, ऐ पाक नबी रहमत वाले

ऐ उक़्दा-कुशा-ए-कौनो-मकाँ, तिरे वस्फ़ नहीं मोहताजे-बयाँ
आजिज़ है ज़बाँ क़ासिर है दहन, ऐ पाक नबी रहमत वाले

ऐ बद्रो-हनीन के राहनुमा, ऐ फ़ातिहे-ख़ैबर के मौला
तिरा एक इशारा कुफ़्र-शिकन, ऐ पाक नबी रहमत वाले

तिरी याद हमारी शमअ-ए-यक़ीं, तिरा नाम हमारा नक़्शे-नगीं
तिरे नूर से है मिल्लत का चमन, ऐ पाक नबी रहमत वाले

मैं कुछ भी नहीं मुझे क्या है ग़म, जब तेरा करम है शादे-करम
शादाब है मेरे तन का बन, ऐ पाक नबी रहमत वाले

09
नात

पयामे-हक़ का तुम्हें मुंतही समझते हैं

पयामे-हक़ का तुम्हें मुंतही समझते हैं
तुम्हारी याद को हम ज़िंदगी समझते हैं

तुम्हारे नूर से मामूर हैं वजूदो-अदम
इसी चराग़ को हम रौशनी समझते हैं

क़दम पड़ा है जहाँ आपके ग़ुलामों का
हम उस ज़मीन को तख़्ते-शही समझते हैं

ये आप ही का करम है कि आज ख़ाकनशीं
मक़ामे-बंदगी-ओ-क़ैसरी समझते हैं

समझ सकेंगे वो क्या रुत्बा-ए-नबी-ए-करीम
जो आदमी को फ़क़त आदमी समझते हैं

10
नात

शजरे-हिज्र तुम्हें झककर सलाम करते हैं

शजरे-हिज्र तुम्हें झककर सलाम करते हैं
ये बेज़बान तुम्हीं से कलाम करते हैं

ज़मीं को अर्शे-मोअल्ला है तेरा गुंबदे-सब्ज़
तिरी गली में फ़रिश्ते क़याम करते हैं

मुसाफ़िरों को तिरा दर है मंज़िले-आख़िर
यहीं सब अपनी मुसाफ़त तमाम करते हैं

जिन्हें जहाँ में कहीं भी अमाँ नहीं मिलती
वो क़ाफ़िले यहाँ आकर क़याम करते हैं

नज़र में फिरते हैं तेरे दयार के मंज़र
इसी नवाह में हम सुब्हो-शाम करते हैं

सुकूने-दिल की उन्हीं से उमीद है 'नासिर'
जो अपना फ़ैज़ ग़रीबों पे आम करते हैं

25 फ़रवरी 1970, लाहौर टी.वी.

11
नात

दिल की दुनिया में है रौशनी आपसे

दिल की दुनिया में है रौशनी आपसे
हमने पायी नयी ज़िंदगी आपसे

क्यों न नाज़ाँ हों अपने मुक़द्दर पे हम
हमको ईमाँ की दौलत मिली आपसे

कल भी मामूर था आपके नूर से
है मुनव्वर जहाँ आज भी आपसे

दुश्मनों पर भी दर रहमतों का खुला
राहो-रस्मे-मोहब्बत चली आपसे

दिल का गुंचा चटकता है सल्ले-अला
अपने गुलशन में है ताज़गी आपसे

सब जहानों की रहमत कहा आपको
कितना ख़ुश है ख़ुदा, या नबी आपसे

ख़त्म है आप पे शाने-पैग़म्बरी
ये रिवायत मुकम्मल हुई आपसे

11 फ़रवरी 1971

12
नात

तज़ईने-कायनात ब रंगे-दिगर है आज

तज़ईने-कायनात ब रंगे-दिगर है आज
जश्ने-विलादते-शहे-जिन्नो-बशर है आज

सदियों से फ़र्शे-राह थे जिसके लिए नुजूम
आग़ोशे-आमना में वो रश्के-क़मर है आज

सुब्हे-अज़ल को जिसने दिया हुस्ने-लाज़वाल
वो मौजे-नूर ज़ीनते-दीवारो-दर है आज

किसके क़दम से चमकी है बतहा की सरज़मीं
ज़ुल्मतकदों में शोरे-नवेदे-सहर है आज

ऐ चश्मे-शौक़ शौकते-नज़्ज़ारा देखना
माहे-फ़लक चराग़े-सरे-रहगुज़र है आज

शौक़े-नज़ारा ने वो तराशा है आइना
जिस आइने में जलवा-ए-आईनागर है आज

जचती नहीं निगाह में दुनिया की रौनक़ें
क्या पूछते हो ध्यान हमारा किधर है आज

'नासिर' दरे-हुज़ूर से जो चाहो माँग लो
वा ख़ासो-आम के लिए बाबे-असर है आज

19 मई 1970

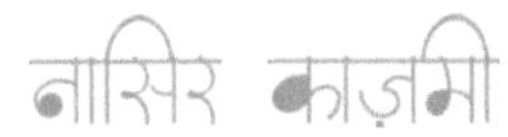

13
सलाम

लहू-लहू है ज़बाने-क़लम बयाँ के लिए
ये गुल चुने हैं शहीदों की दास्ताँ के लिए

खड़े हैं शाह कमरबस्ता इम्तिहाँ के लिए
फिर ऐसी रात कब आयेगी आसमाँ के लिए

दिया बुझा के ये कहते थे साथियों से हुसैन
जो चाहो ढूँढ़ लो रस्ता कोई अमाँ के लिए

कहा ये सुनके रफ़ीक़ों ने यक ज़बाँ होकर
ये जाँ तो वक़्फ़ है मौला-ए-उंसो-जाँ के लिए

हमें तो मंज़िले-आख़िर है आस्ताने-हुसैन
ये सर झुकेगा न अब और आस्ताँ के लिए

सितारे डूब गये वक़्त ढूँढ़ता है पनाह
कड़ी है आज की शब दौरे-आसमाँ के लिए

गवाही बाक़ी है असग़र की, ले चले हैं हुसैन
वरक़ इक और भी है ज़ेबे-दास्ताँ के लिए

लुटा है दश्ते-ग़रीबी में कारवाँ किसका
कि ख़ाक उड़ाती है मंज़िल भी कारवाँ के लिए

कहाँ-कहाँ न लुटा कारवाने-आले-नबी
फ़लक ने हमसे ये बदले कहाँ-कहाँ के लिए

ये दश्ते-कर्बो-बला है, जनाबे-ख़िज्र यहाँ
है शर्त तिश्नालबी उम्रे-जावेदाँ के लिए

बहे हैं किस क़दर आँसू, छुपे हैं कितने ही दाग़
ये जमा-ओ-ख़र्च है बाक़ी हिसाबदाँ के लिए

सुकूते-अहले-सुख़न भी है एक तर्ज़े-सुख़न
ये नुक्ता छोड़ दिया मैंने नुक्तादाँ के लिए

सुख़न की ताब कहाँ अब कि दिल है ख़ूँ 'नासिर'
ज़बाने-तीर चली एक बेज़बाँ के लिए

18 मार्च 1970, पाकिस्तान टेलीविजन, लाहौर

14
रुबाईयात

गर मिदहते-शब्बीर का दफ़्तर खुल जाये
इक मशरिक़े-नौ सीने के अंदर खुल जाये
तस्वीर अगर कर्बो-बला की खींचूँ
इक अर्सा क़यामत के बराबर खुल जाये

• • •

तर आँख करूँ मादने-गौहर खुल जाये
लूँ साँस तो दरवाज़ा-ए-ख़ावर खुल जाये
चुप बैठा हूँ मजलिस में अज़ा की लेकिन
रूमाल हटाऊँ तो समंदर खुल जाये

• • •

क्या नक़्ल करूँ शामे-ग़रीबाँ की बहार
बाक़ी थे अभी धूप के कम-कम आसार
बैठा था सरे-ख़ेमा कबूतर कोई
महताब से पर लाल, लहू-सी मिंक़ार

• • •

मोती तिरी गुफ़्तार के चुनता ही रहूँ
सर तेरी हर इक बात पे धुनता ही रहूँ
ऐ काश! यहीं दौरे-फ़लक थम जाये
तू कहता रहे और मैं सुनता ही रहूँ

• • •

साक़ी मुझे फिर फ़िक्रे-जहाँ ने घेरा
मयख़ाना सलामत रहे दाइम तेरा
तुझ-सा कोई साक़ी है, न मुझ-सा मयख़्वार
भर दे भर दे पियाला भर दे मेरा

• • •

15
गुलशन पाक हमारा
(राग पटदीप)

गुलशन पाक हमारा
तन-मन-धन से प्यारा

हमको नाज़ है इस गुलशन पर
हमने कितनी जानें देकर
इसका रंग उभारा
गुलशन पाक हमारा

बसते शहर, ज़मीं के सेहरे
तहज़ीबों के रौशन चेहरे
घर-घर चाँद-सितारा
गुलशन पाक हमारा

पाक फ़िज़ा परचम नूरानी
बेदारी की ज़िंदा निशानी
नुसरत का गहवारा
गुलशन पाक हमारा

18 नवम्बर 1965

16
ऐ वतन तुझसे नया अहदे-वफ़ा करते हैं

ऐ वतन! तुझसे नया अहदे-वफ़ा करते हैं
माल क्या चीज़ है हम जान फ़िदा करते हैं

सुर्ख़ हो जाती है जब सेहने-चमन की मिट्टी
उसी मौसम में नये फूल खिला करते हैं

ऐ निगहबाने-वतन! तेरा निगहेबाँ हो ख़ुदा
शहर के लोग तिरे हक़ में दुआ करते हैं

17
सियालकोट तो ज़िंदा रहेगा

ज़िंदा रहेगा ज़िंदा रहेगा, सियालकोट तो ज़िंदा रहेगा
ज़िंदा क़ौमों की तारीख़ में नाम तिरा ताबिंदा रहेगा

जम्मू और कश्मीर से पहले तू है नुसरत का दरवाज़ा
दुश्मन भी अब कर बैठा है तेरी जुरअत का अंदाज़ा
ज़िंदा रहेगा ज़िंदा रहेगा, सियालकोट तो ज़िंदा रहेगा

शायरे-मशरिक़ का तू मस्कन, तुझपे बुज़ुर्गों का है साया
जिसने तुझ पे हाथ उठाया तूने उसका नाम मिटाया
ज़िंदा रहेगा ज़िंदा रहेगा, सियालकोट तो ज़िंदा रहेगा

दूसरी जंगे-अज़ीम के बाद नहीं देखी है ऐसी लड़ाई
सरहद-सरहद देख चुकी है दुनिया दुश्मन की पसपाई
ज़िंदा रहेगा ज़िंदा रहेगा, सियालकोट तो ज़िंदा रहेगा

तेरी सरहद-सरहद पर दुश्मन का क़ब्रिस्तान बना है
तेरी जाँबाज़ी का सिक्का दुनिया ने अब मान लिया है
ज़िंदा रहेगा ज़िंदा रहेगा, सियालकोट तो ज़िंदा रहेगा

पाक फ़ौज है तेरी मुहाफ़िज़, एक वार बस और दिखा दे
उठ और नाम अली का लेकर, दुश्मन को मिट्टी में मिला दे
ज़िंदा रहेगा ज़िंदा रहेगा, सियालकोट तो ज़िंदा रहेगा

9 सितम्बर 1965

18
सरगोधा मेरा शहर

ज़िंदादिलों का गहवारा है, सरगोधा मेरा शहर
सबकी आँखों का तारा है, सरगोधा मेरा शहर

सूरज-से घर चाँद-सी गलियाँ जन्नत की तस्वीर
बाँके छैल-छबीले गभरू, ग़ैरत की शमशीर
सुबुक-चाल नख़रीले घोड़े, कड़यल नेज़े-बाज़
आँखें तेज़ कड़कती बिजली, तारों की हमराज़
ज़िंदादिलों का गहवारा है सरगोधा मेरा शहर

थल,जंगल, पर्बत और बेले, हरे-भरे शादाब
सोना-सी लहराती फ़स्लें, नहरें भी ख़ुशआब
सरहद-सरहद इसके सिपाही आगे बढ़ते जायें
उनके साथ ख़ुदा की रहमत और बहनों की दुआयें
ज़िंदादिलों का गहवारा है सरगोधा मेरा शहर

हरदम इसके जेट-तय्यारे उड़ने को तैयार
तेज़ हवाबाज़ों का दस्ता, चौकस और हुशियार
दुश्मन के कितने तय्यारे पल में किये बर्बाद
सरगोधा के शहबाज़ों को वक़्त करेगा याद
ज़िंदादिलों का गहवारा है सरगोधा मेरा शहर

15 सितम्बर 1965

19
सदा-ए-कश्मीर

सदा-ए-कश्मीर आ रही है,
हमारी मंज़िल क़रीबतर है
ये अद्लो-इंसाफ़ की घड़ी है,
सितम की मीयाद मुख़्तसर है

लहू शहीदों का रंग लाया
नयी सहर की उमंग लाया
ग़ुरूर का अब्र छट रहा है
रुख़े-हवादिस पलट रहा है

ये पेड़ अब तीर बन गये हैं
चनार शमशीर बन गये हैं
ख़ुदा का क़हरो-अज़ाब आया
अदू का रोज़े-हिसाब आया

घरों से निकले हैं अहले-ईमाँ
किसी के बस का नहीं ये तूफ़ाँ
गुज़र के चश्मों से, बहरो-बर से
हर एक घर तक पहुँच गयी है
श्रीनगर तक पहुँच गयी है

ये तेग़ थामे न थम सकेगी
अदू की महफ़िल न जम सकेगी
अलम हमारा न झुक सकेगा
ये सैल रोके न रुक सकेगा

24 अक्टूबर 1965
आज़ाद कश्मीर रेडियो

20
तू है मिरी ज़िंदगी

तू है मिरी ज़िंदगी, ऐ मिरे प्यारे वतन!
तू है मिरी रौशनी, ऐ मिरे प्यारे वतन!

ऐ मिरी ख़ुल्दे-बरीं! तेरी बहारों की ख़ैर
ऐ मिरे अज़्मो-यक़ीं! तेरे दयारों की ख़ैर
तेरे सितारों की ख़ैर
तू है मिरी ज़िंदगी, ऐ मिरे प्यारे वतन!

पाक तिरे आबशार, पाक हैं तेरे जबल
पाक तिरी खेतियाँ, पाक तिरे फूल-फल
जलवा-ए-सुब्ह-ए-अज़ल
तू है मिरी ज़िंदगी, ऐ मिरे प्यारे वतन!

तेरी फ़िज़ा पे खुले चाँद-सितारों के राज़
अर्श की मेहराब में पढ़ते हैं शाहीन नमाज़
पाक-दिलो-पाकबाज़
तू है मिरी ज़िंदगी, ऐ मिरे प्यारे वतन!

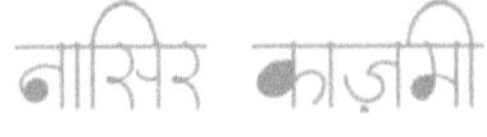

21
तू है अज़ीज़े-मिल्ल्त

तू है अज़ीज़े-मिल्ल्त, तू है निशाने-हैदर
एहसाँ है तेरा हम पर ऐ क़ौम के दिलावर!

तू अज़्म का सितारा, तू है हिलाले-जुरअत
तू ख़ादिमे-वतन है, तुझसे वतन की इज़्ज़त
गाते हैं तेरे नग़मे रावी, चनाब, झेलम
तारों की सल्तनत पे उड़ता है तेरा परचम
सिलहट से ता-कराची फैले हैं तेरे शहपर
तू है अज़ीज़े-मिल्ल्त, तू है निशाने-हैदर

रन-कछ के मार्के में जौहर दिखाये तूने
वाघा की सरहदों से लश्कर हटाये तूने
तोपों के मुँह को मोड़ा, टैंकों का मान तोड़ा
जो तेरी ज़द में आया तूने न उसको छोड़ा
ज़िंदा किया वतन को तूने शहीद होकर
तू है अज़ीज़े-मिल्ल्त, तू है निशाने-हैदर

ऊँची तिरी उड़ानें कारी तिरे निशाने
तूने जला के छोड़े दुश्मन के आशियाने
बाँधा है वो निशाना दुश्मन के घर में जाकर
तूने गिराये हंटर इक आन में झपटकर
बिजली हैं तेरे बंबर, शाहीं हैं तेरे सेबर
तू है अज़ीज़े-मिल्ल्त, तू है निशाने-हैदर

साँदल के आसमाँ से रोके हैं तूने हमले
रावी की वादियों पे एहसाँ हैं तेरे कितने
छंब और जोड़ियाँ में गाड़ा है तूने झंडा
ऐ द्वारका के ग़ाज़ी ज़िंदा है नाम तेरा
हैबत से तेरी लर्ज़ां कोहसार और समंदर
तू है अज़ीज़े-मिल्ल्त, तू है निशाने-हैदर

वो शहर बुल्लेशाह का बसता है तेरे दम से
ख़ुशहाल ख़ाँ की नगरी है तेरे दम-क़दम से
दाता का शहर तूने पाइंदा कर दिया है
इक़बाल के वतन को फिर ज़िंदा कर दिया है
हर देस हर नगर में चर्चा है तेरा घर-घर
तू है अज़ीज़े-मिल्लत, तू है निशाने-हैदर

29 सितम्बर 1965

22
तीरगी ख़त्म हुई सुब्ह के आसार हुए

तीरगी ख़त्म हुई सुब्ह के आसार हुए
शहर के लोग नये अज़्म से बेदार हुए

शब की तारीकी में जो आये थे रहज़न बनकर
सुब्ह होते ही वो रुस्वा सरे-बाज़ार हुए

जगमगाने लगीं फिर मेरे वतन की गलियाँ
ज़ुल्म के हाथ सिमटकर पसे-दीवार हुए

हम पे एहसाँ है तिरा शहर की ऐ नहरे-अज़ीम!
तूने सीने पे सहे शहर पे जो वार हुए

शाख़-दर-शाख़ चमकने लगे ख़ुश्बू के चराग़
आलमे-ख़ाक से पैदा नये गुलज़ार हुए

23
हँसते फूलो हँसते रहना
(पहाड़ी)

हँसते फूलो हँसते रहना!
तुम हो पाक वतन का गहना

धूम है घर-घर आज तुम्हारी
ख़ुश्बू की नहरें हैं जारी
शाख़ों ने फिर गहना पहना
हँसते फूलो हँसते रहना!

फूल हैं थोड़े ख़ार बहुत हैं
पर्दे में अग़यार बहुत हैं
अपना भेद किसी से न कहना
हँसते फूलो हँसते रहना!

तुम हो शहीदों का नज़राना
तुमको क़सम है सर न झुकाना
आपस के दुख मिलकर सहना
हँसते फूलो हँसते रहना!

रावी और चनाब के प्यारो
जेहलम सिंध की आँख के तारो
आज से मेरे दिल में रहना
हँसते फूलो हँसते रहना!

15 नवम्बर 1965

24
आज तिरी यादों का दिन है

तेरी याद से मशरिक़-मग़रिब
जाग रहे हैं शहर हमारे
तेरे नाम से गूँज रहे हैं
इल्म और हिक्मत के गहवारे

कहीं लीक तेरे हाथों की
कहीं तिरी बातों की ख़ुश्बू
कहीं चमक तेरी आँखों की
कहीं तिरी आवाज़ का जादू

अज़्म तिरा कोहसार की अज़्मत
तेरी फ़िक्र समंदर गहरा
दोधारी तलवार की ज़रबत
लंबा क़द और जिस्म इकहरा

तूने खोयी हुई बातों को
मायूसी में याद दिलाया
तूने सोई हुई रातों को
बेदारी का ख़्वाब दिखाया

तेरी याद से महक रहे हैं
गुलशन, बन, बस्ती, वीराने
होंठ-होंठ पर नाम है तेरा
गली-गली तेरे अफ़साने

क़ायदे-आज़म मेरे दिल में
तेरी मुहब्बत ज़िंदा रहेगी
नाम तिरा ताबिंदा रहेगा
याद तिरी पाइंदा रहेगी

11 सितम्बर 1969, लाहौर टी.वी.

25
हर महाज़े-जंग पर

ऐ ख़ुदा-ए-दोजहाँ
तेरे हुक्म से बहार और ख़िज़ाँ
तूने ख़ाके-मुर्दा को शजर दिये
रस भरे समर दिये
बहर को सदफ़, सदफ़ को बेबहा गुहर दिये
ताज़ा मौसमों के साथ
ताइरों को ताज़ा बालो-पर दिये
बेघरों को घर दिये
ऐ मिरे करीम रब!
किस ज़बाँ से तेरा शुक्र हो अदा
तूने हमको ये नया वतन दिया
हमने ये नया वतन तिरे ही नाम पर लिया
इस नये चमन में कितने रंग-रंग फूल हैं
कैसे-कैसे शहर और कैसे-कैसे लोग हैं
कैसे-कैसे शायर और नग़मागर
कितने अहले-इल्म और बाकमाल
किस क़दर जरी दिलेर नौजवाँ
जिनके दिल से जावेदाँ है इस चमन की दास्ताँ
ऐ मिरे करीम रब! तूने अपने बंदों को हज़ारहा हुनर दिये
और मुझे क़लम दिया
ऐ अलीम! तेरे इल्म के हुज़ूर
मेरे इल्म और हुनर की क्या बिसात
आज मुझको इतनी मोहलत आवर दे कि लिख सकूँ वो दास्ताँ
जो अपने ख़ूँ से लिख रहे हैं सरहदों के पासबाँ
ये सफ़-शिकन दिलेर हैं मिरे क़लम की आबरू
इन्ही के दम से आज फिर मिरा क़लम है सुर्ख़-रू
क़लम जो लफ़्ज़े-ताज़ा का शिकारी था
क़लम जो हर्फ़ो-सौत का पुजारी था
वही क़लम बुलंद होके अब जिहाद का अलम बना
वही क़लम मुजाहिदों के हाथ में वो बर्क़े-शोला-जू बना
जो दुश्मनों की सफ़ पे टूट-टूटकर गिरा

अब अपने काग़ज़ों पे चश्मे-ख़ूँ-फ़िशाँ का नम नहीं
अब अपने काग़ज़ों पे जाते मौसमों का ग़म नहीं
ये काग़ज़ अपने हाथ में वो कारगाहे-रज़्म है
जहाँ पे फ़त्हे-क़ौम का निशान मेरी नज़्म है
ये काग़ज़ अपने हाथ में वो बहरे-बेकनार है
जहाँ हर एक मौज फ़त्हमंद ज़ुल्फ़िक़ार है
ये काग़ज़ अपने हाथ में है वो फ़ज़ा-ए-बेकराँ
जहाँ हवा के पासबाँ हैं हर तरफ़ शररफ़िशाँ
मिरे क़लम की रौशनाई तीरगी को ज़हर है
मिरे क़लम के सहर से छिड़ी है दास्तान,
रज़्मे-ख़ंदक़ो-हुनैन की
अली की ज़ुल्फ़िक़ार से जो बच गये
वो ज़द में हैं हुसैन की
मिरे क़लम वो मार्के दिखा मुझे
जहाँ हमारे ग़ाज़ियों ने ज़ुल्मो-जौर के हर इक निशान को मिटा दिया
मिरी जबीं की हर शिकन को ज़िंदा कर
कि अब अदू हमारी तेग़ो-ज़ौफ़िशाँ की ज़द में है
मिरे यक़ीं को ताज़ा कर
कि अब अदू हमारी ज़रबे-जावेदाँ की ज़द में है
ये जंग आज कुफ़्रो-दीं की जंग है
ये मेरी क़ौम के यक़ीं की जंग है
ये मेरी पाक सरज़मीं की जंग है
ये जंग आज हक़परस्त मिल्लतों की जंग है
ये जंग आज सुल्ह-जू सदाक़तों की जंग है
तिरे करम से ऐ मिरे करीम रब!
मिरा क़लम है सुर्ख़रू
मिरा क़लम है मेरे फ़न की आबरू
मिरी सदा में आज आते मौसमों का नूर है
मिरी नवा में आज सुब्हे-फ़त्ह का ज़हूर है
कि मेरी पाक सरज़मीं का
एक-एक फ़र्द पूरी क़ौम है
पूरी क़ौम आज एक फ़र्द है

अदू का रंग ज़र्द है
मिरा वतन यूँ ही रहेगा ता-अबद
मिरा चमन यूँ ही रहेगा ता-अबद

अर्ज़े-पाक तेरे सब्र की क़सम
तेरे ग़ाज़ियों, शहीदों की क़सम
जब तलक है दम में दम
जब तलक है अपनी सरहदों पे यूरिशे-सितम
अदू से पंजा-आज़मा रहेंगे हम
हर महाज़े-जंग पर
क़ल्बो-चश्मो-गोश के महाज़ पर
अक़्लो-ताबो-होश के महाज़ पर
ख़्वाब और ख़याल के महाज़ पर
शेर और साज़ के महाज़ पर
शहर-शहर, गाँव-गाँव
गलियों और खेतों में
जंगलों, पहाड़ों में
वादियों, जज़ीरों और झीलों में

मेघना से रावी तक
सब्ज़ और सुनहरे देस के चमकते रमनों में
नश्रगाहों, दर्सगाहों
कारख़ानों, दफ़्तरों में और घरों में
बहरो-बर में और फ़ज़ा में
दुश्मनों के रास्तों में
दुश्मनों की बस्तियों में
हर नये महाज़ पर
हर महाज़े-जंग पर
एक हज़ार साल तक लड़ेंगे हम
एक हज़ार साल तक लड़ेंगे हम
एक हज़ार साल तक लड़ेंगे हम

12 दिसंबर 1971, लाहौर टी. वी.

26
क़ायदे-आज़म

दुनिया को याद तेरी हिकायत है आज भी
हर एक दिल में तेरी मुहब्बत है आज भी

कानों में गूँजती है अभी तक तेरी सदा
आँखों के सामने तेरी सूरत है आज भी

तेरा कलाम अंजुमन-अफ़रोज़ कल भी था
तेरा कलाम शम्ए-हिदायत है आज भी

तज़ईने-बाग़ तश्ना-ए-तक्मील है अभी
मेरे वतन को तेरी ज़रुरत है आज भी

27
ऐ अर्ज़े-वतन!

तू जन्नत मेरे ख़्वाबों की
तिरी मिट्टी के हर ज़र्रे में
ख़ुश्बू है नये गुलाबों की

तू जन्नत मेरे आबा की
गुलरेज़ है तेरा हर गोशा
ज़रख़ेज़ है तेरी हर वादी

तू दौलत मेरी नस्लों की
तिरे दामन में पोशीदा है
तक़दीर सुनहरी फ़स्लों की

तू साहिल मेरी कश्ती का
हर आन बदलते मौसम में
तू हासिल मेरी खेती का

तू मेहनत है मज़दूरों की
आबादी में, वीरानी में
तू ताक़त है मजबूरों की

तू जन्नत माहीगीरों की
तू सुंदरबन मिरे गीतों का
तू ठंडी रात जज़ीरों की

तू चाँद अँधेरी रातों का
उम्मीद के तन्हा जंगल में
तू जुगनू है बरसातों का

तू सरमाया मिरी ग़ुर्बत का
मैं तेरे दम से ज़िंदा हूँ
तू परचम है मिरी हिम्मत का

तिरे जंगल पर्बत हरे रहें
यहीं रंग रहे तिरी झीलों का
चश्मे पानी से भरे रहें

तिरी माँग जवाँ रहे फूलों से
तिरे नन्हे पौधे हँसते रहें
तिरी गोद भरी रहे झूलों से

तू मेरा लहू, मैं तेरा लहू
तू मेरा शजर, मैं तेरा समर
जो तेरा अदू, वो मेरा अदू

ऐ अर्ज़े-वतन मुझे तेरी क़सम
जब तुझको ज़रूरत हो मेरी
शमशीर बनेगा मेरा क़लम

मैं तेरे लिए फिर आऊँगा
हर अहद में तेरी नस्लों को
ख़ुशियों के गीत सुनाऊँगा

1971, लाहौर टी. वी.

हिस्सा-ए-सोयम

तराजिम (अनुवाद)

28
गीत

उसका दर चिट्टे पानी पर खुलता था
काठ के पुल के आमने-सामने
वहाँ वो नन्ही-मुन्नी सुंदरी
सदा अकेली रहती थी
और उसका कोई यार न था

नज़्म : ते ज़े ये

29
जाड़े की रात

मिरा बिस्तर कैसा सूना है
मैं रातों जागता रहता हूँ
जब ख़ुनकी बढ़ने लगती है
और रैन-पवन लहराती है
ये पर्दे सर-सर करते हैं
सागर-सा शोर मचाते हैं
मैं सोचता हूँ कभी ये लहरें
तिरे पास मुझे फिर ले जायें

नज़्म : चाइन वितनाई

30
पी, फ़ो, जिन

उसके रेशमी फरन की सर-सर अब ख़ामोश है
मरमर की पगडण्डी धूल से अटी हुई है
उसका ख़ाली कमरा कितना ठंडा और सूना है
दरवाज़ों पर गिरे हुए पत्तों के ढेर लगे हैं
उस सुंदरी के ध्यान में बैठे
मैं अपने दुखियारे मन की कैसे धैर बँधाऊँ

नज़्म : वी ती

31
अनहद मुरली शोर मचाया

मुर्शिद ने सब भेद बताये
अक़्लो-होशो-हवास उड़ाये
मदहोशी में होश सिखाकर
मंज़िल का रस्ता दिखलाया
अनहद मुरली शोर मचाया

जल्वा-ए-वहदते-कामिल देखा
नक़्शे-दुई को बातिल देखा
आलम के असरार को समझा
ध्यान, ज्ञान के राज़ को पाया
अनहद मुरली शोर मचाया

नूरे-हक़ायक़ हुआ नुमायाँ
सर्रे-हक़ीक़त हो गये आसाँ
फ़ाश हुआ हर नुक्ता-ए-पिन्हाँ
क़ुर्बो-बाद का फ़र्क़ मिटाया
अनहद मुरली शोर मचाया

सुनकर इस मुरली की बातें
उलझे राज़, अनोखी बातें
भूले सभी सिफ़ातें, ज़ातें
वहदत ने वो रंग जमाया
अनहद मुरली शोर मचाया

तर्जुमा अज़ ख़्वाजा ग़ुलाम फ़रीद, नवंबर 1968
(जश्ने-फ़रीद मुनाक़िदा मुल्तान में पढ़ा गया)

32
ब्रुकलिन घाट को उबूर करते हुए

(1)

ऐ मद के चढ़ते हुए धारे! मैं तुझे देख रहा हूँ - रूबरू!
ऐ मग़रिब के बादलो! ऐ पहर-दो-पहर में डूबने वाले सूरज- मैं तुम्हें भी देख रहा हूँ।
ऐ आम लिबास में मलबूस मर्दो-ज़न के हुजूम! तू मेरे लिए किस क़दर तजस्सुस-अंगेज़ है!
मुसाफ़िर कश्तियों में सवार सैंकड़ों लोग, जो घरों को लौट रहे हैं,
मेरे लिए इस क़दर तजस्सुसअंगेज़ हैं कि आप तसव्वुर भी नहीं कर सकते,
और ऐ वो लोगो! जो आज से बरसों बाद इसी तरह कश्तियों पे सवार होकर एक साहिल से दूसरे साहिल की तरफ़ जाओगे तुम मेरे लिए और भी तजस्सुसअंगेज़ हो और मैं चश्मे-तसव्वुर में तुम्हें अपने सामने इस तरह मुजस्सम पाता हूँ कि तुम अंदाज़ा ही नहीं कर सकते।

* वॉल्ट व्हिटमैन के शे'री मजमुए 'लीव्ज़ आफ़ ग्रास', मतबूआ' 1891-92 से 'क्रासिंग ब्रुकलीन फ़ेरी' का तर्जुमा। 1965 में नासिर काज़मी ने अमेरिकन सेंटर, लाहौर के ईमा पर केनिथ एस. लिन के मुरत्तबकर्दा मज़ामीन के मजमूए' 'दी अमेरिकन सोसाइटी' का तर्जुमा किया, जो उर्दू मरकज़, लाहौर के ज़ेरे-एहतिमाम शाए हुआ। ये और इससे अगली नज़्म इसी किताब 'दी अमिरीकन सोसाइटी' से अख़्ज़ की गयी हैं।

(2)

मैं शबो-रोज़ लम्हा-ब-लम्हा तमाम अशिया-ए-आलम से ग़ैर महसूस तौर पर फ़ैज़ाने-हयात हासिल करता हूँ,
कायनात का निज़ाम किस क़दर सादा, ठोस और मरबूत है, जहाँ मैं जुदा, हर फ़र्द जुदा - फिर भी सब इसी निज़ाम का हिस्सा,
माज़ी और मुस्तक़बिल की जीती-जागती तस्वीरें,
और गलियों में राह चलते हुए, या दरिया को उबूर करते हुए,
मामूली से मामूली मनाज़िर और ख़फ़ीफ़-से-ख़फ़ीफ़ आवाज़ों से पैदा होने वाली जमाली कैफ़ियात मेरे ज़ेहन पे हमेशा के लिए नक़्श हो जाती हैं।
मैं बहते जल की तेज़ धारा में तैरता हुआ कहीं का कहीं निकल जाता हूँ,
ये सब महसूसात मेरे और आने वाले लोगों के दरमियान एक राब्ता क़ायम करते हैं।
वो भी यक़ीनी तौर पर ज़िंदगी, मुहब्बत, बसारत और समाअत जैसी नेमतों से हमारी तरह बहरा-वर होंगे। दूसरे लोग भी इसी घाट के दरवाज़ों में दाख़िल होंगे।
और साहिल-साहिल पार उतरेंगे,

वो भी मद के चढ़ते हुए पानी का नज़ारा देखेंगे।
वो भी मैनहटन के शुमाल और मग़रिब में जहाज़ों को
आते-जाते और इसके जुनूब और मशरिक़ में ब्रुकलिन की पहाड़ियों को देखेंगे।
वो इन छोटे-बड़े जज़ीरों का नज़ारा करेंगे;
निस्फ़ सदी बाद, वो लोग भी इन सब चीज़ों को देखेंगे, जबकि इसी तरह आध-एक घंटे में सूरज डूबने वाला होगा,
आज से एक सदी या कई सदियों के बाद, वो लोग इन चीज़ों को देखेंगे।
और डूबते हुए सूरज, मद के चढ़ते हुए और जज़्र के उतरते हुए पानी के
नज़ारों से इसी तरह लुत्फ़अंदोज़ होंगे

(3)

ज़मानो-मकान की कोई हक़ीक़त नहीं - सब मुसाफ़त सिमटकर रह जाती है,
ऐ आइंदा नस्ल के, बल्कि कई आने वाली नस्लों के ज़नो-मर्द,
मैं भी तुम्हारा हमदम हूँ,
दरिया और आसमान को देखकर जो एहसासात तुम्हारे दिलों में जन्म लेते हैं,
उनसे मैं भी आश्ना हूँ,
जिस तरह तुम में से कोई भी ज़िंदा अंबोह का एक फ़र्द है, इसी तरह मैं भी था,
जिस तरह तुम इस दरिया के रूह-परवर नज़ारे और
बहते हुए पानी की ज़ौ-फ़िशानियों से
ताज़ा-दम होते हो, इसी तरह मेरे दिल में भी तरो-ताज़गी पैदा होती थी,
जिस तरह तुम जंगले पे झुके हुए महसूस करते हो
कि तुम पानी के साथ बहे चले जा रहे हो,
इसी तरह मैं भी खड़ा हो जाता था और
अपने आपको पानी के साथ रवाँ-दवाँ महसूस करता।
मैंने भी इस क़दीम दरिया को बार-बार उबूर किया,
मैं भी साल के आख़िरी महीने में मुर्ग़ाबियों को फ़िज़ा में बहुत बुलंदी पर
यूँ महवे-परवाज़ देखता।
कि उनके जिस्म मुतहर्रिक होते लेकिन पर साकित होते,
मैं इन परिंदों के जिस्म के बाज़ हिस्सों को शोख़ ज़र्दी से रौशन और बाक़ी हिस्सों को गंभीर साये में डूबा हुआ देखता,
ये परिंदे फ़ज़ा में आहिस्ता-आहिस्ता चक्कर काटते रहते और
फिर रफ़्ता-रफ़्ता जुनूब की तरफ़ परवाज़ करने लगते,
मैं मौसमे-गर्मा के नीलगूँ आसमान का अक्स पानी में देखता,

मेरी आँखें किरनों के जगमगाते रास्ते को देखकर चकाचौंध हो जातीं,
सूरज से चमकते पानी में रौशनी की ख़ूबसूरत मरकज़-गुरेज़
लकीरों को अपने सर के इर्द-गिर्द रक़्साँ देखता,
जुनूब और जुनूब मग़रिब की पहाड़ियों पर हल्की-सी धुंद छायी हुई होती,
मैं भी सफ़ेद बादलों को देखता, जिनमें बनफ़्शी रंग की झलक नज़र आती,
मैं भी ख़लीज के निचले हिस्से से जहाज़ों को आते हुए देखता,
ये जहाज़ रफ़्ता-रफ़्ता मेरी तरफ़ बढ़ते चले आते
और मैं उन मुसाफ़िरों को देखता जो मुझसे क़रीब होते,
मैं दो मस्तूलों वाली और एक मस्तूल वाली कश्तियों के
सफ़ेद बादबान और लंगर-अंदाज़ जहाज़ों को देखता,
उनके मल्लाह मस्तूलों, रस्सियों और चप्पुओं पे काम में
जुते हुए नज़र आते या जहाज़ को
उथले पानी से निकालने के लिए चप्पुओं को चलाते हुए साफ़ नज़र आते,
गोल-गोल मस्तूल, हरकत करते हुए जहाज़ और
उन पे साँप की मानिंद बल खाते हुए झंडों को देखता,
छोटी बड़ी दुख़ानी-कश्तियाँ सरगर्मे-सफ़र होतीं
और उनके कप्तान अपनी जगहों पे मुस्तैद दिखायी देते,
मुतहर्रिक जहाज़ के पीछे पानी की एक सफ़ेद लकीर दिखाई देती और उसके पहियों के
घूमने से थरथराहट की आवाज़ सुनायी देती।
तमाम क़ौमों के परचम देखता, जो ग़ुरूबे-आफ़ताब के वक़्त उतार लिये जाते,
शाम के झुटपुटे में लहरों के किनारे सदफ़ की मानिंद नज़र आते,
ऐसा महसूस होता जैसे फ़ितरत के हाथ दरिया से प्याले भर-भर के
निकाल रहे हैं, इन लहरों के सरों
पर रंगीन कलग़ियाँ नज़र नहीं और हर तरफ़ लहरों की आबो-ताब दिखायी देती,
पानी की सत्ह रफ़्ता-रफ़्ता धुँदलके में ग़ायब हो जाती, गोदी के क़रीब पत्थर से बने हुए
माल गोदामों की ख़ाकिस्तरी दीवारें,
दरिया पर सायों का हुजूम, जहाज़ों को खेने वाले बड़े स्टीमर
के दोनों तरफ़ छोटी कश्तियाँ
मसलन ख़ुश्क घास लाने वाली कश्तियाँ, जहाज़ों से सामान उतारने वाली कश्तियाँ,
दरिया के इस पार ढलाई के कारख़ानों की चिमनियों से
बुलंद होने वाले शोले रात की
तारीकी में और भी नुमायाँ हो जाते,

और उनकी खुलती बंद होती सुर्ख़ और ज़र्द रौशन तारीकी के पस-मंज़र में मकानों के बालाई हिस्सों और गलियों के इन हिस्सों में नज़र आती
जहाँ मकानात का सिलसिला मुंक़ता' हो जाता।

(4)

ये सारे मनाज़िर मेरे लिए वैसे ही थे जैसे अब तुम्हारे लिए हैं,
मैंने उन शहरों से और तेज़ बहते हुए शानदार दरियाओं से जी भर के प्यार किया,
जिन मर्दों और औरतों को मैंने देखा मैंने उनसे क़ुर्बत महसूस की,
मुझे दूसरे लोगों का भी क़ुर्ब हासिल होगा - वो लोग जो मुझे देखने के लिए माज़ी में झाँकते हैं, क्योंकि मैंने उन्हें देखने के लिए मुस्तक़बिल में झाँका था,

(वो वक़्त आकर रहेगा, ख़्वाह आज ही शबो-रोज़ के किसी लम्हे में मेरे दिल की धड़कनें बंद हो जायें)

(5)

फिर हमारे दरमियान हदे-फ़ासिल क्या है?
हमारे दरमियान बीसियों या सैंकड़ों साल का वक़्फ़ा क्या हक़ीक़त रखता है?
इसकी हक़ीक़त कुछ भी हो ये हदे-फ़ासिल नहीं बन सकता - मसाफ़त हदे-फ़ासिल नहीं बन सकती, जगह हदे-फ़ासिल नहीं बन सकती,
मैं भी कभी ज़िंदा था और कई पहाड़ियों वाला ब्रुकलिन मेरा था,
मैं भी जज़ीरा मैनहटन के बाज़ारों में घूमा हूँ और उसके चारों तरफ़ बिखरे पानी में नहाया हूँ,
मैंने अपनी ज़ात में यक-ब-यक उभरते हुए अजीबो-ग़रीब सवालों को महसूस किया है।
दिन के वक़्त लोगों के हुजूम में कभी-कभी ये सवाल मेरे ज़ेहन में उभरते,
रात गये घर को लौटते हुए या बिस्तर पे लेटे हुए मैं इन ख़यालात में गुम हो जाता,
मैं हमेशा इन्ही ख़यालात में ग़ल्ताँ-ओ-पेचाँ रहता,
मेरी शनाख़्त भी मेरे वजूद से की जाती थी,
मैं जानता था कि मेरे वजूद से मेरी शनाख़्त होती है और आइंदा भी मेरी ज़ात की शिनाख़्त मेरे वजूद से होगी।

(6)

ये कैफ़ियत सिर्फ़ आपकी ज़ात तक महदूद नहीं है
कि कभी-कभी तारीक ख़यालात आपके ज़ेहन पर छा जाते हैं,
मेरे ज़ेहन पर भी इसी तरह तारीक ख़यालात मुसल्लत होते रहते हैं,
मुझे भी अपनी ज़िंदगी के बेहतरीन अफ़आल लग़्व और मशकूक नज़र आने लगते हैं,
मेरे दिल में रह-रहकर ये सवाल उभरता क्या

मेरे अज़ीम ख़यालात दर-हक़ीक़त बेमानी हैं?
सिर्फ़ आप ही को मालूम नहीं कि शहर की हक़ीक़त क्या है,
मैं भी जानता हूँ कि शर की हक़ीक़त क्या है।
मैं भी मुतज़ाद ख़यालात का शिकार रहा,
मैं बे-तुकी बातें करता, शर्म से चेहरा सुर्ख़ हो जाता,
नफ़रत करता, झूट बोलता, चोरी करता
और कीना-परवरी करता,
मैं अपनी मक्कारी, गुस्सा, शहवत और जिंसी ख़्वाहिशात के बारे में
ज़बान खोलने की जुरअत नहीं कर सकता,
मैं भी मुतलव्विन मिज़ाज, मग़रूर, हरीस,
कम-ज़र्फ़, मक्कार, बुज़दिल और कीना-परवर था,
भेड़िए, साँप और सूअर की ख़बीस आदात की मुझमें कमी नहीं थी,
पुर-फ़रेब नज़रों और लग़्व बातों के आलावा जिंसी ख़्वाहिशात
मेरे दिलो-दिमाग़ पर छायी हुई थीं,
इंकार, नफ़रत, इल्तिवा, कमीनगी और सुस्ती जैसे अनासिर मेरे आमाल में शामिल थे,
मैं सब बातों में नौ-ए-इंसान के साथ बराबर का शरीक था,
उन्ही जैसे दिन गुज़ारता और उन्ही जैसे इत्तिफ़ाक़ी वाक़ियात से दो-चार होता,
जब नौजवान लोग मुझे अपनी तरफ़ आते हुए या
कहीं से गुज़रते हुए देखते तो निहायत
साफ़ और बुलंद आवाज़ में मुझे मेरे ख़ास नाम से पुकारते,
जब मैं खड़ा हो जाता तो वो अपने बाज़ू मेरी गर्दन में
हमाइल कर देते या जब मैं बैठता तो
उनके जिस्म बे-परवाई के अंदाज़ में मेरे जिस्म से मस होते,
मैं अपने कई महबूबों को बाज़ारों, मुसाफ़िर,
कश्तियों या अवामी इजतिमाआत में देखता,
लेकिन उनसे बात न करता,
मैं बाक़ी लोगों की तरह ज़िंदगी गुज़ारता, उन्ही की तरह हँसता,
खेलता, खाता-पीता और नींद
केमज़े लूटता, अपना किरदार अदा करता,
जिससे किसी ऐक्टर या एक्ट्रेस के फ़न का मुज़ाहिरा होता,
वही पुराना किरदार, जिसकी तश्कील ख़ुद हमारे हाथों में है,
इससे ख़्वाह हम इंतिहाई

बुलंदी पर पहुँच जायें, ख़्वाह इंतिहाई पस्ती की तरफ़ चले जायें
या कभी बुलंदी और कभी पस्ती की तरफ़ माइल हों।

(7)

मैंने तुम्हें क़रीब से क़रीब-तर होकर देखा है,
अब तुम जितना मेरे मुतअल्लिक़ ख़याल करते हो,
मैं भी तुम्हारे मुतअल्लिक़ इतना ही सोचता था।
मैंने ये ख़यालात क़ब्ल-अज़-वक़्त ही अपने ज़ेहन में महफ़ूज़ कर लिये थे,
तुमने अभी जन्म भी नहीं लिया था कि मैं घंटों बड़ी संजीदगी से
तुम्हारे ख़यालों में गुम रहता।
किसको मालूम था कि मुझ पर क्या-क्या चीज़ें गहरा असर डालती हैं?
कौन जानता है कि इस क़दर मसाफ़त के बावजूद
मैं तुम्हें अपनी चश्मे-बसीरत से साफ़
देख रहा हूँ हालाँकि तुम मुझे नहीं देख सकते?

(8)

आह, मैनहटन जो जहाज़ों के मस्तूलों से पटा पड़ा है,
क्या मेरे लिए इससे शानदार
और क़ाबिले-तारीफ़ कोई चीज़ हो सकती है?
ये दरिया, ग़ुरूबे-आफ़्ताब का ये मंज़र, मद की उभरती हुई लहरें
जिनके किनारे सदफ़ जैसे हैं?
मुर्ग़ाबियाँ जिनके जिस्म मुतहर्रिक हैं, धुँदलके में ख़ुश्क घास से
लदी हुई कश्तियाँ और
रात गये तक जहाज़ों से सामान उतारने वाली कश्तियाँ?
कौन-से देवता उन लोगों से बढ़कर हो सकते हैं
जो गर्म-जोशी से मेरा हाथ पकड़ते हैं
और जब मैं क़रीब जाता हूँ तो प्यारी आवाज़ में मुझे मेरे ख़ास नाम से पुकारते हैं?
जब किसी औरत या मर्द से मेरी आँखें चार होती हैं तो हमारे बाहमी रब्त से
बढ़कर और किस चीज़ में लताफ़त हो सकती है?
वो कौन-सी चीज़ है जो मेरी ज़ात को तुम्हारे वजूद में मुदग़म करती है
और मेरे ख़यालात को तुम्हारे ख़यालात से हम-आहंग करती है?
हम ख़ुद ही इन ख़यालात का तज्ज़िया कर सकते हैं,
क्या हम इस पर क़ादिर नहीं हैं?

मैंने जिस चीज़ का ज़िक्र किये बग़ैर वादा किया था,
क्या तुमने उसे क़बूल नहीं कर लिया?
क्या ये हक़ीक़त नहीं कि मुताले' से इसका इल्म नहीं हो सकता था
और तब्लीग़ से इसे सर-अंजाम नहीं दिया जा सकता था?

(9)

ऐ दरिया अपनी रवानी से काम रख! मद की हालत में मौजें मारता रह
और जज़्र की हालत में पुर-सुकून होकर चल!
ऐ सदफ़ जैसे किनारे और रंगीन कलग़ी रखने वाली लहरो,
ख़ूब अठखेलियाँ करो!
ऐ ग़ुरूबे-आफ़्ताब के वक़्त के रंगीन बादलो,
अपनी अज़्मत की मुझे भी झलक दिखाते जाओ और
उन मर्दों और औरतों को भी जो आइंदा नस्लों में जनम लेंगे!
ऐ बे-शुमार मुसाफ़िरो, साहिल-साहिल पार उतरते रहो!
मैनहटन के ऊँचे मस्तूलो, अपने सर और बुलंद करो!
ब्रुकलिन की ख़ूबसूरत पहाड़ियो अपने सर और बुलंद करो!
ऐ मेरे शश्दर और जुस्तजू-पसंद दिमाग़!
अपनी सरगर्मियों को तेज़-तर कर दे!
इसी तरह सवालात और जवाबात की उधेड़-बुन में लगा रह!
कायनात के असरार का हल तलाश करने में यूँही सर मारता रह!
ऐ मुहब्बत में सरशार और प्यासी आँखो, यूँ ही घर,
बाज़ार और लोगों के हुजूम को देखती रहो!
ऐ नौजवानों की आवाज़, यूँही मुतरन्निम लहजे में बुलंद होती रहो
और मुझे मेरे ख़ास नाम से पुकारती रहो!
ऐ मेरी देरीना ज़िंदगी, यूँही वो किरदार अदा करती रह
जिससे किसी फ़नकार की अज़्मत ज़ाहिर होती है,
वो पुराना किरदार अदा करती रह,
जिसकी बुलंदी या पस्ती हम सब के दायरा-ए-इख़्तियार में है!
ऐ मेरे अशआर को पढ़ने वालो, ज़रा सोचो तो सही क्या मैं ना-मालूम तरीक़ों से तुम्हें
देख रहा हूँ या नहीं?
पाँव जमा लो, दरिया के ऊपर जंगले पर झुक जाओ,
उन्हें सहारा दो जो बे-परवाई के अंदाज़ में अपने जिस्म को
तुम्हारे जिस्म से मस किये हुए हैं और फिर यूँ महसूस करो जैसे तुम भी

पानी के साथ बहे जा रहे हो,
ऐ समंदरी परिंदो, उड़ते रहो! एक तरफ़ को झुककर
उड़ान जारी रखो या फ़िज़ा की
बुलंदियों में लंबे-लंबे चक्कर काटते रहो!
ऐ आबे-रवाँ, मौसमे-गर्मा के आसमान के
अक्स को अपने सीने में उतार ले और उस वक़्त
तक उसे महफ़ूज़ रख, जब तक नज़ारा करने वालों की
नीचे झुकी हुई आँखें सेर न हो जायें!
ऐ रौशनी की लहरो, सूरज की शुआओं से चमकते पानी में
मेरे अक्स से इसी तरह
मुनअतफ़ होती रहो! ऐ जहाज़ो, ख़लीज के निचले हिस्से से आते रहो!
ऐ सफ़ेद बादबान वाली छोटी-बड़ी कश्तियो!
कभी ऊपर से नीचे और कभी नीचे से ऊपर को चलती रहो!
ऐ तमाम अक़्वाम के क़ौमी परचमो, यूँ ही हवा में लहराते रहो!
हस्बे-मामूल ग़ुरूबे-आफ़्ताब के वक़्त उतरते रहो!
ऐ ढुलाई के कारख़ानों की चिमनियो, अपने शोलों को
यूँ ही फ़ज़ा में बुलंद करती रहो! रात की
तारीकी में अपने सियाह साये डालती रहो!
मकानों के बालाई हिस्सों पे अपनी सुर्ख़
और ज़र्द रौशनी फेंकती रहो!
मौजूदा दौर के और मुस्तक़बिल के मौहूम पैकरो,
अपनी हक़ीक़त ज़ाहिर करते रहो!
तुम रूह के लिए हिजाब का काम देते हो, यूँही रूह पे छाये रहो!
मुहब्बते-इलाही की ख़ुश्बू मेरे लिए और तुम्हारे जिस्मों को
तुम्हारे लिए मुअत्तर करती रहे!
ऐ शहरो, अपनी रौनक़ को और दो-बाला करो!
ऐ वसीअ और भरपूर दरियाओ, तुम्हारे जहाज़ इसी तरह
सामान लाते रहें और तुम इस तरह अपने नज़ारे जारी रखो!
अपनी वुसअत को और ज़्यादा करो, रूह को
ग़िज़ा बहम पहुँचाने के लिए शायद तुमसे बढ़कर कोई चीज़ नहीं,
ऐ फ़ितरत के बे-ज़बान और हसीन मुबल्लिग़ो!
तुमने बहुत अर्से तक इंतिज़ार किया है, तुम

हमेशा इंतिज़ार में महव रहते हो,
हम निहायत गर्मजोशी से तुम्हारा इस्तिक़बाल करते हैं
और हमारे जज़्बात तुम्हारे हक़ में
कभी सर्द नहीं पड़ेंगे,
तुम हमें कभी धोका नहीं दोगे या
हमसे भी किनारा-कशी इख़्तियार नहीं करोगे,
हम तुम्हें अपने काम में लाते हैं,
और तुम्हें भी नज़र-अंदाज नहीं करते - हम तुम्हें
हमेशा के लिए अपने सीनों में महफ़ूज़ रखते हैं,
हम तुम्हारी गहराई को नहीं पा सकते।
हम तुमसे मुहब्बत करते हैं। तुम जामे' कमालात हो,
तुम्हारी बुनियादें अबद पर उस्तुवार हैं,
तुम किसी के लिए बड़े और किसी के लिए छोटे पैमाने पर
रुहानी ग़िज़ा बहम पहुँचाने का सबब हो

*****

33
फ़ौरी तोहफ़ा

इससे पहले कि हम ज़मीन के हों ज़मीन हमारी थी।
सौ साल से ज़ियादा मुद्दत तक वो हमारी थी
इससे पेशतर कि हम उसके बासी बने 'मैसाकोट्स' और 'वर्जीनिया' हमारे थे
लेकिन हम इंग्लिस्तान के थे, नौ-आबाद थे,
हमारे पास वो था जो अभी हमें मिला नहीं था,
हमारे पास मताअ-ए-नायाफ़्त के सिवा कुछ न था।
हम किसी चीज़ को रोके हुए थे जिसने नातवाँ बना दिया
और आख़िरकार हमें एहसास हुआ कि ये हम ख़ुद थे
हम अपने आपको अपनी सरज़मीन से दूर खींचे हुए थे,
फिर अंजाम कार हमने अपने आपको सुपुर्द करने ही में आफ़ियत जानी।
हम जैसे भी थे हमने अपने आपको यकसर सपुर्द कर दिया
(ये तोहफ़ा बहुत-सी जंगों की सूरत में था)
उस सरज़मीन को जो मग़रिब की सिम्त मुबहम तौर पर चली जा रही थी,
उस सरज़मीन को जिसमें न कहानियाँ थीं न फ़न न वुसअत,
जैसी वो थी और जैसी मुस्तक़बिल में होने वाली थी

रोबर्ट फ्रॉस्ट के शेरी मजमुए 'ए वैन्स्तिरी' (मत्बुआ न्यूयार्क, हालिट 1942) से 'दि गिफ़्ट आउट राइट' का तर्जुमा।

हिस्सा-ए-चहारम

नासिर काज़मी की डायरी से

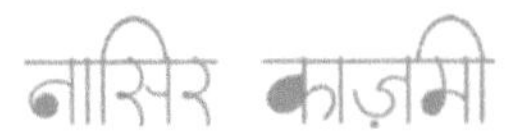

34
हमारे पाक वतन की शान

हमारे पाक वतन की शान
हमारे शेर, दिलेर जवान

ख़ुदा की रहमत इनके साथ
ख़ुदा का हाथ है इनका हाथ

है इनके दम से पाकिस्तान
हमारे शेर, दिलेर जवान

सितारे जुरअत, हिम्मत के
वतन की अज़्मत, शौकत के

अदू की ग़ारत का सामान
हमारे शेर, दिलेर जवान

यक़ीने-मोहकम की तस्वीर
शुजाअत, नुसरत की तफ़सीर

उख़ुव्वत और अमल की जान
हमारे शेर, दिलेर जवान

7 सितम्बर 1965
मौसीक़ी : काले ख़ान
आवाज़ें : सलीम रज़ा, मुनीर हुसैन और साथी

35
हर महाज़े-जंग पर हम लड़ेंगे बेख़तर

हर महाज़े-जंग पर हम लड़ेंगे बेख़तर
वादियों में घाटियों में सर-ब-क़फ़
बादलों के साथ-साथ सफ़-ब-सफ़
दुश्मनों के मोर्चों पे हर तरफ़
हर महाज़े-जंग पर हम लड़ेंगे बेख़तर

बेमिसाल अर्ज़े-पाक के जवाँ
लाज़वाल सरहदों के पासबाँ
बढ़ रहे हैं ख़ाको-ख़ूँ के दरमियाँ
हर महाज़े-जंग पर हम लड़ेंगे बेख़तर

साथियो! बुला रही है ज़िंदगी
ख़ून में नहा रही है ज़िंदगी
मौत को भगा रही है ज़िंदगी
हर महाज़े-जंग पर हम लड़ेंगे बे-ख़तर

डरने वाले हम नहीं हैं जंग से
गाड़ियों से तोप और तुफ़ंग से
डट के हम लड़ेंगे ढंग-ढंग से
हर महाज़े-जंग पर हम लड़ेंगे बेख़तर

मौज-मौज बढ़ रहे हैं लश्करी
लश्करे-ग़नीम में है अबतरी
गूँजने लगी सदा-ए-हैदरी
हर महाज़े-जंग पर हम लड़ेंगे बे-ख़तर

8 सितम्बर 1965
मौसीक़ी : सलीम हुसैन
आवाज़ें : सलीम रज़ा, मुनीर हुसैन और साथी

36
पाक फ़ौज के जवाँ तू है अज़्म का निशाँ

पाक फ़ौज के जवाँ तू है अज़्म का निशाँ
तेरे अज़्म के हुज़ूर सरनिगूँ हैं आसमाँ
तेरे दम से जावेदाँ ज़िंदगी की दास्ताँ
शादमाँ रवाँ-दवाँ
पाक फ़ौज के जवाँ तू है अज़्म का निशाँ

तेरी एक ज़र्ब से कोहसार कट गये
दुश्मनों के मोर्चे हट गये उलट गये
ज़लज़ले पलट गये
पाक फ़ौज के जवाँ तू है अज़्म का निशाँ

हमइनान कहकशाँ पुरफ़िशाँ तिरे जहाज़
हमरिकाबे-आसमाँ तेरी फ़ौजे-तर्क-ताज़
तू है ज़िंदगी का राज़
पाक फ़ौज के जवाँ तू है अज़्म का निशाँ

पानियों की सल्तनत में ज़ौफ़िशाँ तिरे अलम
वक़्त की किताब में तेरा नाम है रक़म
तू है मुल्क का भरम
पाक फ़ौज के जवाँ तू है अज़्म का निशाँ

16 सितम्बर 1965
मौसीक़ी : काले ख़ान
आवाज़ें : सलीम रज़ा, नूर जहाँ बेगम
और साथी

37
पाक अर्ज़े-वतन के जियाले

पाक अर्ज़े-वतन के जियाले
ये जवाँ हैं बड़ी शान वाले

पाक बेबाक इनकी जवानी
जुरअतों, अज़्मतों की निशानी
वक़्त लिखेगा इनकी कहानी
आने वाली सहर के उजाले
ये जवाँ हैं बड़ी शान वाले

इनसे इज़्ज़त हमारे वतन की
इनसे रंगीनियाँ अंजुमन की
ये हैं ख़ुशबू वफ़ा-ए-चमन की
पाक माँओं की गोदी के पाले
ये जवाँ हैं बड़ी शान वाले

माहो-ख़ुर्शीद के हमसफ़र हैं
ये जवाँ फ़ातेहे-बहरो-बर हैं
पाक सरहद पे सीनासिपर हैं
फ़त्ह नुसरत का परचम सँभाले
ये जवाँ हैं बड़ी शान वाले

मेरी आवाज़ की शान हैं ये
मेरे गीतों का अरमान हैं ये
मेरे संगीत की जान हैं ये
मेरी आवाज़ इनके हवाले
ये जवाँ हैं बड़ी शान वाले

18 सित. 1965
मलिका-ए-मौसीक़ी रौशन आरा बेगम

38
चीनी धुन पर

तू ही हमारी जान है तू क़ुव्वते-ईमान है
तू ही हमारी आन है ऐ पाक वतन
तुझसे हमारी शान है

तुझसे हमारी आबरू क़र्या-ब-क़र्या कू-ब-कू
ऐ जानो-दिल की आरज़ू ऐ पाक वतन
तुझसे हमारी शान है

तिरी ज़मीं के पासबाँ शम्सो-क़मर के राज़दाँ
तिरी बहारें जावेदाँ ऐ पाक वतन
तुझसे हमारी शान है

क़ल्बो-नज़र की रौशनी तू है नवेदे-ज़िन्दगी
तू है जलाले-हैदरी ऐ पाक वतन
तुझसे हमारी शान है

01 अक्टूबर 1965
मौसीक़ी : काले ख़ान
तक़रीबन चालीस आवाज़ें

39

अक़ीदतों का सलाम तुझ पर

अक़ीदतों का सलाम तुझ पर
अज़ीज़े-मिल्लत निशाने-हैदर

बजा है ये एहतिराम तेरा
रहेगा ताहश्र नाम तेरा
तिरी शहादत से ऐ सिपाही!
मिली है क़ुरआन को गवाही
अज़ीज़े-मिल्लत निशाने-हैदर

महाज़ पर जागता रहा तू
पहाड़ बनकर डटा रहा तू
वतन को पाइंदा कर गया तू
वफ़ा को फिर ज़िंदा कर गया तू
अज़ीज़े-मिल्लत निशाने-हैदर

सलाम कहता है शहर तुझको
सलाम कहती है नहर तुझको
सलाम कहते हैं तुझको हमदम
सलाम कहता है सब्ज़ परचम
अज़ीज़े-मिल्लत निशाने-हैदर

रहे-वफ़ा का शहीद है तू
नवेदे-सुब्हे-उम्मीद है तू
ये ज़िंदगी जो तुझे मिली है
ये ज़िंदगी रश्के-ज़िंदगी है
अज़ीज़े-मिल्लत निशाने-हैदर

7 अक्टू. 1965, मौसीक़ी : काले ख़ान
आवाज़ें : मुनीर हुसैन और साथी

40

फ़ौजी बैंड

(सिलवर पुलिस लाहौर)

ऐ अर्ज़े-पाक! तू है दार-उल-अमाँ हमारा
दाइम है तेरे दम से नामो-निशाँ हमारा

तू पाक सरज़मीं है तो मंज़िले-यक़ीं है
परचम का तेरे साया है साएबाँ हमारा

दुश्मन न छू सकेंगे अब तेरी सरहदों को
बेदार हो चुका है अब कारवाँ हमारा

तारों की सल्तनत में उड़ते हैं अपने शाहीं
हैरत से देखता है मुँह आसमाँ हमारा

पर्बत की चोटियों पर चमके अलम हमारे
गहरे समंदरों में है आशियाँ हमारा

हर शाख़ इस चमन की शमशीरे-हैदरी है
हमला न सह सकेगी बादे-ख़िज़ाँ हमारा

रोके न रुक सकेगी तेग़े-जिहाद अपनी
थामे न थम सकेगा सैले-रवाँ हमारा

सींचा है ख़ूने-दिल से इन क्यारियों को हमने
ताज़ा रहेगा हरदम ये गुल्सिताँ हमारा

14 अक्टूबर 1965
पेशकश : सिलवर पुलिस लाहौर ,
आवाज़ : सलीम रज़ा

41
तू है दिलों की रौशनी तू है सहर का बाँकपन

तू है दिलों की रौशनी तू है सहर का बाँकपन
तेरी गली-गली की ख़ैर ऐ मिरे दिलरुबा वतन!

फूल हैं तेरे माहताब ज़र्रे हैं तेरे आफ़ताब
तेरे एक रंग में तेरी बहार का शबाब
दाग़े-ख़िज़ाँ से पाक है तेरे चमन का पैरहन
तेरी गली-गली की ख़ैर ऐ मिरे दिलरुबा वतन!

तेरे अलम हैं सरबुलंद अरसा-ए-कारज़ार में
तेरे जवाँ हैं सर-ब-क़फ़ वादी-ओ-कोहसार में
अब्रो-हवा के हमक़दम तेरे दिलेर सफ़-शिकन
तेरी गली-गली की ख़ैर ऐ मिरे दिलरुबा वतन!

तेरी हवाएँ मुश्कबू तेरी फ़ज़ाएँ गुलफ़िशाँ
तेरे सितारा-ओ-हिलाल अज़्मतो-अमन का निशाँ
धूम तिरी नगर-नगर शान तिरी दमन-दमन
तेरी गली-गली की ग़ैर ऐ मिरे दिलरुबा वतन!

9 नवम्बर 1965
बसंत बहार
आवाज़ें : उस्ताद नज़ाकत अली ख़ाँ,
सलामत अली ख़ाँ
तबले पे संगत : शौकत हुसैन

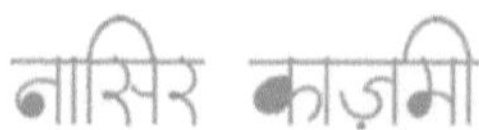

42
मेरे सुर मिरे दिल की सदाएँ तिरे गुण गाएँ

मेरे सुर मिरे दिल की सदाएँ, तिरे गुन गायें
तेरी वफ़ा के गीत सुनाएँ, तिरे गुन गायें

तू ग़ाज़ी तू मर्दे-मैदाँ,
सारी क़ौम है तुझ पे नाज़ाँ
तेरे साथ हैं सबकी दुआएँ, तिरे गुन गायें

तू है अज़्मत पाक वतन की
शान है तुझसे पाक चमन की
पाक चमन की पाक हवाएँ, तिरे गुन गायें

धूम है तेरी आलम-आलम
घर-घर चमका फ़त्ह का परचम
घर-घर में ख़ुशियाँ लहराएँ, तिरे गुन गायें

मेरे सुर-संगीत की कलियाँ
महक रही हैं जिनसे गलियाँ
कैसे-कैसे रूप दिखाएँ, तिरे गुन गायें

10 नवम्बर 1965
कलारती राग
आवाज़ें : उस्ताद नज़ाकत अली ख़ान, सलामत अली ख़ान
तबले पे संगत : शौकत हुसैन

43
ऐ ग़ाज़ियाने-साहिबे-किरदार देखना

ऐ ग़ाज़ियाने-साहिबे-किरदार देखना
बचकर न जाये लश्करे-कुफ़्फ़ार देखना

सारे जहाँ की तुम पे नज़र है बढ़े चलो
हर गाम सू-ए-फ़त्हो-ज़फ़र है बढ़े चलो
ख़ाली न जाये कोई भी अब वार देखना
बचकर न जाए लश्करे-कुफ़्फ़ार देखना

राहे-ख़ुदा में बद्र के अस्हाब की तरह
बढ़ना है तुमको नूह के सैलाब की तरह
करना है आज कुफ़्र को मिस्मार देखना
बचकर न जाये लश्करे-कुफ़्फ़ार देखना

रखना है तुमको मिल्लते-इस्लाम का भरम
शेराना हर महाज़ पे आगे बढ़े क़दम
ईमान पर है कुफ़्र की यलग़ार देखना
बचकर न जाये लश्करे-कुफ़्फ़ार देखना

अल्लाह और रसूल का पैग़ाम है वही
इस्लाम और दुश्मने-इस्लाम है वही
ऐ पैरवाने-हैदरे-कर्रार देखना
बचकर न जाये लश्करे-कुफ़्फ़ार देखना

बारह करोड़ होंठों पे है एक ही सदा
ऐ अर्ज़े-पाक तेरा निगहबान है ख़ुदा
ज़ाहिर हुए हैं फ़त्ह के आसार देखना
बचकर न जाये लश्करे-कुफ़्फ़ार देखना

8 दिसंबर 1971

उस्ताद अमानत अली ख़ाँ, फ़त्ह अली ख़ाँ

44
छाये हैं फ़ज़ाओं पे हवाबाज़ हमारे

छाये हैं फ़ज़ाओं पे हवाबाज़ हमारे
ये क़ौम के शाहीन हैं जुरअत के सितारे

उड़ते हैं ये शाहीं तहे-अफ़्लाक जहाँ तक
इक आग का दरिया नज़र आता है वहाँ तक
मशरिक़ के किनारे कभी मग़रिब के किनारे
छाये हैं फ़िज़ाओं पे हवाबाज़ हमारे

इक जस्त में दुश्मन के नशेमन को जलाया
जो सामने आया उसे इक पल में गिराया
हैं इनके परो-बाल में बिजली के शरारे
छाये हैं फ़ज़ाओं पे हवाबाज़ हमारे

भूले से भी इनके निशाने नहीं चूके
फ़िन्नार किये आन में तय्यारे अदू के
कुछ ढेर किये ख़ाक पे कुछ राह में मारे
छाये हैं फ़ज़ाओं पे हवाबाज़ हमारे

हो अम्न का मौसम तो ये ख़ुश्बू हैं सबा हैं
और जंग में दुश्मन के लिए क़हरे-ख़ुदा हैं
महफ़ूज़ है ये पाक वतन इनके सहारे
छाये हैं फ़ज़ाओं पे हवाबाज़ हमारे

11 दिसंबर 1971

45
इंटर कॉन्टिनेंटल में

रात मिले कुछ यार पुराने इंटर कॉन्टिनेंटल में
याद आये फिर कितने ज़माने इंटर कॉन्टिनेंटल में

कितने रंगा-रंग मुसाफ़िर शाना-ब-शाना रक़्सकुनाँ
छोड़ गये कितने अफ़साने इंटर कॉन्टिनेंटल में

इन हँसते होंठों के पीछे कितने दुख हैं हमसे पूछ
हमने देखे हैं वीराने इंटर कॉन्टिनेंटल में

मैख़्वारों की सफ़ से परे कुछ ऐसे आलीज़र्फ़ भी थे
भर न सके जिनके पैमाने इंटर कॉन्टिनेंटल में

मैं किस कारन पिछले पहर तक तन्हा बैठा रहता हूँ
कौन मिरे इस दर्द को जाने इंटर कॉन्टिनेंटल में

ये क्या हाल बना लाये, ये कैसा रोग लगा लाये
तुम तो गये थे जी बहलाने इंटर कॉन्टिनेंटल में

'नासिर' तुम दुनिया से छुपकर चुपके-चुपके रात गये
क्यों जाते हो जी को जलाने इंटर कॉन्टिनेंटल में

13 जुलाई 1971, लाहौर

इंटर कॉन्टिनेंटल
('होटल पर्ल कॉन्टिनेंटल' का पुराना नाम)

(प्रकाशन वर्ष : 1981)

एक कथा

तआरुफ़

(1)

बक़द्र-ए-शौक़ नहीं ज़र्फ़े-तंगना-ए-ग़ज़ल
कुछ और चाहिए वुसअत मिरे बयाँ के लिए

ग़ालिब का ये शेर अमूमन ग़ज़ल पर नज़्म की बरतरी साबित करने के लिए इस्तिमाल किया जाता है। हालाँकि यहाँ ख़याल और हैअत के नागुज़ीर रिश्ते की बात की गयी है। हर सच्चे फ़नकार के हाँ ख़याल अपनी हैअत का तअय्युन ख़ुद करता है। जो बात नज़्म में कही जा सकती है, वो नज़्म ही में कही जा सकती है। इसी तरह अगर किसी मौज़ू के लिए नॉवेल दरकार है तो कोई भी और सिन्फ़ उसके इज़हार से क़ासिर होगी। 'कुछ और चाहिए वुसअत' से ये वाज़ेह है, कि ग़ज़ल की यकसर नफ़ी मक़सूद नहीं। शौक़ का जो हिस्सा-ए-बयान होने से रह गया है, वो ग़ज़ल में नहीं समोया जा सकता। इसके लिए कोई 'ज़र्फ़' चाहिए। मुख़्तलिफ़ अस्नाफ़े-सुख़न वो इमकानी ज़ुरूफ़ हैं, जिनके ज़रिए ख़यालात इज़हार पा सकते हैं।

नासिर काज़मी बुनियादी तौर पर ग़ज़ल के शायर हैं, लेकिन उन्होंने नज़्में भी लिखीं और मज़ामीन भी और 'सुर की छाया' की सूरत में एक ड्रामा तख़्लीक़ किया। दरअस्ल उनका तमाम तख़्लीक़ सफ़र नये जहानों की जुस्तजू से इबारत था।

सुर की छाया हैअत के एतिबार से ड्रामा है और रूह के एतिबार से शायरी। हर मंज़र गोया किसी नज़्म का बंद है। हर मकालमा क़ाफ़िया रदीफ़ से आज़ाद लेकिन किसी-न-किसी बहर का पाबंद है। हर किरदार शुरू से आख़िर तक एक मख़सूस बहर में गुफ़्तगू करता है। मसलन मरकज़ी किरदार अब्दुल की हर बात इस बहर में है :

फ़इलुन-फ़इलुन-फ़इलुन-फ़इलुन

मंजूम ड्रामे पर अक्सर ये एतिराज़ किया जाता है कि इसकी ज़बान ग़ैर फ़ितरी और मसनूई, और इम्कानात महदूद होते हैं। टी. एस. इलियट इसका जवाब देते हुए कहता है कि हर ज़िंदा और बड़े नस्री ड्रामे के किरदार जो ज़बान बोलते हैं वो आम ज़िंदगी में बोली जाने वाली ज़बान से उतनी ही मुख़्तलिफ़ होती है जितनी कि नज़्म। नज़्म की तरह ये भी बार-बार लिखी गयी होती है। अदीब अपने इर्द-गिर्द बोली जाने वाली ज़बान में से बहुत-कुछ मुस्तरद करता है और जो कुछ चुनता है उसे भी एक ख़ास तर्तीब देता है। इस सिलसिले में कई नये अल्फ़ाज़ तख़्लीक़ करता है। गोया अदब की ज़बान बहुत ज़ियादा निथरी और

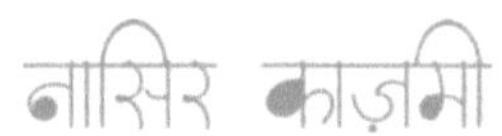

मंझी हुई होती है। शीन ओ. कैसी (Sean O Casey) कहता है कि अगर गली या ड्राइंगरूम में बोला जाने वाला कोई मकालमा हू-ब-हू ड्रामे में शामिल कर दिया जाये तो नतीजा निहायत मज़हकाख़ेज़ और भोंडा होगा। डी. एच. लॉरेंस अदबी कलाम (Art Speech) और रोज़मर्रा बोलचाल (CONTEMPORARY SPEECH) में तफ़रीक़ करते हुए कहता है कि सिर्फ़ अदबी कलाम ही कलाम कहलाने का मुस्तहक़ है(Art Speech is the only speech)।

दुनिया-ए-अदब का मुताला लॉरेंस की इस बात की ताईद करता है। मसलन अगर हम शेक्सपीयर के किसी हमअस्र को पढ़ें तो हैरत होती है कि उसकी ज़बान शेक्सपीयर से कितनी मुख़्तलिफ़ है। उसके हमअस्र हक़ीक़तनिगारी के शौक़ में अपनी हमअस्र ज़बान लिखते रहे। इसीलिए ज़माना बदलने के साथ-साथ उनकी तहरीरें ग़ैर मक़बूल और ग़ैर मारूफ़ होती गयीं। ज़बान तो सदा इर्तिक़ाई मनाज़िल में रहती है। वक़्त की कसौटी पर वही तहरीर पूरी उतरती है जो तख़्लीक़ी हो, अगर इस एतिबार से देखें तो मालूम होगा कि नस्री ड्रामों की नस्र भी ऐसी ही मसनूई होती है जैसी नज़्म या बसूरते-दीगर नज़्म भी ऐसी ही फ़ितरी हो सकती है जैसी कि नस्र। अलबत्ता शायरी को ड्रामे का ज़रिया बनाने के ज़िम्न में इलियट ने एक तंबीह भी कर रखी है। वो कहता है कि अगर शायरी सजावट के लिए एक इज़ाफ़ी सामाने-आराइश के तौर पर इस्तिमाल हो या सिर्फ़ इसलिए कि अदबी ज़ौक़ के लोगों को ड्रामा देखते वक़्त शायरी सुनने का लुत्फ़ भी फ़राहम किया जाये, तो ये बिल्कुल बेजा होगी। उसे महज़ शायरी की ड्रामाई तश्कील होने की बजाय ड्रामाई हैसियत में अपना जवाज़ पेश करना चाहिए। इससे ये नतीजा निकलता है कि ऐसा कोई ड्रामा मंज़ूम नहीं होना चाहिए, जिसके लिए नस्र ड्रामाई तौर पर मौज़ूँ हो।

मज़ूम ड्रामे के हक़ में सबसे बड़ी दलील ये दी जाती है कि नस्र बहुत-से जज़्बात और एहसासात के इज़हार से क़ासिर है। बहुत कम लोग ऐसे होंगे जिन्हें कभी ऐसी सूरते-हाल का सामना न करना पड़ा हो जब हमारे अल्फ़ाज़ माफ़ी-अल-ज़मीर के इज़हार के लिए मायूसकुन हद तक नाकाफ़ी नज़र आते हैं। हर वो शख़्स जिसे भी अपने किसी अज़ीज़ ताज़ियाती ख़त लिखा पड़ा हो इस बात से बख़ूबी वाक़िफ़ होगा। 'हमारी' ज़बान की बेचारगी उस वक़्त भी सद्दे-राह बनती है जब हमारा सामना अज़ीमुलशान हुस्न, कराहतअंगेज़ बदसूरती, शदीद तकलीफ़, ग़ैर-मामूली अच्छाई या ख़ौफ़नाक अय्यारी से होता है। हममें से बेशतर ने देखा होगा; अगर महसूस नहीं किया कि शदीद ग़ुस्से या रंज के आलम में कुछ न कह सकने की बेबसी, दम घुटने की सी कैफ़ीयत पैदा कर देती है और ख़ुशी इतनी बुलंदियों को छू सकती है कि हम अल्फ़ाज़ न मिलने के बाइस रो पड़ते हैं। इस क़िस्म की सूरते-हाल में सिर्फ़ शायरी ही जज़्बे का कुछ इज़हार कर पाती है, क्योंकि शायरी रोज़मर्रा ज़बान की बनिस्बत हमारी दाख़िली सच्चाई के क़रीबतर होती है। पसे-शायरी इंसानी रूह की एक मुस्तक़िल ख़्वाहिश

और ज़रूरत है और ड्रामे का एक फ़ितरी ज़रिया।

(2)

फिर कई लोग नज़र से गुज़रे
फिर कोई शहर-ए-तरब याद आया

ड्रामे का ढाँचा कुछ इस तरह से है कि ज़ियादातर मनाज़िर किरदारों के माज़ी से मुतअल्लिक़ हैं। पहला मंज़र गाड़ी के एक डिब्बे का अंदरूनी मंज़र है। अहमद, फ़य्याज़ और मौलवी साहब बातें कर रहे हैं। मरकज़ी किरदार अब्दुल एक तरफ़ बैठा है। उसका आबाई गाँव सूरजपूर जो अहमद और फ़य्याज़ की मंज़िल है, रास्ते में पड़ता है। वो अब्दुल को नहीं पहचानते मगर उनकी बातें सुनकर अब्दुल उन्हें पहचान जाता है। फ़य्याज़ उसके बचपन का साथी है और अहमद उसके दोस्त अकबर का कारोबार में हिस्सेदार है। अपनी महबूबा नंदी से आख़िरी मुलाक़ात उसकी आँखों में फिर जाती है :

कहाँ हो नंदी ? याद हैं वो दिन ?
जब हम छोटे-छोटे से थे !

———

मैं और हसनी खेल रहे थे !

अगले पाँच मनाज़िर अब्दुल की यादों का हिस्सा हैं। दूसरा मंज़र 24 बरस पहले बचपन का है और बाक़ी चार नौजवानी के दौर के। सातवाँ मंज़र हमें फिर रेल के अंदर ले आता है। अब्दुल खिड़की के पास बैठा सोच रहा है। अहमद और फ़य्याज़ दूसरी तरफ़ बैठे बातें कर रहे हैं । पहले फ़य्याज़ अपने हाफ़िज़े से कुछ बातें बयान करता है और फिर अहमद :

मैंने वो रात देखी है जब आसमान सुर्ख़ था।

अगले पाँच मनाज़िर अहमद की यादों पर मुश्तमिल हैं जो इस तर्तीब से पेश की गयी हैं कि कहानी मुकम्मल तौर पर हमारे सामने आ जाती है। आख़िरी मंज़र फिर रेलगाड़ी का है। रात गहरी हो चुकी है। सूरजपुर बहुत नज़दीक आ चुका है। अहमद और फ़य्याज़ बदस्तूर बातें कर रहे हैं। अब्दुल गहरी सोच में सर झुकाये बैठा है। उसे तरह-तरह के ख़याल आवाज़ें देते हैं। अचानक गाड़ी रुक जाती है। फ़य्याज़ पहली बार अब्दुल से मुख़ातिब होता है।

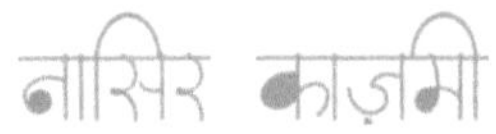

कौन-सा स्टेशन है भाई?
आप यहाँ उतरेंगे साहब?
अहमद : नहीं! ये तो जंगल है!

(3)

कहते हैं कश्मकश ड्रामे की जान है। 'सुर की छाया' में दाख़िली और ख़ारिजी दोनों की तरह की कश्मकश दिखाई देती है। ख़ारिजी कश्मकश फिर दो तरह की है : फ़र्द के ख़िलाफ़ जैसे अब्दुल और बुल्ले की और हसनी और बुल्ले की कश्मकश बल्कि चपक़लश दूसरी, फ़र्द और मुआशरे की बाहमी कश्मकश जिसका शिकार अब्दुल, नंदी और हसनी होते हैं। लेकिन 'सुर की छाया' बुनियादी तौर पर दाख़िली कश्मकश का ड्रामा है। अब्दुल इसका शिकार पहली बार उस वक़्त होता है जब लोग जंगल को आग लगा देते हैं :

न पाये माँदन न जाये रफ़्तन
बोलो नंदी कहाँ छुपी हो ?
बाहर जाऊँ!
लेकिन नंदी
नंदी मर जायेगी अब्दुल

अगले मंज़र में जब अब्दुल छिपता-छुपाता घर आता है और अपने माँ-बाप की गुफ़्तगू सुनता है तो एक नयी कशमकश में फँस जाता है। 'कभी वो बूढ़े माँ-बाप की तरफ़ देखता है कभी बदनामी का डर उसे सताता है। नंदी के बाद वो अब गाँव में ठहरना नहीं चाहता'।

आवाज़ : वो रस्ता है!
रातों रात निकल जा अब्दुल!
अब्दुल : लेकिन ये मेरा घर!
ये मेरे माँ बाप!
कहाँ जाऊँगा?
नंदी! मेरे अरमानों का आख़िरी संगम
आवाज़ : अब इस पेड़ से उड़ जा
इसकी जड़ें अब सूख चुकी हैं

इसके बाद अब्दुल सातवें मंज़र में नज़र आता है। वही पहला, गाड़ी वाला मंज़र। अब

वो एक नयी कश्मकश में मुब्तिला है। सूरजपूर, उसकी मिट्टी, उसका गाँव, रास्ते में पड़ता है :

एक किरन फिर वक़्त की सीढ़ी से उतरी है
लेकिन मैं तो इस धरती में मेरा कोई नहीं है
सात बरस के बाद यहाँ से फिर गुज़रा हूँ
वही पहाड़ और वही नज़ारे!
इस वादी में कैसे उतरूँ!
इस धरती से मेरा नाता टूट चुका है
अपने वक़्त का इक-इक साथी छूट चुका है।

आख़िरी मंज़र में अब्दुल की कश्मकश और ज़ात की तक़सीम अपने उरूज पहुँच जाती है। उसे तरह-तरह के ख़याल आवाज़ें देते हैं और वो बारी-बारी उनका जवाब भी देता है। "आवाज़" की "तजावीज़" या "आरा" के हक़ में या ख़िलाफ़ फ़ैसला भी करता है।

आवाज़ : सूरजपुर उतरोगे अब्दुल?
वहाँ न जाना!
वहाँ तिरा अब कोई नहीं है!
अब्दुल : इस धरती से मेरा नाते टूट चुका है।

———

आवाज़ : तूने नंदी को मारा है!
तूने उसका ख़ून पिया है!
तूने हसनी को मारा है!
तू अपने माँ-बाप का क़ातिल
तू ही बुल्ले का क़ातिल है।
इतने तनदारों का ख़ून तिरी गर्दन पर!
तू ख़ूनी है!
तू क़ातिल है!
अब्दुल : तू झूटा है
नंदी अपनी मौत मरी है
हसनी मेरा जिगरी दोस्त था
आवाज़ : तू बुज़दिल है

तूने सूरजपुर को उजाड़ा!
अब्दुल : तू झूठा है!
तू बुज़दिल है!

इसके अलावा हमें एक और कश्मकश का सुराग़ भी मिलता है। वो है तबक़ाती कश्मकश। छटे मंज़र में अब्दुल की माँ नसीबन, जब अपने बेटे की जान के बारे में मुतफ़क्किर होती है तो निहायत बेबसी और ग़ुस्से के आलम में कहती है :

न हुआ उस वक़्त मेरी माँ का जाया
देख लेती इन ज़मीनदारों का मान
मेरे बेटे को अगर कुछ हो गया तो शीरमे पी लूँगी इनके!

फिर आठवें मंज़र में अहमद चक्की की आवाज़ सुनकर कहता है :

ये आटे की चक्की अभी तक यूँही चल रही है
ये चक्की में क्या पिस रहा है?
मगर गाँव भर में दुहाई मची है कि आटा नहीं
काल है, लोग मर जाएँगे।
लोग भूकों मरे जा रहे हैं

सब नफ़ाख़ोरों की साज़िश है
ग़ल्ले का तोड़ा नहीं
अपने खेतों को देखो!
ज़रा अपनी फ़स्लों को देखो!
हरी हैं, भरी हैं!
मगर ये ज़मींदार, ये काली मंडी के ताजिर!

(4)

सिवाय अब्दुल के सभी किरदार Types हैं । नंदी रवायती महबूबा है जिसके एक तरफ़ आशिक़ की मुहब्बत है और दूसरी तरफ़ घर वालों की इज़्ज़त। महबूब से मिलने की शदीद ख़्वाहिश भी है और ज़ालिम समाज का ज़बरदस्त ख़ौफ़ भी जिसकी नुमाइंदगी उसका भाई बुल्ला और उसके साथी करते हैं। अब्दुल के माँ-बाप रवायती माँ-बाप हैं जिन्हें अपनी

औलाद के दिलों से ज़ियादा लोगों की ज़बानों का ख़याल होता है। अहमद, हसनी और अकबर अफ़सानवी दुनिया के जाँनिसार साथी हैं।

इन सब के बर-अक्स अब्दुल दुनिया-ए-अदब के बेशतर रूमानवी मरकज़ी किरदारों से मुख़्तलिफ़ नज़र आता है। मसलन नंदी को खो देने पर न तो वो फ़रहाद की तरह सर फ़ोड़ता है न मजनूँ की तरह दीवाना हो जाता है, न रोमियो की तरह ज़हर पीता है न वर्थर की तरह अपनी कनपटी में गोली उतारता है। जब जंगल में आग लगती है और नंदी बिछड़ जाती है तो अब्दुल उसे ढूँढ़ने की सरतोड़ कोशिश करता है लेकिन जल्द ही उसे महसूस होने लगता है कि कामयाबी का कोई इम्कान बाक़ी नहीं रहा। उसके अंदर से आवाज़ आती है :

उल्टे पाँव हट जा अब्दुल
नंदी अब न मिलेगी
उसकी क़िस्मत में जलना है
उल्टे पाँव हट जा!

उसका पहला रद्दे-अमल इसके ख़िलाफ़ होता है और बड़ा शदीद :

लेकिन नंदी! उसे अकेला छोड़ के जाऊँ!
नहीं-नहीं मैं जल जाऊँगा!
जल जाऊँगा!
जल जाऊँगा!

लेकिन फिर उसके अंदर का हक़ीक़तपसंद इंसान उसे समझाता है :

आग किसी की मीत नहीं है
अपनी जान बचा ले अब्दुल!
नंदी अब न मिलेगी
अंधी आग का रस्ता छोड़ के रातों-रात निकल जा प्यारे
वो रस्ता है!

और बिल-आख़िर अब्दुल ये मशवरा क़बूल कर लेता है और दिल पर पत्थर रख के वो रस्ता इख़्तियार कर लेता है :

'नासिर' ये वफ़ा नहीं जुनूँ है
अपना भी ना ख़ैरख़्वाह रहना

उसके बाद जब 'आवाज़' उसे क़ाइल कर लेती है कि अब उसके 'पेड़' की जड़ें सूख चुकी हैं उसके 'फल' को अंदर से 'कीड़ों' ने चाट लिया है और अब उसमें कभी 'रस' नहीं पड़ेगा तो वो गाँव छोड़ने का फ़ैसला कर लेता है और कड़वे नीम की टहनी चुन लेता है।

सात बरस गुज़र जाने के बाद भी अगरचे उसे ज़मीर की ख़लिश कभी-कभी तंग करती है लेकिन उसे यक़ीन है कि तो उसने न तो बेवफ़ाई का मुज़ाहिरा किया था न बुज़दिली का। आख़िरी मंज़र में जब 'आवाज़' उसे मलामत का निशाना बनाती है तो वो अपना पूरा-पूरा दिफ़ा करता है।

(5)

रेल के मंज़र के अलावा 'सुर की छाया' के तमाम मनाज़िर सूरजपूर या उसके गिर्दो-नवाह के हैं और सूरजपुर एक गाँव है। चुनांचे हमें हर वो बात नज़र आती है जो देहाती ज़िंदगी और माहौल में पायी जाती है। मसलन मवेशी, कुआँ, रहट, हुक़्क़ा, नदी, मिर्चों के खेत, सरसों की फलची, कीकर, इमली, बढ़, पीपल और नीम के दरख़्त, धूप, छाँव, तंबूरा, इकतारा, नाच-कथा, मेले-ठेले, लोगों की सादगी, क़नाअत, ज़ईफ़ अलएतिक़ादी, क़िस्मत पर यक़ीन वग़ैरह-वग़ैरह। लेकिन सबसे ज़्यादा लायक़े-तवज्जो जानवर और परिंदे हैं। मज़ाफ़ात में पाये जाने वाले तक़रीबन तमाम चौपाये और परिंदे मौजूद हैं और बाज़ तो बाक़ायदा किरदारों की हैसियत रखते हैं। दूसरे मंज़र के आग़ाज़ में किरदारों की फ़ेहरिस्त यूँ है :

पप्पू : (अब्दुल) उम्र- 6 साल
गुट्टी: (हसनी) उम्र- 8 साल
किट्टू - गिलहरी
- बंदर
बुल्ला - सूरजपूर के नंबरदार का लड़का उम्र- 9 साल
नंदी : बुल्ले की बहन उम्र 6 साल

मंज़र के दौरान में किट्टू कीकर के तने पर से बार-बार उतरती है, सड़क के दरमियान तक आती है, फिर बंदरों के डर से या कोई आहट सुनकर लौट जाती है और इस मंज़र का इख़्तिताम इन अल्फ़ाज़ पर होता है : 'बुल्ला नंदी का हाथ पकड़ कर जल्दी से गुज़र जाता है और किट्टू फिर वापिस कीकर के तने पर चढ़ जाती है। बंदर शोर मचाते हैं।

तीसरे मंज़र के किरदारों में घोड़ा और बेल भी शामिल हैं और बाक़ायदा मकालमा भी करते हैं। नाच-कथा में 'बुंदो साज़ छेड़ता है और हसनी नाचने लगता है। हिरनों की एक डार चौकड़ियाँ भरती हुई गुज़र जाती है।'

चौथे मंज़र में अब्दुल सामने एक कीकर के दरख़्त पर गुड़सल को कंकर मारता है, फिर नंदी और अब्दुल के माबैन जो मकालमा होता है उसमें उल्लू, नील कंठ, चूहे, काले नाग, भेड़ों और ऊँटों का ज़िक्र आता है और फ़ाख़्ता तो ख़ासी दर मौज़ूअ-ए-गुफ़्तगू बनी रहती है। सातवें मंज़र में भूख गायें और उनके दूध से ख़ाली थन अब्दुल के ख़याल में आते हैं। आठवें मंज़र में हसनी के गीतों में कूँज, चील, बिल-बतोरियों और चिड़ियों का तज़किरा होता है। अकबर जंगली कबूतरों की कड़ियों की तरफ़ इशारा करता है और बुंदो उल्लू की आवाज़ की तरफ़ तवज्जो मबज़ूल कराता है।

ये परिंदे, जानवर और दरख़्त महज़ परिंदे, जानवर और दरख़्त ही नहीं हैं। जानदार होने की हद तक उनका दर्जा इंसानों से कुछ नज़र नहीं आता। मसलन, सातवें मंज़र में फ़य्याज़ का कहना :

हाँ कुछ ऐसा ही क़िस्सा है
घुड़सवारी खेल नहीं है
अपने पास भी दो घोड़े हैं
मैंने उन्हें बच्चों की तरह से पाला है

या जैसे आठवें मंज़र में हसनी गाता है :

चिड़ियाँ तरसें घूँट को धरती धूल उड़ाये
तुम रहो इस देस में हमसे रहा न जाये

फिर बाज़ को तो आम सत्ह से कुछ बुलंदतर मक़ाम दिया गया है। मसलन चौथे मंज़र में फ़ाख़्ता के बारे में नंदी कहती है :

अम्मी कहती थीं ये इक मुक़द्दस परिंदा है इसको नहीं मारते

और आठवें मंज़र में जब अकबर कबूतरों को मारने की बात करता है तो बुंदो कहता है :

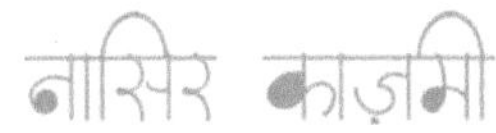

बड़ा ही भोला पंछी है ये, सय्यद इसकी ज़ात
भरे समय मत मारो इसको, मानो मेरी बात

या सातवें मंज़र का ये मकालमा :

फ़य्याज़ : घोड़ा तो बस क़िस्मत वाले को मिलता है
इसके कानों से जन्नत की हवा आती है
इसकी टाप से धरती का दिल काँप उठता है
अहमद : मगर काले घोड़े की क्या बात है
तुमने देखा है शायद वो घोड़ा
वही काला घोड़ा!
वो घोड़ा नहीं आदमी है!

इसके अलावा कुछ को मुबारक या मन्ख़ूस भी गर्दाना गया है। सातवें मंज़र ही में अहमद कहता है :

मिरे पास भी एक चीना है
इसमें बड़ा दम है भाई!
बड़ा ही मुबारक है ये चीना घोड़ा!
मिरे पास जिस दिन से है यूँ समझ लो कि लक्ष्मी आ गयी

आठवें मंज़र में हसनी गाता है :

एक कूँज में ऐसी देखी, अड़े छोड़ के डार
साँझ भये जिस देस में उतरे, वहाँ न हो उजियार

फिर उल्लू की आवाज़ सुनकर बंदर कहता है :

ये बोले जिस गाँव माँ फिर न बसे वो गाँव
यारो अब नइं बोलना यहाँ किसी का नाँव

और घोड़ों की बातें करते हुए अहमद ये कहता है :

बाज़ घोड़ा तो सचमुच ही मख़्सूस होता है

परिंदों और जानवरों के साथ-साथ दरख़्त भी जानदार और बाज़ इंसानी ख़ुसूसियात के हामिल नज़र आते हैं। मसलन चौथे मंज़र में नंदी कहती है :

शाम की ख़ामुशी में दरख़्तों पे कंकर नहीं मारते
शाम को पेड़ आराम करते हैं अब्दुल

और अब्दुल कहता है : वो इमली का दरख़्त अभी तक उसी तरह ख़ामोश खड़ा है। ये दरख़्त उनकी यादों का मुहाफ़िज़ और मुहब्बत का गवाह है। इसके बरअक्स पीपल का ये दरख़्त मुख़ालिफ़ की सूरत में नज़र आता है :

अब्दुल : इस तालाब के पीपल के नज़दीक न जाना!

ये सबकुछ ऐसा बेमानी और बेसबब भी नहीं। जुग़राफ़ियाई हालात इंसानी ज़िंदगी पर बेहद असरअंदाज़ होते हैं। किसी ख़ास क़िस्म के इलाक़े में रहने वाले लोगों की बहुत-सी आसाइशें और मुश्किलें महज़ इस वजह से होती हैं कि वो उस ख़ास इलाक़े में रहते हैं। ये वो हालात होते हैं जिनके होने या न होने पर न सिर्फ़ ये कि इंसान का इख़्तियार बहुत कम होता है, बल्कि ये उसकी मर्ज़ी के ख़िलाफ़ उसकी ज़िंदगी पर असरअंदाज़ हो सकती हैं। इंसान बेपनाह मेहनत और तवज्जो से एक काम करता है मगर कोई मामूली-सा वाक़िआ या हादिसा सब किये-कराये पर पानी फेर देता है।

खीर पकाई जतन से, चर्ख़ा दिया जला
आया कुत्ता खा गया, तू बैठी ढोल बजा

गोया फ़ितरत में इंसान की मुवाफ़िक़ और मुख़ालिफ़ दोनों तरह की क़ुव्वतें कारफ़रमा हैं। मंसूबाबंदी करते वक़्त उनका ख़ास ध्यान रखना चाहिए। फिर यूँ भी होता है कि मुवाफ़िक़ क़ुव्वतें मुख़ालिफ़ क़ुव्वतों में बदल जायें। ऐसा या तो इंसान की अपनी कोताही से या बाहर के हालात में यकदम और बाज़ औक़ात बड़े पैमाने पर तब्दीली आने के बाइस होता है। मसलन, ज़िंदगी करने के लिए 'सूरजपुर' एक मिसाली गाँव था। उम्दा फ़स्लें, सेहतमंद मवेशी , घना जंगल, भरपूर नदी , ग़रज़ जो चाहिए सो था। मगर जैसा कि आख़िरी मंज़र में फ़य्याज़ की ज़बानी पता चलता है :

सात बरस में इस धरती की ऐसी काया पलटी!
पहले जंगल राख हुआ, फिर काल पड़ा
सैलाब तो बस ऐसा आया कि तौबा मेरी!

देहाती माहौल के ज़िम्न में एक और क़ाबिले-तवज्जो बात देहाती ज़बान है। मशरिक़ी पंजाब के शहरों, अंबाला और पटियाला और गिर्दो-नवाह में बोली जाने वाली ज़बान सुर की छाया में कई जगह इस्तिमाल की गयी है। मसलन पहले मंज़र में एक स्टेशन पर मिली-जुली आवाज़ें :

बीरा गड्डी चलने लगी दौड़ के आजा
तेरा टिकस कहाँ है?
छज्जू चाचा मेरा बक्सा खिड़की माँ से फेंक दे जल्दी!
अच्छा अल्लाह बेली बीरा!
हो! चिट्ठी इस्ताबी पाइए।

तीसरे मंज़र में कोरस की आवाज़ :

इस बाँके रे तिर्छे घूँगट माँ तौं सारे जग तै न्यारी दीखे
फिर एक आवाज़ : मत्थे पर झुम्मर लिश्काँ मारे माँग माँ चमकें टूमाँ
दूसरी आवाज़ : सारा गाँव दुहाइयाँ देवे सहर माँ पड़ गयी धूमाँ
फिर औरत का कहना : हट दूर परे कलमुए
तू मेरा जोबन छूए
तेरी अक्खियों माँ डालूँ सूए
कलमूए

बैल और घोड़े का तमामतर मकालमा इसी ज़बान में है। बंदवाज़ अव्वल-ता-आख़िर यही ज़बान बोलता है और हसनी और बुल्ला नवें मंज़र में 'नारी' से और दसवें मंज़र में बुल्ले से हसनी के मकालमे ज़ियादातर इसी ज़बान में हैं।

(6)

उड़ गये शाख़ों से ये कहकर तुयूर
इस गुलिस्ताँ की हवा में ज़हर है

हिजरत 'सुर की छाया' का एक अहम मौज़ू है। नामुवाफ़िक़ हालात में इंसान नक़्ले-मकानी के बारे में सोचने लगता है। जैसे आठवें मंज़र में हसनी कहता है :

चिड़ियाँ तरसें घूँट को, धरती धूल उड़ाये
तुम रहो इस देस में, हमसे रहा न जाये

लेकिन ऐसी सूरते-हाल भी पैदा हो सकती है जब आफ़ियत और बक़ा का वाहिद रास्ता हिजरत ही होता है। छठें मंज़र में आवाज़ कहती है :

वो रस्ता है!
रातों-रात निकल जा अब्दुल!

लेकिन बरसों के रिश्तों को यकदम तोड़ देने का तसव्वुर भी जाँ-काह है।

अब्दुल : लेकिन ये मेरा घर!
ये मेरे माँ बाप!
कहाँ जाऊँगा?

नंदी मेरे अरमानों का आख़िरी संगम! अब 'आवाज़' मुदल्लल तरीक़े से अब्दुल को क़ाइल करने की कोशिश करती है :

अब इस पेड़ से उड़ जा
इसकी जड़ें अब सूख चुकी हैं
इसके फल को अंदर से कीड़ों ने चाट लिया है
हवा चले या पानी बरसे
अब इस फल में रस न पड़ेगा
चाँद की किरनें दस्तक देकर
उल्टे पाँव पलट जायेंगी
छिलका पीला पड़ जायेगा
अब इस पेड़ से उड़ जा
दूर किसी जंगल में डाल बसेरा
कड़वे नीम की टहनी चुन ले

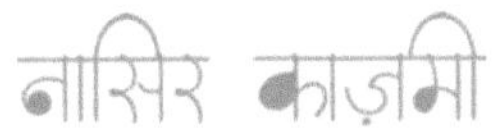

'पेड़' ख़ानदान और घर की अलामत है जिसकी जड़ें (गाँव से रिश्ता) सूख चुकी हैं। इसके फल (मुस्तक़बिल) को कीड़ों ने ऐसे खोखला कर दिया है कि अब किसी 'हवा' या 'पानी' से इसमें 'रस' नहीं पड़ सकता है। 'चाँद की किरनें' हमदर्द और तामीर में मुमिद क़ुव्वतें हैं जो आयेंगी ज़रूर लेकिन मायूस होकर लौट जाएँगी जैसे किसी ला-इलाज मरीज़ को देखकर तबीब। छिलका यानी ज़ाहिरी रूप रफ़्ता-रफ़्ता माँद पड़ जाएगा। चुनाँचे अब अपने गाँव में अब्दुल के जीने का कोई इम्कान बाक़ी नहीं रहा। अब चाहे उसे दूर किसी जंगल में बसेरा डालना पड़े, सूरजपुर से ब-हर-तौर निकलना होगा। फलदार दरख़्त को छोड़ना होगा चाहे आशियाना कड़वे नीम की टहनी पर बनाना पड़े। हक़ीक़त को तस्लीम करना पड़ेगा, अगरचे बड़ी तल्ख़ है।

हिजरत ही के ज़िम्न में ये बात भी सामने आती है कि बाज़ औक़ात इन्फ़िरादी और इज्तिमाई तरक़्क़ी और तामीर के लिए हिजरत ज़रूरी होती है। मसलन, पहले मंज़र में अहमद और फ़य्याज़ का ये मकालमा :

अहमद : (फ़य्याज़ से) आप भी अब नवें शहर में घर बना लें
बड़ी ख़ूबसूरत जगह है
फ़य्याज़ : जी हाँ! अपना इरादा तो पक्का है
फूल गली में पिछले बरस दो क़ितआ-ए-ज़मीन लिए थे।
अब तो नीवें खुदने लगी हैं
अल्लाह को मंज़ूर हुआ तो घर भी जल्दी बन जाएगा!
अहमद : अब तो चारों तरफ़ से वहाँ लोग बसने लगे हैं
नयी तर्ज़ की कोठियाँ बन रही हैं
खुली साफ़ शीशे-सी सड़कें हैं
सड़कों के दोनों तरफ़ संगतरों के दरख़्तों का इक सिलसिला है।

यही अहमद सात बरस पहले (आठवें मंज़र) में नक़्ल-ए-मकानी की आरज़ू करता है, मगर हालात इजाज़त नहीं देते :

चलो शहर में चल के डेरा लगायें
मगर भाई हम तो पनहगीर हैं
शहर में क्या करेंगे?
वहाँ इन दिनों काम मिलना भी मुश्किल है

अपना कोई यार डिप्टी कलेक्टर ही होता
नहीं यार अब तो यहीं मर रहेंगे
इसी गाँव में घर बनायेंगे
अब तो यही थल बसायेंगे

अब यही अहमद 'पुरानी' जगह को छोड़कर 'नवें' शहर में एक बहुत बड़ी हवेली में रहता है। इसके बरअक्स हश्मत, नसीबन और बुल्ला के माँ-बाप जिन्होंने तअस्सुबआमेज़ मुहब्बत की वजह से गाँव छोड़ने से इंकार कर दिया था, सैलाब में बह गये। आख़िरी मंज़र में फ़य्याज़ और अहमद का ये मकालमा उनके रवय्ये पर तब्सिरा करता है :

फ़य्याज़ : हिंदू और मैं कश्ती लेकर सबसे पहले अब्दुल के डेरे में पहुँचे
हश्मत बावा और नसीबन घर से न निकले
अहमद : मैं भी उस रात अकबर को लेकर गया था मगर वो न माने!
अजी ये पुराने ज़माने के बूढ़े किसी की नहीं मानते
ख़ैर अच्छे थे वो लोग!
दुनिया में अब ऐसी शक्लें कहाँ हैं ?

(7)

फिर दर्द ने आग राग छेड़ा
लौट आये वही समय पुराने

आग 'सुर की छाया' की नुमायाँतरीन ख़ुसूसियात में से एक है। कभी ये शदीद गर्मी की शक्ल इख़्तियार करती है, कभी कड़ी धूप की, कहीं नफ़रत का शोला है, कहीं हसद का धुआँ, कभी विसाल की आँच और कभी फ़िराक़ की सोज़िश।

सबसे पहली बात तो ये है कि जिस गाँव की कहानी है वो सूरजपुर है। मौसम गर्मियों का है। पहले मंज़र के आग़ाज़ ही में अहमद फ़य्याज़ से कहता है :

देखिए न उधर किस क़दर धूप है!
आप इधर मेरे नज़दीक आ जायें

फिर थोड़ी ही देर बाद कहता है :

चार दिन कितनी झड़ियाँ लगीं फिर भी गर्मी की शिद्दत वही है!

बातों-बातों में सूरजपुर का ज़िक्र आता है तो सात बरस पुरानी आग और गाँव की बर्बादी का तज़किरा होता है।

अब्दुल सोचता है :
सूरजपूर अब भी न बसेगा
सूरजपूर!... वो आग की नगरी
वो अँधियारी रात.. वो जंगल

चौथे मंज़र में ज़रीना का गाना सुनकर यासमीना कहती है :

अच्छा जी अब मैं समझी!
तू भी जली हुई है

फिर अब्दुल कहता है :

रेत के तारे आग की होली खेल रहे हैं

पाँचवां मंज़र तो है ही 'आग का मंज़र' - सात बरस पहले वाला।

अब्दुल : कैसे भागूँ?
आग-आग-आग
चारों जानिब आग का दरिया
आवाज़ : आग किसी की मीत नहीं है

छठे मंज़र में 'जंगल की आग के शोले अभी तक भड़क रहे हैं।' आठवें मंज़र में 'अलाव की आग भड़क रही है, हसनी गाता है।'

रंग-बिरंगे गिर बड़े, आग के पंखे लगाये
घुप अँधेरी साँझ मा, किसने यहाँ उड़ाये

नवें मंज़र में आग अंदर की आग बन जाती है :

भाँबड़ जले सरीर मा, रंग उछालें नैन

मन दीप जिस रैन मा, यही न हो वो रैन

या हसद की आग :

धरती ऊपर नीला गगन, गगन पे नाचें फूल
उनकी छाया देख के, जाल में जलें भँभूल

मगर कुछ ही देर बाद आग अपनी अस्ल सूरत में सामने आ जाती है।

अहमद : अरे वो उधर आग!

उस आग के पास इक आदमी-ज़ाद

हसनी : धड़-धड़ जले सूखी लकड़ी जिगर-जिगर अंगार
आग की उठती लाट से निकलें सुर्ख़ अनार

ये आग नारी का पर्दा भी हो सकती है और दिफ़ाअ भी :

अग्नि बरन की ओट मा, अपना बदन छुपा
ओ नारी ओ मूर्ख नारी अपना नाँव बता

फिर अज़ाब की शक्ल भी हो सकती है :

नारी : .. ..
बिजली पड़े इन महलों पर, तुम पर पड़ो अंगार

मंज़र जब ख़त्म होता है तो आग के शोले आसमान तक बुलंद हो रहे हैं। दसवें मंज़र में भी 'चारों तरफ़ से जंगल धड़-धड़ जलता है।' फिर जब अहमद पूछता है :

आग किस ने लगाई थी भाई!
मिला कुछ पता?

तो ज़ेहन में ये सवाल भी उभरता है कि फ़साद की जड़ कौन है? अस्ल क़सूर किसका है?

ग्यारहवें मंज़र में आग तामीरी काम के लिए इस्तिमाल हो रही है। यहाँ वो इंसान

की मुतीअ और दोस्त है।

शीशागर : .. ..

ये चिमनी है। चिमनी में ईंधन जलता है।
ईंधन कोले का होता है। लकड़ी और पत्थर का कोला!
ये भट्टी है। भट्टी में शीशा पिघलता है और साँचों में गिरता रहता है।

बारहवें मंज़र में गर्मियों की दोपहर है और 'औरत' का गाना 'आग' से मामूर है :

कंचन रूप दिखाए
सरगम-सा (सारेगामा-सा)
जल में आग लगाए
छमछम नाचे खड़ी दोपहरी
धूप की तानें गहरी-गहरी
सरगम-सा
जल में आग लगाये

और जब अकबर कहता है : हमारे मुफ़्ती गुज़र गये हैं
ये आख़िरी शम'अ रह गई थी

तो आग ठंडक और रौशनी का तअस्सुर लिए हुए है।

(8)

चढ़ते सूरज की अदा को पहचान
डूबते दिन की निदा ग़ौर से सुन

शेर नासिर काज़मी की जिस ग़ज़ल का है, उन्हें इस क़दर पसंद थी कि जब उनके आख़िरी इंटरव्यू में उनसे शेर सुनाने की फ़र्माइश की गयी तो इन्होंने इसका इंतिख़ाब किया। कहा कि- "बाज़ वजूह की बिना पर मुझे पसंद है कि तलूअ-ओ-ग़ुरूब के मनाज़िर हैं। हैरतो-इबरत कि दुनिया में क्या होता है। किस तरह चीज़ें डूबती-उभरती हैं। किस तरह सुब्ह शामें होती हैं।"

इत्तिफ़ाक़ की बात है कि 'सुर की छाया' में भी ये तुलूअ-ओ-ग़ुरूब और चीज़ों का डूबना-उभरना बहुत वाज़ेह तौर पर दिखाई देता है।

रवाँ-दवाँ लिये जाता है वक़्त का धारा

'सुर की छाया' जिसकी इब्तिदा 'किस क़दर धूप' और लोगों से भरपूर बारौनक़ गाँव में होती है। ऐसे मक़ाम पर ख़त्म होती है, जहाँ बेइख़्तियार ये शेर याद आता है :

जंगल में हुई है शाम हमको
बस्ती से चले थे मुँह-अँधेरे

ड्रामे का आग़ाज़ ही इस जुमले से होता है :

'शाम का वक़्त है..'
'वक़्त-ढलता सूरज'

जब फ़य्याज़ पूछता है- "सूरजपूर अब थोड़ी दूर ही होगा?" तो अहमद का जवाब है- "नहीं घर पहुँचते-पहुँचते हमें रात पड़ जायेगी।" थोड़ी देर बाद जब 'गाड़ी एक नन्हे से स्टेशन पर रुक जाती है, तो सूरज डूब रहा है।' फिर मौलवी-साहब बातों-बातों में कहते हैं :

बुतों की चाह गयी, हो बुरा ज़ईफ़ी का
इधर तो पक गये बाल और उधर सिधारे दाँत
अपना दिन डूब चुका बाबा!

यहाँ दिन डूबने के और मानी हैं।

सिर्फ़ दूसरा और तीसरा मंज़र 'दिन चढ़े' का है। चौथा मंज़र फिर शाम का।

अब्दुल नंदी से पहली बात ही करता है :

आओ मैं तुमको घर छोड़ आऊँ
देखो सूरज कितना नीचे उतर गया है।

जब अकबर मिलता है तो उसके जुमले ये हैं :

बड़ी अँधेरी है आज की शाम
आँधी आएगी

अब शाम के साथ-साथ तारीकी और आँधी भी शरीक हो गयी। जब घुड़-सवारों के आने पर गर्द उड़ती हुई दिखाई देती है तो नंदी कहती है :

चलो इस बनी के दरख़्तों में छिप जायें
रात हो गयी है?

पाँचवाँ मंज़र ऐसे शुरू होता है- "अँधेरे जंगल में अब्दुल नंदी को ढूँढ़ता है। ख़ासी रात हो गयी है।" छठे मंज़र का आग़ाज़ ये है- "आधी रात गुज़र चुकी है।" सातवाँ मंज़र फिर रेलगाड़ी का है और पहला जुमला है- "सूरज डूब रहा है।" आठवें मंज़र में भी- "शाम हो रही है"। नवाँ मंज़र... "अँधेरी रात है। सन्नाटा एक हादिसे की तरह फैलता जा रहा है।" दसवें मंज़र में- "रात हो गयी है" अलबत्ता ग्यारहवें मंज़र में सुब्ह का वक़्त है, और बारहवें में गर्मियों की दोपहर है। आख़िरी मंज़र की इब्तिदा "रात हो गयी है" से होती है और इंतिहा :

कोई आवाज़ भी तो नहीं!
कोई बत्ती नहीं!
ये तो जंगल है, सुनसान जंगल!

(9)

हमने महफ़ूज़ किया हुस्ने-बहार
इत्रे-गुल सर्फ़े-ख़िज़ाँ था पहले

नासिर काज़मी से एक बार सवाल किया गया कि आपने शेर क्यों और कैसे कहना शुरू किया तो उन्होंने इसका एक सबब ये बताया कि उन्हें यूँ लगता था कि जो ख़ूबसूरत चीज़ें वो फ़ितरत में देखते हैं, उनके बस में नहीं आतीं; उनकी गिरफ़्त से निकल जाती हैं और हमेशा के लिए चली जाती हैं। जो वक़्त मर जाता है वो दोबारा ज़िंदा नहीं हो सकता। शायरी में ज़िंदा हो सकता है।

देखा जाये तो ये जज़्बा तख़्लीक़ के पीछे कारफ़रमा होता है, ख़्वाह शायरी हो या नस्र, मुसव्विरी और संगतराशी हो या मौसीक़ी। जो लम्हा जितना ख़ूबसूरत और क़ीमती होगा, उसे फैलाने और महफ़ूज़ करने की ख़्वाहिश उतनी ही शदीद होगी। तख़्लीक़कार कामयाब

हो या नाकाम, इस लम्हे की याद न सिर्फ़ बाक़ी रहती है बल्कि तड़पाती रहती है। इस लिहाज़ से हुस्नपरस्ती पर माज़ीपरस्ती का गुमान होना कुछ ऐसा अजब नहीं। हर ड्रामानिगार या नॉवेलनवीस के बारे में कहा जाता है कि वो अपने किरदारों के ज़रिए अपने ख़यालात, यादों और ख़्वाबों की तशहीर करना चाहता है। लेकिन मख़्लूक़ के पर्दे में ख़ालिक़ ख़ुद बोल रहा होता है। ये बात एक हद तक दुरुस्त है। तख़्लीक़ का तख़्लीक़कार से ऐसा ही तअल्लुक़ होता है जैसा फल का दरख़्त से या ख़ुश्बू का फूल से। अगर नासिर काज़मी के एक अच्छे क़ारी को मुसन्निफ़ का नाम बताये बग़ैर 'सुर की छाया' पढ़ने को दी जाये तो वो जल्द ही जान जायेगा कि ये किसकी तख़्लीक़ है। रफ़्तगाँ की याद, हिजरत का तजुर्बा, फ़िराक़, उदासी, फ़ितरत से लगाव, जानवरों और परिंदों से मुहब्बत, सैरो-सियाहत, घुड़सवारी और मौसीक़ी का शौक़ वग़ैरह, नासिर काज़मी की ज़िंदगी और शायरी की चंद नुमायाँ और अहमतरीन ख़ुसूसियात हैं और 'सुर की छाया' में भी इंतिहाई शिद्दत के साथ कारफ़रमा नज़र आती हैं।

'सुर की छाया' महज़ एक पढ़ी जाने वाली मन्ज़ूम कहानी नहीं बल्कि बाक़ायदा स्टेज पर पेश किया जाने वाला ड्रामा है। ये हक़ीक़ी स्टेज और उसके तक़ाज़ों को मद्दे-नज़र रखकर लिखा गया है।

बक़ौल विल्सन नाइट, ड्रामे को काग़ज़ के औराक़ से जीते-जागते स्टेज पर मुंतक़िल करना किसी नाज़ुक फ़र्नीचर या भारी मशीनरी को एक जगह से दूसरी जगह पहुँचाने का-सा अमल है। अगर उसे जूँ का तूँ ले जाया जाये तो टूट-फूट लाज़िमी है। उसके मुख़्तलिफ़ हिस्सों या पुर्ज़ों को अलग-अलग करके एहतियात से ले जाना पड़ेगा और फिर उन्हें जोड़कर दोबारा तश्कील करना होगा। चुनाँचे हिदायतकार ड्रामे को नये सिरे से तख़्लीक़ करने का अहल होना चाहिए। ऐसा भी मुम्किन है जब वो ड्रामे की माबाद अल-तबीआती असास से वाक़िफ़ हो, वो उसे महज़ एक अच्छी कहानी न समझे जिसमें कहीं ड्रामाई सूरतहा-ए-अहवाल हों। उसे चाहिए कि सबसे पहले इंतिहाई तवज्जो से ड्रामे की मुदल्लल ताबीरो-तफ़सीर करे।

तफ़सीलात पर ग़ौरो-फ़िक्र बे-समर साबित होगा जब तक उनमें रिश्ता क़ायम करने वाला वहदानी ख़याल बेनक़ाब न किया जाये। महज़ सत्ह से काम नहीं निकाला जा सकता। बातिनी मआनी में उतरना ज़रूरी है। हम कोई ड्रामा पेश नहीं कर सकते जब तक उसका मुकम्मल अहाता न कर लें और उसे एक वहदत के तौर पर न देखें। इन्फ़िरादी लम्हों की बजाय पूरा ड्रामा नज़र में होना चाहिए। एक सूरते-हाल दूसरी सूरतों की वज़ाहत या अक्कासी करती हुई दिखाई दे। फ़ौरी और लम्हाती तअस्सुर काफ़ी नहीं होता।

"सुर की छाया" की माबाद अल-तबीआती असास क्या है? इसके बातिनी मआनी क्या हैं और वो वहदानी ख़याल क्या है जो इसके अज्ज़ा में एक पायदार रिश्ता क़ायम करता है?

अब्दुल तमाम हस्सास इंसानों का नुमाइंदा है। उसका कर्ब हम सबका कर्ब है। उसकी कहानी हर इंसान की कहानी है। इंसान- जिसे चुनने और मुस्तरद करने पर इख़्तियार है, लेकिन यही इख़्तियार उसकी सबसे बड़ी मजबूरी भी है। कुछ हासिल करने का मतलब बहुत कुछ खो देना भी है। एक तरफ़ देखने के मानी हैं बाक़ी हर तरफ़ से मुँह मोड़ लेना। एक जगह पाँव रखने का मतलब सैकड़ों जगह पाँव न रखना है। फिर जो कुछ हासिल होता है उसे भी तो सबात नहीं। ज़िंदगी हर लहज़ा दस्त-बरदार होते रहने का नाम है। अपनी आरज़ूओं, सलाहियतों और कुव्वतों से, अपने ख़्वाबों, साथियों और प्यारों से;* और बिल-आख़िर कैफ़ीयत इस शेर के मिस्दाक़ हो जाती है-

शिकस्ता-पा राह में खड़ा हूँ, गये दिनों को बुला रहा हूँ
जो क़ाफ़िला मेरा हमसफ़र था, मिसाले-गर्दे-सफ़र गया वो

*सत्रें राक़िम-उल-हुरूफ़ के तवील नस्री ड्रामे "बिसात" के एक मकालमे से अख़्ज़ की गयी हैं। जब ये तआरुफ़ लिखा गया था, उस वक़्त चूँकि "बिसात"शाया न हुआ था (अगरचे ये मुकालमा लिखा जा चुका था) लिहाज़ा इस बात की निशानदेही न की जा सकी।

हाफ़िज़ा इंतिहाई क़ीमती नेमतों में से है, लेकिन ये इतना बड़ा अज़ाब भी बन सकता है कि इंसान इसके छिन जाने की दुआ माँगे। महबूब की याद दिल धड़कने का सबब भी हो सकती है और दम निकलने का बाइस भी। आगही सुकून भी बख़्शती है और एक दाइमी आशोब भी । दूरबीनी शिकस्त को फ़त्ह में भी बदल देती है मगर बाज़ औक़ात जंग से पहले ही हथियार फेंकने का बाइस बन जाती है। दूरअंदेशी अमल के लिए भी मुहर्रिक बनती है और बेअमल को भी जनम देती है। मुस्तक़बिल की फ़िक्र भी तो पैग़ामे-बेदारी बन जाती है और भी ऐसी मायूसी पैदा करती है कि तमाम जद्दो-जहद लाहासिल और बेसमर नज़र आती है। ख़याले-यार कड़ी धूप के सफ़र में सर पर चादर का काम देता है तो शब की तन्हाइयों में काँटों का बिस्तर भी बन जाता है। तो क्या क़नोतियत, यासियत और बेअमली 'सुर की छाया' की असास है? हरगिज़ नहीं? अब्दुल तमाम मुश्किलात, मुख़ालिफ़तों और हादिसों के बावजूद ज़िंदगी को एक नेमत समझता है। वो अगरचे शदीद मुहब्बत करने का अहल है और अपनी महबूबा के साथ जल मरने को भी तैयार हो जाता है लेकिन उसके अंदर का हक़ीक़तपसंद इंसान हमेशा ग़ालिब आ जाता है। उसके ख़्वाब बहुत हसीन और शीरीं हैं, मगर वो दुनिया को उन पर क़ुर्बान नहीं करता :

कुछ आदमी की भी मजबूरियाँ हैं दुनिया में

अरे वो दर्दे-मोहब्बत सही तो क्या मर जायें
नंदी को हासिल करने के लिए वो जान की
बाज़ी लगा देता है लेकिन वो भी जानता है कि :
विसाले-यार फ़क़त आरज़ू की बात नहीं।

अब्दुल की कहानी से एक नतीजा भी निकलता है कि ज़िंदगी से फ़रार की कोशिश दुख और परेशानी का बाइस बनती है। माज़ी में पनाह लेना मुम्किन नहीं। अब्दुल, अहमद और फ़य्याज़ बार-बार यादों की दुनिया में जाते हैं लेकिन जल्द या बदेर हक़ीक़त की दुनिया (गाड़ी) में वापिस आ जाते हैं या यूँ कहा जाये कि उन्हें वापिस आना पड़ता है। आठवें मंज़र में अहमद नामुसाइद हालात के बावजूद शिकस्त मानने से इंकार कर देता है। मायूसी की बातें करते हुए एक नये अज़्म और उम्मीद के साथ कहता है :

इसी गाँव में घर बनाएँगे
अब तो यही थल बसाएँगे

फिर ग्यारहवें मंज़र में जब अकबर इससे कहता है :

तो इतनी जल्दी ही क्या है अहमद?
मेरा तो दिल काँपता है जब भी ख़याल आता है दोस्तों का
ये हिस्से-विस्से की बात छोड़ो!
जो काम करना है करते जाओ!

तो इसका जवाब है :

मैं क़ानून की रौ से कहता हूँ
वर्ना मिरा दिल भी दुखता है
हसनी भी अपना बड़ा यार था
और अब्दुल तुम्हारा बड़ा दोस्त था
बल्कि दोनों तुम्हारे ही साथी
मगर ख़ैर! छोड़ो ये बातें!
ज़रा कंच-घर तो दिखा दो

आख़िरी दो सत्रें इंतिहाई अहम हैं बल्कि ज़ेरे-बहस मौज़ूअ के बारे में फ़ैसलाकुन। बीते हुए हसीन लम्हे किसे अज़ीज़ नहीं होते? मगर कंच-घर (हाल और मुस्तक़बिल) ज़ियादा अहम है। ज़िंदगी माज़ी और मुस्तक़बिल में तवाज़ुन क़ायम करने का नाम है। माज़ी से सबक़ सीख कर कुव्वत हासिल करके मुस्तक़बिल को सँवारना ही ऐने-हयात है।

हर नफ़स शौक़ भी है मंज़िल का
हर क़दम यादे-रफ़्तगाँ भी है

और देखा जाये तो 'बर्गे-नै' का ये शेर सुर की छाया का उनवान बन सकता है। लुत्फ़ की बात ये है कि गाड़ी के सफ़र ने ज़िंदगी के सफ़र को मुजस्सम और मुतहर्रिक शक्ल दे दी है। मुसाफ़िर अपनी मंज़िल पर पहुँचने के लिए भी बेताब हैं और यादों में भी खो-खो जाते हैं। लेकिन जूँ ही माज़ी ग़ालिब आने लगता है, गाड़ी रुक जाती है और वो भी तारीक और सुनसान जंगल में। गाड़ी एक लिहाज़ से तसव्वुर की अलामत भी है जो माज़ी में ज़्यादा दूर निकल जाये तो ग़ैर-फ़आल होकर रह जाता है।

वज्हे-तसकीन भी है ख़याल उसका
हद से बढ़ जाए तो गिराँ भी है

बासिर सुलतान काज़मी
अगस्त, 1981

पहला मंज़र

शाम का वक़्त है। रेल-गाड़ी एक पहाड़ी इलाक़े में फ़र्राटे भरती हुई जा रही है। दरमियाने दर्जे के छोटे से डिब्बे में चंद मुसाफ़िर बैठे हैं। तीन आदमी एक तरफ़ बैठे बातें कर रहे हैं

ज़माना : हिजरत के बाद

वक़्त : ढलता सूरज

किरदार :

फ़य्याज़ : उम्र 37 साल
अहमद : उम्र 41 साल
मौलवी साहब : उम्र 75 साल
तस्वीर हुसैन, मंजन बेचने वाला : उम्र तक़रीबन 40 साल
अब्दुल : उम्र तक़रीबन 30 साल

[सफ़र कर रहा है। रास्ते में उसका गाँव पड़ता है। अहमद और फ़य्याज़, अब्दुल गाँव में रहते हैं, लेकिन वो दोनों अब्दुल से नावाक़िफ़ हैं।]

अहमद : मियाँ ये तो कहने की बातें हैं
कुछ भी नहीं, वहम है।
फ़य्याज़ : बस जी! आपने सौ बातों की एक बात कही है।
आये दिन कहीं जाना, निकलना ही रहता है
नीलकंठ कोई ऐसी चीज़ नहीं
ये दाएँ उड़े या बाएँ
हमने तो भी ध्यान दिया ही नहीं...
अहमद : भला आजकल के ज़माने में
क़िबला! ज़रा सोचिए तो सही!!
मौलवी साहब : तुम मिरी उम्र को पहुँचोगे तो फिर पूछूँगा
तुमने देखा ही अभी क्या है?
फ़य्याज़ : आपने इक दुनिया देखी है
घाट-घाट का पानी पिया है

ठीक है! लेकिन आप ही सोचें क्या ये वहम नहीं है?

अहमद : देखिए ना! उधर किस क़दर धूप है!
आप इधर मेरे नज़दीक आ जायें
काफ़ी जगह है!

फ़य्याज़ : मौलवी साहब आप यहाँ आ जायें?
इस खिड़की के पास ज़रा आराम से बैठें!

मौलवी साहब : तुम मिरा ग़म न करो
मैं जहाँ भी हूँ वहीं अच्छा हूँ

फ़य्याज़ : हज़रत आप तो सचमुच रूठ गये हैं
बहस में ऐसा हो जाता है

मौलवी साहब : अभी लौंडे हो मियाँ बात तो करना सीखो
मैंने तुझसे कई लौंडे देखे!
तेरे अब्बा के भी अब्बा का ज़माना देखा
मैंने तो एक सदी भी देखी है।

फ़य्याज़ : देखिए हज़रत! अब्बा वब्बा रहने दें बस
नहीं तो....

मौलवी साहब : बस मिरे मुँह न लगो
हुँह बड़े आये कहीं के

फ़य्याज़ : देखिए साहब! आप ज़बान सँभाल के बोलें
चिट्टी दाढ़ी की इज़्ज़त करता हूँ वर्ना!
चुपके हो के बैठे रहिए।

मौलवी साहब : मैं कहा चुप रहो बस....

अहमद : चार दिन कितनी झड़ियाँ लगीं फिर भी गर्मी की शिद्दत वही है!

फ़य्याज़ : तौबा मेरी!
दिन है या शैतान की आँत

अहमद : भला क्या बजा है?

फ़य्याज़ : पूरे पाँच बजे हैं

अहमद : कहाँ जाएँगे आप?

फ़य्याज़ : सूरजपुर! बस अगले स्टेशन से आगे

[अब्दुल ज़रा दूर कोने में खिड़की की तरफ़ बैठा है। वो सूरजपुर का नाम सुनते ही

चौंक पड़ता है और फिर किसी ख़याल में खो जाता है।]

अहमद : अरे फिर तो इक साथ उतरेंगे
मैं तो नवें शहर जाऊँगा
फ़य्याज़ : सूरजपूर अब थोड़ी दूर ही होगा!
अहमद : नहीं घर पहुँचते-पहुँचते हमें रात पड़ जाएगी
फ़य्याज़ : आज तो सातवीं रात है ख़ासा चाँदना होगा
ठंडे-ठंडे घर पहुँचेंगे
अहमद : आपको मैंने पहले भी देखा है?
फ़य्याज़ : देखा होगा! नवें शहर में देखा होगा!
मैं भी आपकी सूरत तो पहचान रहा हूँ
कहाँ मिले ये ध्यान नहीं
अहमद : नवें शहर में कुछ महीने हुए मैंने बंगला लिया है
वहाँ मेरे भाई का लड़का है
वो डाक्टर है!
अरे हैं! ये गाड़ी की रफ़्तार को क्या हुआ?

[रेलगाड़ी एक नन्हे से स्टेशन पर रुक जाती है। कुछ मुसाफ़िर रंग-बिरंगे कपड़े पहने एक डिब्बे की तरफ़ तेज़ी से दौड़ते हैं। सूरज डूब रहा है। फेरी वालों और मुसाफ़िरों की मिली-जुली आवाज़ें और इंजन की शाएँ-शाएँ फ़िज़ा को ख़ामोश कर देती है।]

पहली आवाज़ : पान, बीड़ी, सिगरेट
फ़य्याज़ : बीड़ी वाले! ओ मियाँ बीड़ी वाले!
कौन-सा स्टेशन है भाई?
पहली आवाज़ : बाबू जी! ये सय्यदपुर है!
दूसरी आवाज़ : सो-डा - ब-र्फ़ - लेमन सो-डा
फ़य्याज़ : सिगरेट वाले इधर तो आना?
जल्दी! भाग के! गोल्ड फ़्लेक की डिबिया देना
चार पान भी! बाक़ी पैसे वापिस कर दो
ये लो एक रुपया!
(अहमद की तरफ़ देखकर) चाय पियेंगे?

अहमद : नहीं अब तो घर ही पहुँचकर पियेंगे?
मियाँ गाड़ी चलने लगी है
अब अंदर चले आओ!!
आवाज़ें....
बीरा गड्डी चलने लगी दौड़ के आजा
तेरा टिकस कहाँ है?
छज्जू चाचा मेरा बक्सा खिड़की मा ते फेंक दे जल्दी
अच्छा अल्लाह बेली बीरा!
हो! चिट्ठी असताबी पाइए

[गाड़ी छूटती है। फ़य्याज़, अहमद के पास आकर बैठ जाता है। एक मंजन बेचने वाला दो छोटी-छोटी शीशियाँ हाथ में लेकर आवाज़ लगाता है। अब्दुल खिड़की की तरफ़ मुँह किये ख़ामोश बैठा है]

फ़य्याज़ : ये तस्वीर हुसैन यहाँ भी आ धमका है
इसकी बात पर ध्यान न देना
धोखेबाज़ कहीं का....
तस्वीर हुसैन : ऐ दोस्तो लाया हूँ बड़ी दूर से मंजन
दंदाने-मुबारक पे लगा लो मिरा मंजन
"जिसके मुँह से आवे बास, उसकी दारू मेरे पास"
यहाँ ख़रीदो आठ आने में
रेलगाड़ी से बाहर लूँगा एक रूपया!
है कोई भाई आठ आने में!
मौलवी साहब!! आठ आने में
मंजन मेरा सबसे निराला
इसको लेगा दाँतों वाला
मौलवी साहब :"बुतों की चाह गयी, हो बुरा ज़ईफ़ी का
इधर तो पक गए बाल और उधर सिधारे दाँत"
अपना दिन डूब चुका है बाबा
जाओ अब आगे से रस्ता छोड़ो!
उस तरफ़ जाओ हवा आने दो!

तस्वीर हुसैन : जाता हूँ चला जाता हूँ बिगड़ो नहीं बाबा
ऐ दोस्तो लाया हूँ बड़ी दूर से मंजन
दंदाने-मुबारक पे लगा लो मिरा मंजन
फ़य्याज़ : (आहिस्ता से) मैं तो जानूँ ये फड़बाज़ है?
मुफ़्त में आठ आने क्यों खोएँ?
मियाँ आठ आने के सिगरेट पिएँगे!
तस्वीर हुसैन : छिक बाबा पैसा ले जा
छिक बाबा पैसा ले जा
"वज़न बराबर सबको तोल
दारू होवे यूँ अनमोल
ज़ीरा, मिर्चें, सतुवा, सोंठ
कहता उजलाले कर घोंठ
जूँ-जूँ लगावे पावे सुख
तुझ दाँतों का जावे दुख"
आठ आने में! है कोई लेने वाला भाई!
एक आवाज़ : ये लो अठन्नी! एक शीशी दे देना भाई!
दूसरी आवाज़ :एक शीशी इधर को भी लाना!
तस्वीर हुसैन : मंजन मेरा सबसे निराला
इसको लेगा दाँतों वाला
आठ आने में दुनिया लुट गयी
आठ आने में
आप.... जनाब.... आप - और आप..
फ़य्याज़ : लीजिए सिगरेट पीजिए
अहमद : शुक्रिया मैं अभी पी चुका हूँ
(मुख़्तसर-सा वक़्फ़ा)
नवें शहर में आपका घर कहाँ है?
फ़य्याज़ : वहाँ तो अपना कारोबार है
पिछले दिनों ही भाई ने होटल खोला है!
अब अच्छा-ख़ासा चलने लगा है।
सूरजपुर में अपना घर है।
ऊँची मस्जिद से कुछ आगे वो जो अज़्मत मंज़िल है ना!

वही हमारा घर है

अब्दुल : (सोचता है) ये फ़य्याज़ है! अज़्मत मंज़िल वालों का वो मझला लड़का!
ये मेरे बचपन का साथी!

ये अब कितना बदल गया है?

अहमद : कुछ महीने हुए मैंने बस्ती से दो मील पर पाँच एकड़ लिए थे
वो अब्दुल... वही कंच-घर फिर चलाया है हमने!
वही शीशागर मिल गया है
बस अब काम चलने लगा है

फ़य्याज़ : अच्छा-अच्छा अब मैं समझा
आप अकबर के हिस्सेदार हैं?
बड़ा ही नेक इंसान है अकबर

अहमद : तो क्या आप अकबर से वाक़िफ़ हैं?
वो मेरा साथी है

फ़य्याज़ : काम तो अच्छा-ख़ासा है पर कारीगर मिलने मुश्किल हैं

अहमद : अजी अपने क़स्बे में बेकार लोगों का तोड़ा है!
उनको सिखा लेंगे, बस दो महीने का क़िस्सा है
छः साल के बाद इस कंच-घर को चलाया है
मिन्नत से इंजीनियर को मनाया है
क्या आप अब्दुल से वाक़िफ़ हैं?

फ़य्याज़ : मुद्दत गुज़री! बरसों गुज़रे!
मैं तो उसके बाद आया था।
बारह बरस के बाद आया था।
पहले सिंगापुर रहता था
अब्बा जी ने ख़त लिखा था, उनके बुलाने पर आया हूँ
मैं भी अब तो बड़े से काम की सोच रहा हूँ

अब्दुल : (सोचता है) ये अहमद है! अकबर मेरे दोस्त का साथी!
कभी-कभी ये अकबर से मिलने आता था
अकबर मेरा दोस्त मुझे क्या भूल गया है?
अकबर, हसनी दोनों साथी सोचते होंगे!

मैं और नंदी दोनों जल कर..

अहमद : (फ़य्याज़ से) आप भी अब नवें शहर में घर बना लें
बड़ी ख़ूबसूरत जगह है

फ़य्याज़ : जी हाँ! अपना इरादा तो पक्का है
फूल-गली में पिछले बरस दो क़ितआ-ए-ज़मीन लिए थे।
अब तो नीवें खुदने लगी हैं
अल्लाह को मंज़ूर हुआ तो घर भी जल्दी बन जाएगा!

अहमद : अब तो चारों तरफ़ से वहाँ लोग बसने लगे हैं
नयी तर्ज़ की कोठियाँ बन रही हैं
खुली साफ़ शीशे-सी सड़कें हैं
सड़कों के दोनों तरफ़ संगतरों के दरख़्तों का इक सिलसिला है।

फ़य्याज़ : सूरजपुर अब फिर न बसेगा।
आज से सात बरस पहले जब उस जंगल को आग लगी थी
वो दिन अपने गाँव की बर्बादी का दिन था

अहमद : जहाँ कम्मियों के मकाँ थे वहाँ डाकख़ाना बना है

फ़य्याज़ : जी हाँ!अपने देखते-देखते दुनिया कितनी बदल गयी है?
जहाँ वो ईंटों का भट्टा था
जले हुए जंगल के ठुंठ पड़े थे
वहाँ ये शहर बसा है!

अहमद : जहाँ वो पुराना कुआँ था वहाँ बिजली घर बन गया है!

अब्दुल : (नंदी से अपनी आख़िरी मुलाक़ात उसकी आँखों में फिर जाती है)

-- -- -- --

वो दिन याद हैं!
इसी कुएँ पर साँझ-सवेरे खेलने आते
वो मेला... वो नाच-कथा!
फिर चैत का मेला आया... मन भाया। हो आया।

-- -- -- --

सूरजपुर अब फिर न बसेगा
सूरजपुर.. .. वो आग की नगरी!
वो अँधियारी रात - वो जंगल!

.. ..
कहाँ हो नंदी ? याद हैं वो दिन ?
जब हम छोटे-छोटे से थे !

.. ..
मैं और हसनी खेल रहे थे

*****

दूसरा मंज़र

सूरजपुर के ज़मींदार हश्मत का लड़का अब्दुल और उसका मुँह-बोला भाई हसनी दोनों अपने मकान के सहन में खेल रहे हैं।

किरदार :

पप्पू - (अब्दुल) उम्र 6 साल
गुट्टी - (हसनी) उम्र 8 साल
किट्टू - गिलहरी
बुल्ला - सूरजपुर के नंबरदार का लड़का - उम्र 9 साल
नंदी - बुल्ले की बहन - उम्र 6 साल

[पप्पू घर के सहन में से गाता हुआ बाहर डेरे में आ जाता है]

पप्पू : तू चल क़मरी मैं आता हूँ
मैं हीरे-पन्ने लाता हूँ
मैं ठुम-ठुम करता आता हूँ
तू चल क़मरी मैं आता हूँ
आता हूँ!
आता हूँ!

[पप्पू हसनी को आवाज़ देता है]

गुट्टी भैया! दौड़ के आओ!
ये देखो ये क्या है भैया!
गुट्टी :अबे क्या है? क्यों कान खाये हैं?
पप्पू : (बंद मुट्ठी को दूर से दिखाकर आवाज़ देता है)
गुट्टी भैया! एक चीज़ है!
छोटी-सी है!
गुट्टी : (दौड़ता हुआ पप्पू के पास आकर पूछता है)
बता दे न भैया!

मेरे अच्छे भैया नहीं हो?

पप्पू : ना भैया जी तुम ही बूझो!

गुट्टी : ... अधनी है?

पप्पू : ऐसी-वैसी चीज़ नहीं है!

गुट्टी : अबे खोल मुट्ठी!!

पप्पू : पहले हार तो मानो

गुट्टी : भला तुझसे मैं हार मानूँ?
ज़रा अपनी मुट्ठी को सूरज के आगे तो लाना!
बताता हूँ बस मैं अभी बूझता हूँ!
ये शीशे की किरची है?

पप्पू : इतना पता भी इसका सुन लो
खाने में न पीने में
चखने में न सूँघने में
छोटी सी है!
बिल्कुल नन्ही-मुन्नी सी है,
गोरी-चिट्टी बगुले जैसी!

गुट्टी : अबे ओ! ये इल्ली है
कमबख़्त तूने चुराई है

पप्पू : हम नी बताते!
हम नी दिखाते!
तुम ही बूझो!

गुट्टी : अबे तू दिखाता है या मार खाएगा :

पप्पू : पहले मेरा हाथ तो छोड़ो

[पप्पू भागने लगता है]

गुट्टी : (दौड़कर उसे पकड़ लेता है)
अबे सिलखुट्टिये बता दे नहीं तो!

पप्पू : पहले अपनी आँखें मीचो!
किन-मिन कानी कोन-किना
किन-मिन कानी कोन-किना

हत तेरे की देख रहा है!
आजा! आजा! आजा!
अच्छा जी! अब आँखें खोलो

[पप्पू मुट्ठी खोल देता है]

गुट्टी : अरे बस यही चीज़ थी ना!
ये किनकी कहाँ से मिली है?
अरे बाप रे बाप!
पप्पू! वो बंदर इधर आ रहा है!
वो बंदर तुझे काट खाएगा।
पप्पू : क्यों काटेगा?
ये बंदूक़ नहीं देखी क्या?
तेरी ग़ुलेल कहाँ है?
गुट्टी : अरे तू नहीं बाज़ आता!
पप्पू : वो देखो वो किट्टू आयी
आओ उसको पकड़ें भैया

[किट्टू कीकर के तने पर से बार-बार उतरती है। सड़क के दरमियान तक आती है और फिर बंदरों के डर से या कोई आहट सुन कर लौट जाती है]

चरी ट्यू, चरी ट्यू।
चरी ट्यू, चरी ट्यू
ऊ-ऊ! ख़ी-ख़ू! ऊ-ऊ ख़ी-ख़ू
ऊ-ऊ ख़ी-ख़ू ऊ-ऊ ख़ी-ख़ू
गुट्टी : अरे ऊलटौनी कहाँ जा रहा है!
पप्पू : वो किट्टू नहीं आती भैया!
वो हमसे डरती है!

[गुट्टी सड़क की तरफ़ देखकर ज़ोर-ज़ोर से आवाज़ देता है। उसका दोस्त बुल्ला अपनी बहन नंदी के साथ आ रहा है]

गुट्टी : अरे हम यहाँ हैं!
यहाँ आओ! नंदी इधर! हम यहाँ हैं
पप्पू : बुल्ला भी तो साथ है भैया
मैं इससे नहीं बोलूँगा जी!
गुट्टी : अबे चुप रहो वह मिरा दोस्त है।
बुल्ला : हम घर चले हैं गुट्टी!

[बहन को गुस्से में आवाज़ देता है]

नंदी कहाँ चली हो?
ठहरो उधर न जाओ!
पप्पू : देखो नंदी! ये क्या चीज़ है?
किनकी लोगी?
चिट्टी, काली, नीली, पीली
रंग रंग की किनकियाँ हैं ये
बुल्ला : बैठा रह चुपका होकर
आया बड़ा कहीं का
नंदी : ना भैया जी पप्पू जी को कुछ न कहना!
बुल्ला : बकवास मत करो जी!
नंदी : पप्पू जी हम कल आएँगे!
कल छुट्टी का दिन है पप्पू
कल आऊँगी!
पप्पू : ठहरो नंदी! वो देखो वो किट्टू आयी

[बुल्ला नंदी का हाथ पकड़ कर जल्दी से गुज़र जाता है और किट्टू फिर वापिस जा कर कीकर के तने पर चढ़ जाती है। बंदर शोर मचाते हैं]

*****

तीसरा मंज़र

[सूरजपूर और पुराने जंगल के दरमियान एक बहुत बड़ा मैदान है। इस मैदान में चैत का मेला लगा है। ठठ के ठठ आस-पास की बस्तियों से मेला देखने आये हैं। तरह-तरह की दुकानें भी हैं। क़िस्म-क़िस्म के घोड़े और मवेशी मेले में नुमाइश के लिए लाये गये हैं। नाच रंग से सारी बस्ती गूंज रही है]

ज़माना : हिजरत से पहले
वक़्त : दिन चढ़े

किरदार :

कुछ मर्द और औरतें
बुंदो
नंदी
हसनी
अब्दुल
ऊषा
घोड़ा और बैल

[औरतों और मर्दों की एक टोली नाच कथा में डूबी हुई है। अब्दुल, नंदी और हसनी भी इस हुजूम में मौजूद हैं]

कोरस -

फिर चैत का मेला आया
मन भाया
हो आया
फिर चैत का मेला आया

बुंदो : छब सुंदर, गोरे गाल
जोबन पर चमकें लाल
खरा है माल
ज़माना गोरी का

कोरस -

फिर चैत का मेला आया
मन भाया
हो आया

औरत : हट दूर परे कलमूए
तू मेरा जोबन छुए
तेरी अखियों माँ डालूँ सूए
कलमूए

कोरस -

फिर चैत का मेला आया
मन भाया
हो आया
मन भाया

बुंदो : "हम तो तिरे इसक माँ मर गये, तन्ने खेल कटारी दीखे"

कोरस - "इस बाँके रे तिरछे घूँघट मा तूँ सारे जग से न्यारी दीखे।"
एक आवाज़ : मत्थे पर झुम्मर लिश्काँ मारे। माँग मा चमकें टूमाँ
दूसरी आवाज़ : सारा गाँव दुहाइयाँ देवे सहर मा पड़ गयी धूमाँ
बुंदो : जूँ-जूँ गोरी गुस्से होवे मन्ने होर बी प्यारी दीखे
कोरस - इस बाँके रे तिरछे घूँघट माँ तूँ सारे जग से न्यारी दीखे।

[थोड़ी दूर से ढोल और तमाशाइयों की आवाज़ें आ रही हैं]

धनाधन धन
धनाधन धन

नंदी : (अब्दुल से) चलो बैल-घोड़े की देखें लड़ाई

[अब्दुल ज़रा पानी पीने चला जाता है]

हसनी : कभी हमसे भी करो प्यार
अब यूँ न करो इंकार

करो इक़रार
फिर चैत का मेला आया
मन भाया
हो आया

नंदी : चले जाओ हसनी!
कई बार तुमसे कहा है कि मुझसे न बोलो!

अब्दुल : क्या है नंदी! क्या है?
हसनी भैया उधर चलोगे?

ढोल की आवाज़ :
धाना धिन धिन
धिनक धिनक धिन धिन धा
धिनक धिनक धिन धिन धा

[ज़िंदादिल तमाशाइयों का एक हुजूम घोड़े और बैल की लड़ाई देख रहा है। नंदी और अब्दुल भी इस हुजूम में मिल जाते हैं। हसनी एक तरफ़ हुजूम में खो जाता है और अपना दोतारा ज़मीन पर दे मारता है। एक काले घोड़े की पीठ पर सब्ज़ मख़मल का तारो डाला हुआ है। पाँव में झाँझरें हैं। उधर एक नीला बैल है जो गाँव का सब से जवान और ख़ौफ़नाक नारा है। उसके सींगों पर लोहे के ख़ुद चढ़े हुए हैं। कमर पर सुर्ख़ रंग की क़ीमती चादर है। घोड़े पर एक नौजवान सवार है। उसके हाथ में नेज़ा है। घोड़े और बैल के मालिक एक दूसरे को ललकारते हैं। लड़ाई शुरू होती है]

ढोल की आवाज़ :
धाना धिन धिन
धाना धिन धिन
धिनक धिनक धिन धा
धिनक धिनक धिन धा
[घोड़ा और बैल मुक़ाबले में आते हैं]

घोड़ा : (घोड़ा कहे बैल से) मैं हूँ ऐसा घोड़ा
मस्त हो के जब लहर माँ आऊँ
झंझल उठा के पैर उठाऊँ

कई कोस मिनटों मा जाऊँ
दे जवाब ओ बैल तू मेरी बात का!

बैल : साँचे बचन बैल कहे, सुन घोड़े मेरी बात!
ऊँची बोली बोल के, खोल न अपनी ज़ात
मैं हूँ अपनी माँ का नारा, मालिक मेरा किसान
सहरा का लुक़मान
खड़ी दोपहरी हल मा जोते पानी दे न घास
कुंठी आर से फोड़ के करे बदन का नास
हाढ़ी हो कि सावनी सब के किश्त उठाऊँ
फिर भी अपने काम से! कभी न आँख चुराऊँ
दे जवाब तू घोड़े मेरी बात का
घोड़ा : ओ हरिया के नारे अपनी ज़ात पछान!
मिरी टाप से थरथर काँपें बड़े-बड़े बलवान
क्या पंखरो क्या हैवान
मा पर पूत, पिता पर घोड़ा
बहुत नहीं तो थोड़ा-थोड़ा
मैं हूँ बलोची घोड़ा!
मेरे सुमों की घनी गरज से फट जावे धरती की खाल!
बैल : दाँत छुपा के बोल रे अर्जल!
मैं हूँ नादिया बैल!
मेरे आगे से हट जा ओ बे पीरों के पीर
ऐसी टक्कर पलट के मारूँ जान रहे न सरीर
संगी ऐसी घुमा के मारूँ छलनी हो सूरज का थाल
ओ ख़च्चर के लाडे तू क्या जाने मेरी चाल
चंदर-बंसी सूरज-बंसी का है मुझमें ख़ून
घोड़ा : हट जा ओ मलऊन!
बैल : मेरी माँ कुल धरती की माँ, मैं नारों का नारा
मैं धरती का प्यारा
घोड़ा : ओ बछिया के नारे ऊँचा बोल न बोल
बैल : ओ सूरी के जौ!

घोड़ा : हो तिरा हो जा बैल का मुँह
मैं हूँ बलोची घोड़ा
बैल : मैं हूँ नादिया बैल
(लड़ाई शुरू होती है)
धाना धिन धिन
धाना धिन धिन
धिनक धिनक धिन धिन धा
धिनक धिनक धिन धिन धा
धा तिरकट धा
धा तिरकट धा
तिरकट धा
तिरकट धा
धा तिरकट धा
अब्दुल : (नंदी के कान में चुपके-से कहता है) नाच-कथा देखोगी नंदी!
सब इस शोर में खोए हुए हैं
मैं चलता हूँ तुम मिरे पीछे चलती आओ!
[ढोल की आवाज़ तेज़ हो जाती है]
नंदी : मेरे भैया यहाँ आ गये तो....
अब्दुल : नहीं वो इधर क्या करेगा!

[अब्दुल और नंदी नाच-कथा में आ जाते हैं। उनके पीछे-पीछे हसनी भी आता है]

कोरस - फिर चैत का मेला आया
मन भाया
हो आया
हसनी : (नंदी को कहता है)
ख़िल्क़त नाचे पी के भंग
तुम भी नाचो मेरे संग
नंदी : नहीं मैं न नाचूँगी!
अब्दुल : नाचो नंदी! ये मेला हर-रोज़ नहीं होता है नंदी!
नंदी : नहीं मैं न नाचूँगी अब्दुल!

नहीं मैं नाचूँगी!

बुंदो : (हसनी को कहता है)

नाच रे भय्यन नाच
ऊषा के संग नाच
ख़ूब रहेगा ऊषा और हसनी का जोड़ा
इस मेलन में नारी का क्या तोड़ा

[ऊषा और बुंदो हसनी को मुस्कुरा कर देखते हैं]

हसनी : राधे बिन क्या नाचे नचैया मंडल भयो उदास
सब नर-नारी मेलन देखे मैं देखूँ आकास

ऊषा : मैं तेरी राधा हूँ मोहन मैं नाचूँ तू गा!
मधुर बाँसुरी छेड़ के मन की जोत जगा

[बुंदो साज़ छेड़ता है और हसनी नाचने लगता है। हिरनों की एक डार चौकड़ियाँ भरती हुई क़रीब से गुज़र जाती है]

हसनी : बीना बाजे तना-नोम तना-नोम
झाँझन बोले छन
ना धिन-धिन ना ढोलक बोले मधुर-मधुर बजे बीन
बहुत बड़ी सरकार है तेरी सय्यद क़ुतुबउद्दीन
बीना बाजे तना-नोम तना-नोम
झाँझन बोले छन
आइओ री सजनी चैतन मेलन
समय दिखावे मीठे सपनन
तोड़-ताड़ के छोटे दर्पन
धूमन-शाह का नाँव रटे मन
ललित, फेरवीं, शंकरा, ऐमन
आइयो री सजनी चैतन मेलन
बीना बाजे तना-नोम तना-नोम
झाँझन बोले छन

कोरस - फिर चैत का मेला आया

मन भाया
हो आया
फिर चैत का मेला आया

बुंदो : देखो जी जोरा-जोरी
इक चौदह बरस की छोरी
मिले हम से चोरी-चोरी
हो गोरी

कोरस - फिर चैत का मेला आया
मन भाया
हो आया
फिर चैत का मेला आया

एक नौजवान : मिरा नाम मनोहर लाल
मिरी चाँदी की सुख-पाल
कर दूँगा माला-माल
गुरू घंटाल

कोरस - फिर चैत का मेला आया
मन भाया
हो आया
फिर चैत का मेला आया

ऊषा : बजे ढोलक और मिर्दंग
दोतारा और मुँह-चंग
तुम गाओ हमारे संग
बहादुर-जंग

कोरस - फिर चैत का मेला आया
मन भाया
हो आया
फिर चैत का मेला आया

*****

चौथा मंज़र

[अब्दुल गाँव की लड़कियों को बढ़ के एक घने दरख़्त के पीछे छुपकर देख रहा है। उसके ख़ाकी घोड़े की लगाम उसके हाथ में है]

मक़ाम : सूरजपूर के बाहर मैदान में
किरदार : नंदी, यासमीना, ज़रीना, अब्दुल, अकबर

नंदी : कुएँ में ना झाँको!
यहाँ साँप रहते हैं
यासमीना : तेरा तो सर फिरा है!
नंदी : नहीं यासमीना ये सबसे पुराना कुआँ है
यहाँ अब के सावन में भैया ने दो साँप मारे थे
कमबख़्त फनीयर थे!
यासमीना : साँप और इस कुएँ पर!
नंदी : (झुँझलाकर)
वो खेतों में क्या है ?
वो घोड़े पे कौन आ रहा है?
यासमीना : होगा कोई तुम्हें क्या?
नंदी : चलो आओ देखें तो वो कौन है ?
यासमीना : हसनी है मैं तो जानूँ!
नंदी : अरी चुप रहो! उसमें हिम्मत है इतनी!
ज़रीना : (गुनगुनाने लगती है)
बहता सागर छोड़ के काहे लयो बनबास
बिरहन बदरी उड़ी अकेली दूर भयो आकास
साजन बिन जी ना लगे बिरहन गावे जोग
नगरी-नगरी फिरे अकेली पत्थर मारें लोग
यासमीना : अच्छा जी अब मैं समझी!
तू भी जली हुई है!
नंदी : बड़ी पारसा है ना तू!
जानती हूँ!

बता कौन था वो जो मेले में सुख-पाल लाया था?
अब बोलती क्यों नहीं ?
कैसी चुपकी खड़ी है ?

[यासमीना,नंदी और ज़रीना एक दूसरे को देखकर मुस्कुराती हैं और गाने लगती हैं]

यासमीना : माँ री माँ मैं चौदह बरस की
(सब मिलकर) : सोलह बरस का था - छोरा रांगड़ का
सोलह बरस का था - छोरा रांगड़ का
मुझे बुलावे था - छोरा रांगड़ का

(वक़्फ़ा)

[अब्दुल घोड़े पर सवार होकर सामने आता है। ज़रीना और यासमीना डर कर एक तरफ़ हो जाती हैं और नंदी अकेली रह जाती है]

अब्दुल : आओ मैं तुमको घर छोड़ आऊँ
देखो! सूरज कितना नीचे उतर गया है?
नंदी : (ज़रा घबराकर)
नहीं जी! चले जाओ!
अब्दुल : ठहरो नंदी!
नंदी : अम्मी कहती थीं ग़ैर आदमी से नहीं बात करते!
अब्दुल : वो दिन याद हैं!
इसी कुएँ पर साँझ सवेरे-खेलने आते!
वो इमली का दरख़्त अभी तक उसी तरह ख़ामोश खड़ा है!
आओ गटारे तोड़ें!!
मैं इमली पर चढ़ जाता हूँ
तुम पल्ला फैलाओ!
वो देखो! वो रेत पे बुढ़ियाँ दौड़ रही हैं!
आओ उनके पीछे भागें!
उसने फिर कश्ती के लंगर खोल दिये हैं।
कश्ती चलने लगी है!
पानी की आवाज़ सुनी है तुमने ?

[अब्दुल सामने एक कीकर के दरख़्त पे गुड़सल को कंकर मार कर उड़ा देता है]

नंदी : (उँगली में अंगूठी को फिराने लगती है)

शाम की ख़ामुशी में दरख़्तों पे कंकर नहीं मारते
शाम को पेड़ आराम करते हैं अब्दुल!
ये रोने की आवाज़ किसकी है ?

अब्दुल : चरवाही भेड़ों को हाँक रही है!

नंदी : (घबराकर) नहीं ये तो उल्लू की आवाज़ है!
झाड़ियों में कहीं कोई चूहा छुपा है!

[ज़मीन की तरफ़ देखकर चौंक पड़ती है]

अरे मैं तो डर ही गयी थी!
ये घोड़े का सुम है!
ये इतना बड़ा क़ाफ़िला किस तरफ़ जा रहा है!

अब्दुल : बेचारे ओड हैं, ख़ाना-ब-दोश हैं
नगरी-नगरी आवारा फिरते रहते हैं
मींह-बुंदी हो, आँधी हो, चमकीला दिन हो, काली रात हो
रस्ते ही में पड़े रहते हैं
आदमी दिन भर मज़दूरी करते रहते हैं
औरतें अपने बच्चों को गोदी में लेकर
घास-फूस और ढीकर चुनती रहती हैं
ऊँटों और भेड़ों के दूध को शहर में जाकर बेचती हैं

नंदी : मैं कहती हूँ कोई यहाँ आ गया तो!!

अब्दुल : (ख़ाना-ब-दोशों के क़ाफ़िले की तरफ़ देखते हुए)
ये धरती अब सारे बंधन तोड़ चुकी है
अब ये क़बीला जाग रहा है
भेड़ों को ललकार रहा है
या ये भेड़ें दूध न देंगी
या फिर इनके थन पर थैली चढ़ न सकेगी
वो देखो! वो रंग-बिरंगे ज़र्रे
भूरे-भूरे नीले-नीले पत्थर
रेत के तारे आग की होली खेल रहे हैं

पीली किरनें कीकर की सीढ़ी से उतर रही हैं
काले नाग सुनहरी जीब निकाले
गुल-कुंजों में नाच रहे हैं

नंदी : हवा कितनी ख़ामोश है!
फ़ाख़्ता रेत के नर्म बिस्तर पे चुपचाप बैठी है
नदी है नदी का पानी है, पानी की आवाज़ है
फ़ाख़्ता बहते पानी के शीशे में अपने ही रूपक को तकती है
लहरें उछलती हैं और बैठ जाती हैं

अब्दुल : उसके नन्हे पंजे देखो
रेशम के लच्छों की तरह बारीक, मुलायम
उसके पर और उसकी चोंच को ग़ौर से देखो
जब ये अपनी चोंच को रेत पे घिसती है
तो सारा जंगल गाता है...
तुम क्या सोच रही हो?

नंदी : नहीं कुछ नहीं बावली हो गयी हूँ!

अब्दुल : सोच रहा हूँ हम यूँ कब तक
हम यूँ कब तक... तुम ही सोचो! हम यूँ कब तक!

नंदी : चलो अब यहाँ से चलें!

अब्दुल : फ़ाख़्ता उड़कर डाल पे जा बैठी है
वो देखो फिर नीचे उतर गयी है!
उसकी चोंच में क्या है?

नंदी : वो सरसों की फलची है!

अब्दुल : नीलकंठ का पर है शायद!

नंदी : ये उड़ती नहीं - आओ उसको उड़ायें!

अब्दुल : वो दिन याद हैं!
मकतब से जब छुट्टी मिलती
हम सब लड़के छोटे छोटे कंकर चुनते
फ़ाख़्ता जूँ ही सामने आती
सब हमजोली अपनी-अपनी ग़ुलेल चलाते

नंदी : (घबराकर) अम्मी कहती थीं ये इक मुक़द्दस परिंदा है
इसको नहीं मारते!

एक दिन मेरे भैया को अम्मी ने मारा था
वो फ़ाख़्ता मार लाया था
.. ..
अरे वो सुना तुमने?

अब्दुल : (हैरत से) क्या है नंदी? क्या है?

नंदी : रेलगाड़ी है!
देखो वो क्या शय झलक मारती है!
वो घोड़े पे कौन आ रहा है?

अब्दुल : अकबर! अकबर अपना दोस्त है नंदी!

[अकबर उन दोनों के क़रीब आकर घोड़ा रोक लेता है]

अकबर : सलाम भैया! मज़े में हो, ख़ूब कट रही है!
मिलोगे डेरे में!
रात को तुम ज़रूर आना!

[अकबर चलने लगता है]

अब्दुल : अकबर भैया! ठहरो अकबर! बात तो सुनते जाओ।
हसनी कहीं मिले तो कहना रात को डेरे में आ जाये

अकबर : मैं कंच-घर जा रहा हूँ अब्दुल
तुम्हारा पैग़ाम भेज दूँगा!
बड़ी अँधेरी है आज की शाम
आँधी आएगी!

[अकबर घोड़े को एड़ लगाकर हवा हो जाता है]

अब्दुल : अकबर भी क्या सोचता होगा?
हसनी ने भी कई दिनों से मिलना छोड़ दिया है

नंदी : उधर गर्द-सी उड़ रही है

अब्दुल : रेत उड़ती है कुछ भी नहीं है

नंदी : नहीं वो इधर आ रहे हैं!

चलो इस बनी के दरख़्तों में छिप जायें!
रात हो गयी है!

अब्दुल : डरो नहीं मैं साथ हूँ नंदी
उस तालाब के पीपल के नज़दीक न जाना
ठहरो नंदी मैं भी आया!!

*****

पाँचवाँ मंज़र

[अँधेरे जंगल में अब्दुल नंदी को ढूँढ़ता है] लेकिन नंदी का कोई निशान नहीं मिलता। अब्दुल थक-हारकर एक घने दरख़्त के तने के सहारे हैरान खड़ा हो जाता है। ख़ासी रात हो गयी है। वह नंदी के ख़याल में खो जाता है।]

अब्दुल : ठहरो नंदी
ठहरो नंदी कहाँ चली हो ?
रस्ता भूल न जाना
नंदी : कुएँ में न झाँको
अब्दुल : वो देखो वो रेत पे बुढ़ियाँ दौड़ रही हैं
अकबर : मैं कंच-घर जा रहा हूँ अब्दुल!
तुम्हारा पैग़ाम भेज दूँगा
बड़ी अँधेरी है आज की शाम
आँधी आएगी!
नंदी: उधर गर्द-सी उड़ रही है
चलो उस बनी के दरख़्तों में छिप जायें
रात हो गयी है

[इतने में लोगों का शोर सुनाई देता है और वो जंगल को आग लगा देते हैं]

अब्दुल : कमबख़्तों ने चारों तरफ़ से घेर लिया है
कैसे भागूँ?
आग-आग-आग
चारों जानिब आग का दरिया
कहाँ हो नंदी?
बोलो नंदी कहाँ छुपी हो!
बाहर जाऊँ!
लेकिन नंदी!
नंदी मर जाएगी अब्दुल!
एक आवाज़ : उल्टे पाँव पलट जा अब्दुल!

नंदी अब न मिलेगी
उसकी क़िस्मत में जलना है
उल्टे पाँव पलट जा!

अब्दुल : लेकिन नंदी! उसे अकेला छोड़ के जाऊँ!
नहीं-नहीं! मैं जल जाऊँगा!
जल जाऊँगा!
जल जाऊँगा!

आवाज़ : आग किसी की मीत नहीं है
अपनी जान बचा ले अब्दुल
नंदी अब न मिलेगी
अंधी आग का रस्ता छोड़ के रातों रात निकल जा प्यारे
वो रस्ता है!
अब आवाज़ न देना अब्दुल!
नंदी अब आवाज़ न देगी!
वो रस्ता है!
इस रस्ते से दरिया के उस पार उतर जा!
आग के मुँह पर आँखें नहीं हैं
आग है अंधी
आग है बहरी!
अपनी जान बचा ले अब्दुल
वो रस्ता है!!

*****

छठा मंज़र

[आधी रात गुज़र चुकी है। जंगल की आग के शोले अभी तक भड़क रहे हैं । गाँव भर में शोर बरपा है। अब्दुल वीरान रस्तों में गिरता-पड़ता, छुपता-छुपाता घर आता है और तवीले में से अपने बाप के कमरे में झाँकता है। अब्दुल के माँ-बाप आपस में गुफ़्तगू कर रहे हैं]

किरदार :

नसीबन- अब्दुल की माँ (उम्र- 60 साल)
हश्मत- अब्दुल का बाप (उम्र- 70 साल)

[अब्दुल खिड़की में से सब माजरा देख रहा है]

हश्मत : तो क्या ये बे-हुई है?
गाँव वाले बावले हैं?
नसीबन : इन हवेली वालों के कीड़े पड़ें
हफ़्त-रंगन ने मिरे लौंडे को पागल कर दिया
हश्मत : ग़ज़ब है! क़हर है जी!
इस बुढ़ापे में ये दिन भी देखना था
मैं तो इस जीने से भर पाया हूँ यारब
तू उठा ले अब मुझे जल्दी उठा ले
इस बुढ़ापे में ये सदमा कोई दुश्मन भी न देखे
नसीबन : मेरे अल्लाह लुट गयी मैं
पूत काहे को जना था, साँप था
तुमको इस दिन के लिए पाला था अब्दुल!
वाह बेटा! तुमने अपने ख़ानदाँ का नाम रौशन कर दिया
बाप दादा के ज़माने का ये जंगल एक दम में फूँक डाला
हश्मत : कभी हम पर भी आयी थी जवानी ?
नसीबन : न हुआ इस वक़्त मेरी माँ का जाया
देख लेती इन ज़मींदारों का मान
मेरे बेटे को अगर कुछ हो गया तो शीरमे पी लूँगी इनके!

हश्मत : अजी बस चुप रहो तुम!
तुम न बोलो!
तुम्हारे प्यार ने खोया है उसको
नसीबन : कोई इस दीदे-फटी को पूछने वाला नहीं
क्यों गयी थी वो हकारा?
वो कुएँ पर क्यों गई थी?

[अब्दुल सब बातें सुन रहा है। कभी वो बूढ़े माँ-बाप की तरफ़ देखता है और भी बदनामी का डर उसे सताता है। नंदी के बाद वो अब गाँव में ठहरना नहीं चाहता]

आवाज़ : वो रस्ता है!
रातों रात निकल जा अब्दुल!
अब्दुल : लेकिन ये मेरा घर!
ये मेरे माँ-बाप!
कहाँ जाऊँगा!
नंदी! मेरे अरमानों का आख़िरी संगम!
आवाज़ : अब इस पेड़ से उड़ जा
इसकी जड़ें अब सूख चुकी हैं
इसके फल को अंदर से कीड़ों ने चाट लिया है
हवा चले या पानी बरसे
अब इस फल में रस न पड़ेगा
चाँद की किरनें दस्तक देकर
उल्टे पाँव पलट जायेंगी
छिलका पीला पड़ जायेगा
अब इस पेड़ से उड़ जा
दूर किसी जंगल में डाल बसेरा
कड़वे नीम की टहनी चुन ले

*****

सातवाँ मंज़र

[सूरज डूब रहा है। गाड़ी पूरी रफ़्तार से चल रही है। अब्दुल खिड़की की तरफ़ बैठा सोच रहा है। गाड़ी कभी कभी सुरंग में से या किसी पुल पर से गुज़रती है तो वो चौंक पड़ता है। अहमद और फ़य्याज़ दूसरी तरफ़ बातें कर रहे हैं।]

किरदार : अब्दुल, अहमद, फ़य्याज़

अब्दुल : (खिड़की के बाहर चीज़ों को देखकर सोचता है)
रंग बिरंगे ज़र्रे, भूरे-भूरे पत्थर
पीली किरनें कीकर की सीढ़ी से उतर रही हैं
काले नाग सुनहरी जीब निकाले!...
.. ..
ख़ुश्क पहाड़ों की चोटी पर
आड़ी-तिरछी काली ज़र्द लकीरें!....
पत्थर के सीने से चश्मे फूट रहे हैं
कहीं-कहीं हरियाली भी है
भूकी गायें - उनके थनों में दूध नहीं है
वो क्या चीज़ है!!
वही दरा है
साँझ से पहले इस पर ताले पड़ जाते हैं
कौन अब उसकी मोहरें तोड़े!
.. ..
ये धरती अब सारे बंधन तोड़ चुकी है
एक क़बीला जाग रहा है
भेड़ों को ललकार रहा है
एक किरन फिर वक़्त की सीढ़ी से उतरी है
लेकिन मैं तो - इस धरती में मेरा कोई नहीं है
सात बरस के बाद यहाँ से फिर गुज़रा हूँ
वही पहाड़ और वही नज़ारे
इस वादी में कैसे उतरूँ!

इस धरती से मेरा नाता टूट चुका है
अपने वक़्त का इक-इक साथी छूट चुका है
.. ..
अहमद : (फ़य्याज़ से)
वो खिड़की का शीशा उठा दो
मिरे भाई बाहर हवा चल रही है

फ़य्याज़ : ज़रा गिलास तो भरना भाई!
प्यास लगी है - सारा दिन में कितने गिलास उंडेल चुका हूँ
ये शीशे की सुराही तुमने कहाँ से ली है ?
ये माल तो बाहर का लगता है मुझको

अहमद : ये सब अपने ही कंच-घर में बनी हैं
कभी आप आयें तो बाहर की सनअतगरी भूल जायें

फ़य्याज़ : पानी तो ख़ासा ठंडा है!
आप पिएँगे ?

अहमद : बहुत पी चुका हूँ।
मैं गर्मी में पानी ज़रा कम ही पीता हूँ

फ़य्याज़ : वो देखो खिड़की से बाहर
नुक़रे पर इक लड़का सरपट दौड़ रहा है!

अहमद : चाल तो ख़ूब चलता है
लेकिन सवार उसका बिल्कुल अनाड़ी ही लगता है

फ़य्याज़ : हाँ कुछ ऐसा ही क़िस्सा है
घुड़सवारी खेल नहीं है
अपने पास भी दो घोड़े हैं
मैंने उन्हें बच्चों की तरह से पाला है......

अहमद : मिरे पास भी इक चीना है
उसमें बड़ा दम है भाई!
बड़ा ही मुबारक है ये चीना घोड़ा
मिरे पास जिस दिन से है यूँ समझ लो कि बस लक्ष्मी आ गयी

फ़य्याज़ : ये भी वहम है
अगले वक़्तों के लोगों की ख़ुशफ़हमी है

अहमद : पुरानी हवेली के घोड़े - मगर वो तो उजड़ी पड़ी है

फ़य्याज़ : हश्मत का डेरा भी अब सुनसान पड़ा है

अहमद : बाज़ घोड़ा तो सचमुच ही मनहूस होता है
फ़य्याज़ : हमने अपनी सारी उम्र में रंग-रंग के घोड़े पाले
चम्बा, नक़रा, ख़ाकी, चीना, काला और कमैत
घोड़ा तो बस क़िस्मत वाले को मिलता है
इसके कानों से जन्नत की हवा आती है
इसकी टाप से धरती का दिल काँप उठता है
अहमद : मगर काले घोड़े की क्या बात है!
तुमने देखा है शायद वो घोड़ा
वही काला घोड़ा!
वो घोड़ा नहीं आदमी है!
फ़य्याज़ : इस ख़ित्ते का कौन-सा घोड़ा मुझसे छिपा हुआ है
उसमें कोई गुण होता तो मैं कब छोड़ने वाला था
जी वो तो फ़ौज का कंडम माल है
देखने में तस्वीर है लेकिन नाकारा है
वो घोड़ा तो बड़ा ख़ूँख़्वार है!
अहमद : तुम्हें याद होगा कि घोड़ों के मेले में पिछले बरस
गाँव के चौधरी जी ने ललकार के शर्त बाँधी
कि इस काले घोड़े पे जो भी सवारी करेगा
ये घोड़ा उसी को मिलेगा
तुम्हें याद है ना! कि अकबर से पतले, छरेरे बदन
का जवाँ उसको इक आन में ले उड़ा था
अरे ये पनहगीर लड़का तो आफ़त का पुतला है
देखो तो भोला-सा मासूम-सा है
मगर वो गुणी है!
फ़य्याज़ : गुनी-वुनी तो क्या है बस क़िस्मत का धनी है
अहमद : अब तो अकबर ने मोना से शादी भी कर ली है
अच्छे घराने की लड़की है!
फ़य्याज़ : लेकिन उसमें एक ही खोट है
नये ज़माने की लड़की है
कॉलेज तक तो ठीक है लेकिन
वो तो खुले बंदों बेपर्दा फिरती है

ये सब बातें अपने को तो खलती हैं
मियाँ हम तो पुराने लोग हैं
अहमद : अजी अब तो नक़्शा ही कुछ और है
वो ज़माना गया ये नयी रौशनी है
वो नंदी भी थी - आग में जल-बुझी
फ़य्याज़ : वो बे-चारी ज़िंदा रहकर भी क्या करती?
उसकी क़िस्मत में जल मरना ही लिखा था
अहमद : तो वो आग किस ने लगायी थी?
अब्दुल ने - नंदी के भाई ने - हसनी ने!
फ़य्याज़ : मियाँ जितने मुँह उतनी ही बातें
सुना यही है!
अल्लाह जाने तह में क्या है?
अहमद : ये सारे ज़मींदार ऐसे ही हैं
लोग कहते हैं जंगल इन्होंने जलाया
मगर गाँव वालों को नंदी के भाई पे शक है
भला आप उस दिन कहाँ थे
फ़य्याज़ : मैं इस रोज़ वहीं था
अपने गाँव में था, बस खाना खाने ही बैठा था
इतने में इक शोर-सा उठा
मैं समझा कि साथ के गाँव ने हल्ला बोल दिया है
नंगे बदन घोड़े पे अलाना चढ़ के निकला
इससे पूछा, उससे पूछा
काली रात और तेज़ हवा थी
तीन कोस से आग की लाटें चमक रही थीं
डेरे वाले भरे तमंचे और बंदूक़ें लेकर निकले
घोड़े सवार मशालें लेकर भाग रहे थे
अहमद : तअज्जुब है अब्दुल कहाँ था?
वो नंदी तो जल ही गयी थी!
तुम्हें तो ख़बर है!
फ़य्याज़ : आग के बहते दरियाओं में
उसकी चीख़ें हमने सुनी हैं

हमने लाख पुकारा
आवाज़ें दीं
लेकिन कोई न बोला!

अहमद : मैंने वो रात देखी है जब आसमाँ सुर्ख़ था!

आठवाँ मंज़र

[मिर्चों के खेत में हसनी, बुंदो और अहमद रहट के मुढ पर बैठे हुक़्क़ा पी रहे हैं। शाम हो रही है। रहट चल रहा है।]

किरदार : हसनी, बुंदो, अहमद, अकबर, कुछ देहाती, बुल्ला

रहट की आवाज़ : चीन मचीना, चीन मचीना, चीन मचीना, खेत
चीन मचीना, चीन मचीना, चीन मचीना, खेत
बारह टाली हेठ
बारह गए परदेस मा बारह फेर भी आवेंगे
चीन मचीना, चीन मचीना, चीन मचीना, खेत
बारह टाली हेठ
बारह टाली हेठ

[हसनी रहट के मुढ पर बैठा तंबूरा बजा रहा है। बुंदो और अहमद हुक़्क़ा पी रहे हैं। अलाव की आग भड़क रही है]

हसनी : साँझ भए इक ढेर पे, अंधा साधू रोय
हमने नगरी छोड़ दी, हमें न छेड़े कोय
बुंदो : साधू जी अब उठ भी जाओ, तार-तंबूरा छोड़
बरस रही असमान से, कालिक ताबड़-तोड़
हसनी : पच्छम देस के नील मा, डूबन लागा भान
उसकी रेखा देख के, डोल गयी मिरी जान
साँझ उड़ा के ले गयी, सूरजपुर का रूप
क्या जाने किस देस में, उतरेगी ये धूप ?
बुंदो : धूप गयी परदेस मा, कल्ली रह गयी छाँव
मरघट दीखे गाँव ले, तू रब का नाँव
हसनी : सुध-बुध है मुझे धूप की, ना मैं जानूँ छाँव
ना मिरा ठौर-ठिकाना कोई, ना मिरा कोई गाँव
बुंदो : ठंडी-ठंडी रेत पे, जलने लागे पाँव

काली रैना सर पे खड़ी, चलो चलें अब गाँव

अहमद : नहीं बुंदो भैया तंबूरा तो सुन लें!
भला साज़ संगीत को छोड़कर कौन जाये!
कभी-न-कभी आज फ़ुर्सत मिली है
अरे और कुछ देर बैठो
ज़रा सुर की देवी के जी भर के दर्शन तो कर लें!
ये दुनिया के धंदे तो चलते रहेंगे

हसनी : रुत बदली आँधी चली, सूखन लागे पात
रंग-बिरंगी डालियाँ, रोवें मल-मल हात

बुंदो : हाय रे मार दिया, खोये दिया हम नूँ
तू पक्का गुनकार है भैया

अहमद : भाई जादू वही है जो सर चढ़ के बोले
अरे ये कविराज हैं!
इनके गीतों में संसार-संगीत है
फिर कहो ना! वो क्या बोल थे?
ध्यान किस ओर पलटा?
वो लोग और वो नक़्शे जिन्हें भूल बैठे थे हम
आज फिर सामने आ गये हैं
वो देस अब जो परदेस है
आज फिर उसकी मिट्टी की ख़ुश्बू लवें दे उठी है
वो क़स्बे वो गलियाँ वो रस्ते वो घर
जो खुले छोड़ आये थे हम
आज फिर ज़ेहन में फिर रहे हैं
सुनाते रहो भाई!
हम आज डेरे न जाएँगे!

हसनी : एक कूँज मैं ऐसी देखी, उड़े छोड़ के डार
साँझ भये जिस देस में उतरे, वहाँ न हो उजियार

[हसनी तंबूरा बजा रहा है कि अकबर घोड़े पर आता दिखायी देता है। अकबर घोड़े से उतर जाता है]

अकबर : सलाम करता हूँ!

हैं ये क्या हो गया है तुझको?
मैं सुब्ह से तुझको ढूँढ़ता फिर रहा हूँ प्यारे!
वो कंच-घर तेरी जान को रो रहा है हसनी!
उधर वो अब्दुल है जाने किस रोग में फँसा है ?
ये काम कैसे चलेगा प्यारे

बुंदो : अकबर भैया! अब्दुल की कुछ खैर-खबर है ?

अकबर : बड़े मज़े में है शाहज़ादा!
अभी मिला था
अरे वो क्या है
वो देखो आकाश पर वो क्या है?

हसनी : आगे-पीछे भागते तारे!

बुंदो : एक-दो-तीन, और चार-पाँच!
वो छः और वो सात!
रंग-बिरंगे गरबड़े आग के पंख लगाये
घुप अँधेरी साँझ मा किसने यहाँ उड़ाये?

अकबर : न जाने किस देस से उड़े हैं ?
न जाने किस देस में गिरेंगे ?

हसनी : जाने किसका ब्याह रचा है इतने चोखे रंग
बुर्ज चढ़े आकाश पर अरमानों के संग
ऐसे रंग गुलाल में, क्या अपना मन खोये
जाने उसकी ओट में कोई जलता होये ?

बुंदो : कैसे बोल बिचारो हसनी देख के प्यार का झुमका ?
क्या कहना है तुम का ?

हसनी : ढोर हँकाते फेर मा कैसी करे बिचार ?
बुंदो तू है जमा गँवारू तू क्या जाने प्यार ?

[दूर से कंच-घर के सायरन की आवाज़ सुनायी देती है। सन्नाटा और फैल जाता है। कंच-घर के मज़दूर और कारीगर दूर से एक रस्ते पर तेज़ी से जाते हुए नज़र आते हैं]

अकबर : सुनाओ क्या हाल है मिरे दोस्तो तुम्हारा?

बुंदो : इतने दिनों माँ सकल दिखायी

अच्छे तो हो मेरे भाई?

अकबर : ख़ुदा के फ़ज़्लो-करम से अच्छी गुज़र रही है!
सुनाओ अहमद तुम्हारा क्या हाल है?
कहो कैसी कट रही है ?

अहमद : इनायत है बस आपकी!
आओ कुछ देर बैठो! ये हुक़्क़ा अभी भर के रखा है
हुक़्क़ा तो पीते हो तुम भी!
अरे आज हसनी ने वो रंग बाँधा कि बस!
यार इसके गले में क़यामत की मुरकी है
घुँघरु का खटका है!
ज़ालिम ने कोयल की आवाज़ पायी है

अकबर : (खेतों की तरफ़ इशारा करता है)
न जाने ये जंगली कबूतर कहाँ से उतरे हैं उजड़े बन में ?
कबूतरों की टुकड़ियाँ हैं या टिड्डी-दल है ?
बड़ा अँधेरा है भाई अहमद!
कहाँ चले हो ?

अहमद : ज़रा दो कबूतर गिरा लाऊँ!
बस पल झपकने में आ जाऊँगा!

अकबर : ख़ुदा को मानो!!
ये शाम के वक़्त उन परिंदों को क्यों सताते हो!
जाने दो! ग़ैर वक़्त है!!

बुंदो : बड़ा ही भोला पंछी है ये, सय्यद इसकी ज़ात
भरे समय मत मारो इसको, मानो मेरी बात
हसनी तुम कोई गीत सुनाओ!
बाबू जी का जी बहलाओ!

[हसनी की तरफ़ देखकर तंज़ से कहता है]

बड़े मज़े में हो आज हसनी!
कंच-घर में छुट्टी हो गयी, घुग्गू शोर मचाये
अपने-अपने ठार को, ख़िलक़त दौड़ी जाये

घराँ कू भागे चौधरी, ठाकुर और जजमान
हरी-भरी नग्गर पैलियाँ छोड़ गये कर्सान
ममटी से जल-जोगनी, उड़ गयी छोड़ के मास
पगली बिल बतोरियाँ, बोलें मढ़ी के पास

अकबर : अरे ओ बुंदो! ज़रा इधर छीटियाँ तो लाना?
अलाव - ठंडा पड़ा है भाई!
ये क्या ख़बर थी कि इस अँधेरे में दोस्तों की सभा जमेगी
नहीं तो कम्बल ही लेते आते

बुंदो : कम्बल को नहीं जानते, गाँव के सीधे लोग
हम तो निरे गँवार हैं, तुम हो सहरी लोग

अकबर : भला कभी तुमने शहर देखा है?
जानते हो कि शहर क्या है?
कभी जो सपने में देख पाओ तो गाँव की नारियों को भूलो!

अहमद : मियाँ बावले होके रोते फिरोगे!
अरे शहर की नारियों से ख़ुदा ही बचाये!!
ज़रा आग के पास आ जाओ ख़ुनकी उतरने लगी है!
सुना तुमने हसनी!! ये आवाज़ किस की है?

[बुंदो सहम जाता है]

बुंदो : ये बोले जिस गाँव माँ फिर न बसे वो गाँव
यारो अब नइं बोलना, यहाँ किसी का नाँव

अहमद : मियाँ तुम तो वहमी हो बुंदो

बुंदो : तुमने फिर मिरा नाँव लिया!
मैं कहता हूँ नाँव न बोलो!

हसनी : चिड़ियाँ तरसें घूँट को धरती धूल उड़ाए
तुम रहो इस देस में हमसे रहा न जाए

आवाज़ : बुंदो - हो - बुंदो
होत! - चाचा - होत! - क्या बात है?

चक्की की आवाज़ :
टुक छुक टुक छुक टुक छुक

टुक छुक टुक छुक टुक छुक
अहमद : ये आटे की चक्की अभी तक यूँही चल रही है।
ये चक्की में क्या पिस रहा है
- मगर गाँव भर में दुहाई मची है कि आटा नहीं
काल है, लोग मर जायेंगे
लोग भूकों मरे जा रहे हैं!
बुंदो : नदियाँ सूखीं काल माँ, टिड्डी खा गयी धान
पेट पुजारी शहर को भागे, भूकों मरें किसान
अहमद : चलो! शहर में चल के डेरा लगायें
मगर भाई हम तो पनहगीर हैं
शहर में क्या करेंगे ?
वहाँ इन दिनों काम मिलना भी मुश्किल है
अपना कोई यार डिप्टी कलैक्टर ही होता
नहीं यार! अब तो यहीं मर रहेंगे
इसी गाँव में घर बनायेंगे
अब तो यही थल बसायेंगे
बुंदो : सहर मिरे क्या फूँकना, देखे सहर के लोग
गया था कंकू बेचने, ले आया क्या रोग?
अहमद : ये सबी नफ़अख़ोरों की साज़िश है
ग़ल्ले का तोड़ा नहीं!
अपने खेतों को देखो!
ज़रा अपनी फ़स्लों को देखो!
हरी हैं! भरी हैं!
मगर ये ज़मींदार, ये काली मंडी के ताजिर!
अकबर : ये दुःख भरी रात कैसी काली है?
आज तारों की समसरन किसको ढूँढ़ती है!
उदास तारों की समसरन को जगाओ हसनी!
गये समय को बुलाओ हसनी!
सुनाओ हसनी!

[हसनी तंबूरा छेड़ता है, बुंदो हुक़्क़े के नीचे को पकड़कर चाँदी की अँगूठी से हुक़्क़े

का पैवंद बजाता है]

हसनी : बीना बाजे - तनानोम तनानोम
झाँझन बोले छन
तू चुपके-चुपके आ गोरी!
इस घोर अँधेरी रैन माँ
जूँ कजरा नाचे नैन माँ
तू चुपके-चुपके आ गोरी!

[बुंदो चौंक कर खड़ा हो जाता है]

बुंदो : देख तो हसनी!
यो कैसी पग्घम-पग्घी!

[बारह सवार सामने से गर्द उड़ाते हुए आते हैं। अँधेरे में उनकी सफ़ेद पगड़ियाँ और घोड़ियों की आँखें चमकती हुई नज़र आती हैं। अगले दो सवारों ने अपने हाथों में जलती हुई मशालें उठायी हुई हैं।]

बुल्ला : दौड़ियो रे! दौड़ियो!
दौड़ियो रे!

[घोड़े-सवार अलाव के क़रीब आ जाते हैं]

दूसरी आवाज़ : कौन है यो इस अँधेरी रात माँ। हो
यो अलाव किन ने जाला?
लाइयो रे मेरा भाला?
तीसरी आवाज़ : होत नचइये! कौन हैगा तो ?
चौथी आवाज़ : बुल्ले बीरा गाड़ी मोड़ ले!
आँधी चलने लगी!
बुंदो : कौन है भाया? क्या बात हो गयी?
चौथी आवाज़ : हो! वा अब्दुल था ना बुंदो!

बय्यर काड के ले गया साला!
हवा की माफ़िक चल दो यारो
फेर वा हाथ न आया

[घोड़े-सवार आन की आन में हवा हो जाते हैं। आँधी तेज़ हो गयी है। अकबर, अहमद, हसनी और बुंदो को जैसे साँप सूँघ गया है]

हसनी भैया यो है प्रेम का सौदा
मिरे यार की सारी जिंद गयी बर्बाद

हसनी : तुम ठहरो इसी बाट पे, हम चले पी के द्वार
अहमद तू मिरे साथ चल, कहीं खो न जावे यार

अहमद : मगर मैं तो अब्दुल से वाक़िफ़ नहीं
उसकी सूरत भी देखी नहीं आज तक!
ख़ैर! तेरी ख़ुशी है तो चलते हैं
यारो यहीं रास्ता देखना हम अभी आए!

[टापों की आवाज़]

अकबर : बड़ी हिमाक़त है!
इस अँधेरे में किसको ढूँढ़ोगे मेरे भाई!
मुझे तो डर है कि आज अब्दुल पर कोई आफ़त न आन टूटे
बड़ी बुरी बात की है उसने!
बड़ी बुरी बात की है उसने!

नवाँ मंज़र

[हसनी और अहमद सूरजपुर से दो मील के फ़ासले पर जंगल के शुमाली हिस्से के साथ-साथ घोड़ों पर बैठे अब्दुल और नंदी की तलाश में फिर रहे हैं। अँधेरी रात है। सन्नाटा एक हादसे की तरह फैलता जा रहा है। अहमद और हसनी के घोड़े दौड़-दौड़कर पसीना-पसीना हो गये हैं।]

किरदार : अहमद, हसनी, नारी

अहमद : तुम्हारा तो सर फिर गया है!
अरे मैं बहुत थक गया हूँ
मेरी अँतड़ियाँ क़ुलहो-वल्लाह पढ़ने लगी हैं
हसनी : भाँबड़ जले सरीर माँ रंग उछालें नैन
मन दीपे जिस रैन माँ, वही न हो ये रैन
अहमद : भला इस अँधेरी बनी में तुम्हें क्या मिलेगा?
तुम्हें जान प्यारी नहीं?
हसनी : मौत खड़ी जिस बाट पे, वही है मेरी बाट
गुरु जी मेरी धीर बँधाओ मैं उतरूँ किस घाट?
अहमद : आओ नदी के उस पार उतरें
उधर एक रस्ता है
हसनी : (अहमद से)
मन की अखियाँ खोल के दोनों अखियाँ मीच
फूटेगा फिर चाँदना, नदी के बीचों-बीच
अहमद : अरे ये तो जादू की धरती है!
हसनी : धरती ऊपर नीला गगन, गगन पे नाचें फूल
उनकी छाया देख के, जल में जलें भंबूल

[हसनी और अहमद के घोड़े चलते-चलते एक दम रुक जाते हैं। हसनी और अहमद बहुत कोशिश करते हैं लेकिन घोड़े आगे नहीं चलते। दोनों घोड़े अगले पाँव उठाकर हिनहिनाते हैं और ख़र-ख़र करते हैं और अपनी खोटियाँ जल्दी-जल्दी घुमाते हैं। अहमद बहुत इसरार करता है लेकिन हसनी वापस जाने से इंकार कर देता है]

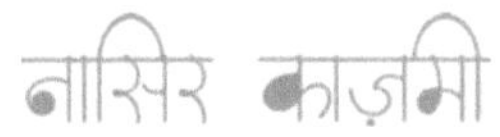

अहमद : अरे वो उधर आग!...
उस आग के पास.. इक आदमी-ज़ाद!....
हसनी : गगन से उड़के धरत पे आया कैसे रंगे-गुलाल
काली, पीली, गेरुवी मिट्टी हो गयी लाल
अहमद : (ख़ौफ़-ज़दा आवाज़ में)
ख़ुदा जाने ये कौन है?
यार आगे न जाओ!
हसनी : धड़-धड़ जले सूखी लकड़ी जिगर-जिगर अंगार
आग की उठती लाट से निकलें सुर्ख़ अनार
भुभल मले सरीर पे, नंगी बैठी नार
निस अँधियारी रैन माँ ये कैसा उजियार!

[हसनी और अहमद जल्दी से अलाव के क़रीब आ जाते हैं। दोनों, घोड़े पर सवार हैं। हसनी आगे है। एक नंग-धड़ंगी औरत बदन पे राख मले बालों से मुँह छुपाये सर झुकाये सुनसान बैठी है। वो उनकी तरफ़ बिल्कुल तवज्जोह नहीं देती। पहले तो हसनी और अहमद डर के मारे सहम जाते हैं। हसनी औरत से मुख़ातिब होता है]

हसनी : अग्नि बरन की ओट मा, अपना बदन छुपा
ओ नारी! ओ मूरख नारी! अपना नाँव बता
नारी : (बड़ी डरावनी और गहरी आवाज़ में)
नारी नहीं, चुड़ैल हूँ, अपनी जान सँभाल
खाये लूँगी तिरा कालजा, जेवड़ा लूँगी निकाल
हसनी : तू मुझे नइं पछानती, मैं हूँ मनुश दिलेर
ऐसा भाला मारूँगा, बस कर दूँगा यहीं ढेर
नारी : तू मुझे नहीं पछानता, बाप मिरा महाराज
मैं हूँ महारजपूतनी, गुप्त मिरा सरताज
हसनी : तू है किस मूरख की पत्नी, कौन तिरा सरताज?
किसके कारन फूँक दी, तूने अपनी लाज?
अहमद : (हसनी का शाना पकड़ कर कहता है)
मिरे भाई नर्मी से बोलो!
नारी : नारी से जब बोलिए, कहिए मीठी बात

जीब सँभाल के बोल रे, मूरख खोल न अपनी ज़ात
"कौन दिसा से आया है तू कौन दिसा को जा!
भाला ले रिया हाथ मा घोड़ रिया नचा

हसनी : मैं हूँ एक सितारिया, खो गयी मेरी सितार
नगरी-नगरी गाता फिरूँ, लोग कहें गुनकार

नारी : गुनी है तू गुनकारी है तो कोई गुन दिखला
सुरती रूप को मन में बिठा के मोहन गीत सुना!

हसनी : तार-तंबूरे बिन ओ नारी कैसे गाऊँ गीत?
उजड़े बन की बास है, संगत बिन संगीत

नारी : बीन न बाजे तार बिन, मन बाजे बिन तार
बीन बिना जो गीत सुनावे वही बड़ा गुणकार
चंदर पाँच की छेड़ से, सुरती रूप दिखा
सात सुरों की रागनी, इक तारे पर गा

अहमद : मेरे भाई कुछ तो सुनाओ!

हसनी : एक नार मैं ऐसी देखी, पहर-पहर करे बैन
उसकी अखियाँ देख के, भोर भी दीखे रैन
गोरा मुखड़ा प्याज़ी बरन, चंद से चिट्टे पैर
पल-पल उसके ध्यान माँ नौ अंबर की सैर
किसके कारन जोगन बनी, क्यों छोड़ा घर-बार?
अपना महल बताओ दे, ओ दुखियारी नार!

नारी : "महल तुझे बताओती, खड़ी हूँ तन-मन हार
बिजली पड़ो इन महल्लों पर, तुम पर पड़ो अंगार"

अहमद : अरे आग!
ये आग! ये शोर

[घोड़े के टापों की आवाज़ों और लोगों के शोर से जंगल गूँज उठता है। आग के शोले आसमान तक बुलंद हो रहे हैं। औरत जंगल की तरफ़ भाग जाती है और हसनी उसके पीछे भागता है।]

दसवाँ मंज़र

[रात हो गई है। चारों तरफ़ से जंगल धड़-धड़ जलता है। इक अजब भगदड़ मची है।]

किरदार :

कुछ लोग
अहमद
शीशागर (कंच-घर के इंजीनियर, उम्र तक़रीबन 50 साल)
बुल्ला
हसनी

आवाज़ें :

1- वो उधर भागा!
अरे पकड़ो उसे! जाने न पाए
2- बड़ा अंधेर है मेरे यारो
बसते गाँव की बेटी काड के ले गया हसनी!
3- मन्ने अपनी अँख ते देखा, वा हसनी था
हसनी होर नंदी दोनों थे

[अहमद आग के शोले देखकर हुजूम में शामिल हो जाता है]

अहमद : आग किसने लगाई थी भाई!
मिला कुछ पता?
आवाज़ें :
1- यो क़िस्सा तो बड़ा ठाड़ा है!

[कुछ लोग हिसनी का घोड़ा घेरकर उसे हुजूम में लाते हैं।]

1- यारो! इसकी हड्डी-पसली तोड़ के रुख दो।
2- इसके सर माँ मारो दोगाड़ा!

अहमद : ख़बरदार क्यों मारते हो
गिरफ़्तार कर लो, पुलिस के हवाले कर दो
अपने हाथों में क़ानून लेना हिमाक़त है
1- बड़ा हमैती आया इसका!
चुपका हो जा!!
अहमद : मगर पहले तहक़ीक़ कर लो
अदालत खुली है, अदालत का दर खटखटाओ

1- पीछे हट जा! अपनी बूथी परे नूँ कर ले!
शीशागर : भला ये भी कोई शराफ़त है
इसे अपने हाथ से मत मारो!
ये काम अदालत पर छोड़ो!
बुल्ला : यो मेरा मुजरिम है यारो!
इन नूँ मेरे पास लियाओ!

[बुल्ला हसनी को ख़ून भरी आँखों से देखकर बोलता है]

तू अगर अशराफ़ है तो आकर उतर मैदान माँ
सय्यद है तू, रजपूत मैं!
तू पहले अपना वार कर फिर रोक मेरे वार को
मैं यूँ न छोड़ूँगा तुझे!
हसनी : मैं निर्दोष हूँ बुल्ले बीरा मेरे हाल से जाँच
साँच के आगे झूट न ठहरे नइं है साँच को आँच
सय्यद ऐसा नहीं है बुल्ले तू क्या जाने इसकी साख
जिसके संग जली तिरी भैना वो भी हो गया राख
तेरे मीत हैं सैंकड़ों, पंज तन मेरे साथ
तेरे पास गंडासियाँ, मैं हूँ ख़ाली हाथ
धूमन शाह की सौं है बुल्ले मेरा नइं क़सूर
मैं लड़ना नहीं चाहता मुझे न कर मजबूर
1- बय्यर काडन लागे तने सरम न आई!
राजकवि अब आजा बच मदान माँ

बुल्ला : मैं तुझे ज़िंदा न जाने दूँगा हसनी !
फ़ैसला कर ले यहीं !
या तू नहीं या मैं नहीं
हसनी : मेरा पीर अली मौला है होर अंगड़ के छोर
आजा बीच मदान माँ देखूँ तेरा जोर

ग्यारहवाँ मंज़र

[सुब्ह का वक़्त है। अकबर, अहमद कंच-घर के एक कमरे में बैठे बातें कर रहे हैं। ये कंच-घर सूरजपूर से ½-1 मील के फ़ासले पर है। पहले इसके हिस्सेदार और मालिक अब्दुल और हसनी थे। फिर हिजरत के बाद अकबर उनमें मिल गया। अब अब्दुल और हसनी के बाद अकबर और अहमद उसके मालिक बन गये हैं। कंच-घर में बहुत-सी तब्दीलियाँ आ गयी हैं। इसके चारों तरफ़ नवाँ शहर आबाद हो गया है। बहुत से कारीगर और मज़दूर बदल गये हैं और इसका काम भी ज़रा फैल गया है। लेकिन कंच-घर का इंजीनियर वही है।]

ज़माना : हिजरत के बाद
किरदार : अहमद, अकबर, शीशागर

कंच-घर की आवाज़ : खटाँक टटक टटक छिक छिक
खटाँक टटक टटक छिक छिक
खटाँक खटाँक टटक टटक छिक छिक
खटाँक खटाँक टटक टटक छिक छिक

[अकबर और अहमद, हसनी के कमरे में बैठे बातें कर रहे हैं। एक शीशे की अलमारी में हसनी की चितरबीन ख़ामोश पड़ी है। हसनी के बाद इसे किसी ने नहीं छेड़ा। अकबर और अहमद, बीना को देखते हैं और कुछ देर ख़ामोश रहते हैं]

[अहमद को हसनी का ख़याल आता है]

बीना बाजे तनानोम तनानोम
झाँजन बोले छन
बीना बाजे तनानोम तनानोम
अहमद : (मेज़ पर रखे हुए Paper Weight को देखकर अकबर से मुख़ातिब होता है)

ये शीशे की बट्टी!
ये शीशे की बट्टी में रंगों के आँसू!
ये क्या बुलबुले से चमकते हैं देखो!
अकबर : ज़रा-सी बट्टी में एक दुनिया बसी हुई है
निज़ामे-शम्सी के सारे रिश्ते सिमट गये हैं
ये एक नन्हा-सा आसमाँ है
उसी तरह साफ़ और शफ़्फ़ाफ़ उजला-उजला!
ये खिड़कियाँ और ये खिड़कियों के सफ़ेद शीशे
सफ़ेद शीशों से रौशनी की फुवार छन-छन के गिर रही है
ये रौशनी दायरों के अंदर!
ये दायरे रौशनी के अंदर!
ये रौशनी के सफ़ेद नुक़्ते!
चहार-जिहती जमाँ का धारा
ख़मोश चीज़ों को ले उड़ा है
ये रौशनी मोजिज़े की सूरत उतर रही है
ख़मोश चीज़ें भी चल रही हैं
अहमद : चलो कंच-घर की मशीनें तो देखें

[शीशागर कमरे के अंदर आता है और अहमद और अकबर के पास बैठकर बातें करने लगता है। मशीनों की आवाज़ दूर से आ रही है]

खटँक खटँक छिक टटक टटक
खटँक खटँक छिक टटक टटक
शीशागर : क्यों भाई सोच लिया तुमने?
अकबर : मुझे तो मंज़ूर है सभी कुछ
अब आप अहमद को राज़ी कर लें
अहमद : मुझे कोई इंकार है मेरे भाई!
जो यारों की मर्ज़ी वही मेरी मर्ज़ी!
शीशागर : अब आप ही फ़ैसला कर लीजिए कि अब्दुल और हसनी
के हिस्से कैसे बँटें?
उनका तो कोई वारिस भी नहीं!

हक़दार तो इसके आप ही हैं
लेकिन ज़रा सोच समझ लेना!
अहमद : मगर आपका भी तो हिस्सा है इसमें!
अकबर : बजा है भाई! तुम्हारी मेहनत हमारा पैसा!
अहमद : तो फिर तीन हिस्से हुए।
कुछ तो अल्लाह के रस्ते में दे दो!
जो बाक़ी बचे उसको तीनों में तक़सीम कर लो
अकबर : तो इतनी जल्दी ही क्या है अहमद?
मेरा तो दिल काँपता है जब भी ख़याल आता है दोस्तों का
ये हिस्से-विस्से की बात छोड़ो!
जो काम करना है करते जाओ!
अहमद : मैं क़ानून की रौ से कहता हूँ
वर्ना मेरा दिल भी दुखता है
हसनी भी अपना बड़ा यार था
और अब्दुल तुम्हारा बड़ा दोस्त था
बल्कि दोनों तुम्हारे ही साथी....
मगर ख़ैर! छोड़ो ये बातें!
ज़रा कंच-घर तो दिखा दो!
अकबर : (शीशागर की तरफ़ इशारा करके)
ये शीशागर हैं इन्हीं से कहिए!
बड़ी ही मिन्नत से मैंने इनको मना लिया है
कि कंच-घर छोड़कर न जायें
शीशागर : चलो पहले मशीन को देखें हम!
अहमद : तो ये कंच-घर कैसे चलता है?
टरक छिक छिक
टरक छिक छिक
शीशागर : ये मोटर है - बिजली के ज़ोर से चलती है
ये दो बड़ी चर्ख़ियाँ सबसे पहले घूमती हैं!
चर्ख़ी घुम-घेरियाँ खाती है और बाक़ी पहिये घूमते हैं
फिर उनके साथ ही छोटे बड़े सब पुर्ज़े चलने लगते हैं
ये चिमनी है! - चिमनी में ईंधन जलता है

ईंधन कोले का होता है - लकड़ी और पत्थर का कोला!
ये भट्टी है! - भट्टी में शीशा पिघलता है और साँचों में गिरता रहता है
ये कई क़िस्म के साँचे हैं!
इन साँचों में हर तरह की चीज़ें बनती हैं
ये पर्च प्याले, ये कूज़े, ये झाड़, ये क़ीफ़
ये नलकियाँ, ये गुलदान, ये जग, सोडे की बोतलें
और गिलास, ये सारे काँच से बनते हैं!

अहमद : ये शीशों के तख़्ते!
ये शीशा भला किस तरह काटते हैं?

शीशागर : ये ठोस हज्म नाज़ुक शीशा हीरे के क़लम से कटता है
शीशे की नाज़ुक चादर को नोकीले, खुरदरे कंकर से भी काटते हैं
हीरे की क़लम कभी देखी है?
इस शीशे को पैमाना रखकर काटते हैं
हीरे की क़लम से तेज़ लकीर लगाते हैं
फिर दोनों तरफ़ से शीशे को हाथों से दबाकर तोड़ते हैं
ये काम बड़ा ही नाज़ुक है!

अहमद : मगर ये बताओ कि शीशा पिघलता है कैसे?

शीशागर : पहले तो काँच की किर्चियों को या काँच के छोटे टुकड़ों को
भट्टी के अंदर डालते हैं
फिर चारों तरफ़ से भट्टी को ढक देते हैं
ये भट्टी जूँ-जूँ तपती है शीशे में लर्ज़िश होती है
पहले तो एक ही नुक़्ते पर इक थरथरी होने लगती है
फिर थरथरी बढ़ने लगती है और ज़र्रे हिलने लगते हैं
ज़र्रों में खलबली मचती है
फिर ज़र्रे आगे और पीछे कीड़ों की तरह से रेंगते हैं
यूँ शीशा पिघलता रहता है
साँचों में ढलता रहता है
और चीज़ें बनती रहती हैं
ये रेशम से उलझे-उलझे लच्छे से जो तुम देखते हो
ये साँचों में से उछलकर बाहर गिरते हैं

अहमद : बड़ा ही अदक़ खेल है शीशा-साज़ी!

मैं कितने दिनों में इसे सीख लूँगा!

शीशागर : दुनिया जिसे शीशा कहती है वो एक तरह का पत्थर है
ये शीशे जो तुम देखते हो पत्थर के दिल का जौहर है
जो रंग नज़र आते हैं तुम्हें इस शीशा-साज़ी के फ़न में
कभी आँखें मूँद के देखो तुम, यही रंग हैं दिल के दर्पन में
मुझे शीशागर ही न समझो तुम, मिरा शीशा फूट नहीं सकता
मैं जौहरी हूँ जिस जौहर का वो जौहर टूट नहीं सकता
आप आते रहें तो चंद दिनों में सारा खेल सिखा दूँगा
इस शीशागरी की सनअत के सब राज़-रमूज़ बता दूँगा

बारहवाँ मंज़र

[नवें शहर में अकबर, मोना और अहमद दो-पहियों की गाड़ी में फूल गली से कंच-घर की तरफ़ जा रहे हैं। गाड़ी को दो सफ़ेद घोड़े खींच रहे हैं। गर्मियों की दोपहर है। एक औरत भैरवीं गा रही है। उसकी आवाज़ दूर से आ रही है।]

किरदार : एक औरत, मोना (उम्र 22 साल), अकबर, अहमद

गाड़ी की आवाज़ :
रिक शिक रिक शिक
रिक शिक रिक शिक
रिक शिक रिक शिक

औरत के गाने की आवाज़ : कंचन रूप दिखाए
सरगम-सा (सारेगामा-सा)
जल में आग लगाये
छमछम नाचे खड़ी दोपहरी
धूप की तानें गहरी-गहरी
सरगम-सा
जल में आग लगाये
सुर की छाया सुर से आगे
सुर के पीछे सुरती भागे
सरगम-सा
सुर की थाह न पाये
कंचन रूप दिखाये
सरगम-सा
जल में आग लगाये

मोना : गाड़ी वाले गाड़ी रोको
अहमद भैया नीचे उतरो!

अहमद : ये किसका जनाज़ा है अकबर?

अकबर : हमारे मुफ़्ती गुज़र गये हैं
ये आख़िरी शमअ रह गयी थी!**तेरहवाँ मंज़र**

[गाड़ी उड़ी जा रही है। रात हो गयी है। सूरजपुर अब थोड़ी दूर है। अहमद और फ़य्याज़ बदस्तूर बातें कर रहे हैं और अब्दुल गहरी सोच में सर झुकाये बैठा है।]

किरदार : अहमद, फ़य्याज़, अब्दुल

अहमद : कई बार तुमसे कहा है कि खिड़की का शीशा उठा दो
ये शीशा उठा दो ना भाई!
फ़य्याज़ : कौन है वो फिर तुम ही बताओ!
अहमद : अरे हाँ! वो अंधी भिकारन!
ख़ुदा जाने वो कौन है?
फ़य्याज़ : सात बरस में इस धरती की ऐसी काया पलटी!
पहले जंगल राख हुआ, फिर काल पड़ा
सैलाब तो बस ऐसा आया कि तौबा मेरी!
सूरजपुर में क्या रखा है?
अहमद : पुरानी हवेली भी उजड़ी पड़ी है
वो डेरा तो हश्मत के दम से ही था बस!
तुम्हें याद है जब वो सैलाब आया था
उस रात अब्दुल के माँ-बाप, बुल्ले का कुनबा
ख़ुदा जाने कितनी ही मख़्लूक़ उस राओं में बह गयी
फ़य्याज़ : बुंदो और मैं कश्ती लेकर सबसे पहले अब्दुल के डेरे में पहुँचे
हश्मत बावा और नसीबन घर से न निकले
अहमद : मैं भी उस रात अकबर को लेकर गया था मगर वो न माने!
अजी ये पुराने ज़माने के बूढ़े किसी की नहीं मानते
ख़ैर अच्छे थे वो लोग!
दुनिया में अब ऐसी शक्लें कहाँ हैं?
फ़य्याज़ : हसनी आपके साथ था जिस दिन आग लगी थी?
अहमद : मैं बुंदो के हमराह मिर्चों की पैली में बैठा हुआ था
कि हसनी तंबूरा लिये आ गया
हम वहीं रहट के मुढ पे संगीत सुनने लगे थे
कि अकबर भी घोड़े से उतरा
वो शाम अब कभी याद आती है तो काँप जाता हूँ भाई!

फ़य्याज़ : हसनी आपके साथ था लेकिन
नंदी किसके साथ गयी थी?
अब्दुल फिर क्यों भागा ?...

अहमद : हाँ तो मैं कह रहा था
अँधेरा उतरने लगा था कि इतने में टापों की आवाज़ आयी
वो अब्दुल के पीछे लगे थे!
उसी वक़्त मैं और हसनी भी घोड़ों को लेकर चले
रात के कोई नौ-दस बजे थे कि नदी के
उस पार जंगल में जलता अलाव दिखायी दिया
घोड़े चलते न थे और हम जान हथेली पर लेकर उधर चल पड़े
पहुँचे तो देखा अलाव पे इक नार बैठी थी,
जलते अलाव के नज़दीक उर्यां बदन एक औरत
परेशान बालों से मुँह को छुपाये,
ख़ुदा जाने वो कौन थी!

फ़य्याज़ : अच्छा! अच्छा! ये औरत...
वो - तुमने कुछ पूछा था उससे
वो क्या बोली?

अहमद : हमने पूछा तो खाने को दौड़ी
डराने लगी और कहने लगी "डैन हूँ
दूर हो जाओ वर्ना कलेजा चबा लूँगी।"
पहले तो हम डर गये फिर ज़रा बढ़ के हसनी ने नेज़ा सँभाला
वो थर्रा गयी ज़र्द-सी पड़ गयी

फ़य्याज़ : फिर आगे क्या बात हुई ये भी तो बताओ?

अहमद : हमने उससे बड़ी देर तक गुफ़्तगू की

फ़य्याज़ : मैं जानूँ वो कोख-जली थी
जादू टोना करती होगी!
आख़िर उसने कोई बात तो की होगी ना?

अहमद : नहीं कुछ नहीं - रो रही थी
जब हसनी ने उसको बताया कि वो नग़मा-गर है तो कहने लगी कुछ सुनाओ!
वो हसनी भी क्या मनचला था
सुनाने लगा!

फ़य्याज़ : अच्छे वक़्त में गाने की सूझी थी उसको!
अहमद : ये कवि और रागी तबीअत के बंदे हैं!
हाँ फिर वो औरत -
वो अपनी कहानी सुनाने लगी थी कि इतने में इक शोर उठा
घड़ी-भर में जंगल चटख़ने लगा
आग मीलों तलक बढ़ चुकी थी
वो इस शोर को सुन के जंगल में भागी
मिरा घोड़ा आगे न चलता था
मैं रह गया और हसनी हवा हो गया
सारे जंगल में ढूँढ़ा
वो दोनों न जाने कहाँ खो गये थे?
सवारों ने भगदड़ मचायी थी
फिर क्या हुआ ये न पूछो
वो नारी ख़ुदा जाने ग़ायब हुई, जल-बुझी, भाग निकली
ख़ुदा जानता है।
फ़य्याज़ : वो बुज़दिल फिर गाँव छोड़ के क्यों भागा था?
अहमद : कोई कहता है अब्दुल वहीं जल गया
कोई कहता है ये झूट है वो किसी दूसरे गाँव में था
मगर ये मुझे इल्म है या ख़ुदा जानता है
कि हसनी मिरे साथ था
वो तो नाहक़ ही मारा गया!
मैंने लोगों को रोका बड़ी मिन्नतें कीं
वहाँ कुछ भले लोग भी थे
वो कहते रहे कि अदालत का दर खटखटाओ
मगर ऐसे बलवे में कब कोई सुनता है
बुल्ला तो ग़ुस्से में अंधा था
बस दोनों लड़ने लगे और वहीं कट मरे!

[अब्दुल सोचता है। उसे तरह तरह के ख़याल आवाज़ें देते हैं]

अब्दुल : सूरजपूर अब फिर न बसेगा!

सूरजपूर अब फिर न बसेगा
सूरजपूर तो उस दिन उजड़ गया था!
वो दिन अपने गाँव की बर्बादी का दिन था

.. ..

आवाज़ : कंच-घर में चाँद उतरा है
दरवाज़े क्यों बंद पड़े हैं!
किस ने बंद किये हैं?
नंदी तुम यहाँ क्यों आयी हो?

.. ..

नंदी : मुझे ख़ौफ़ आता है अब्दुल
वो खिड़की के शीशे तड़ख़ने लगे हैं!
लहू गिर रहा है

.. ..

अकबर : ये कंच-घर में लहू की बारिश कहाँ से आयी!
सफ़ेद शीशों पे लाल तहरीर किसने लिखी?

.. ..

आवाज़ : ये आया तुझे आज किसका ख़याल?
हरे बन में कलियाँ खिलीं लाल-लाल

.. ..

हसनी : गगन से उड़ के धर्त पे आया कैसे रंगे-गुलाल
उजले चिट्टे-चिट्टे शीशे सारे हो गये लाल-लाल

.. ..

बीना बाजे तनानोम तनानोम
झाँझन बोले छन
बहुत बड़ी सरकार है तेरी सय्यद क़ुतुबुद्दीन

.. ..

आवाज़ : अब इस पेड़ से उड़ जा!
अब इस फल में रस न पड़ेगा
इसको अंदर से कीड़ों ने चाट लिया है
अब इस पेड़ से उड़ जा
कड़वे नीम की टहनी चुन ले!

.. ..

फ़य्याज़ : अब तो यही तमन्ना है बस
नवें शहर में जल्दी-जल्दी घर बन जाये
अहमद : आठ बजने लगें तो बताना
तुम्हें कंच-घर का नज़ारा दिखाऊँगा
गाड़ी वहीं से गुज़रती है
फ़य्याज़ : आठ बजने में चंद मिनट हैं!
आवाज़ : सूरजपुर उतरोगे अब्दुल!
वहाँ न जाना!
अब्दुल : गाड़ी आगे को चलती है
चीज़ें पीछे को हटती हैं
सारी धरती घूम रही है
खिड़की के उजले शीशे में चाँद भी जम कर ठहर गया है
आवाज़ : सूरजपुर उतरोगे अब्दुल!
वहाँ न जाना!
वहाँ तिरा अब कोई नहीं है!
अब्दुल : इस धरती से मेरा नाता टूट चुका है।
अपने वक़्त का इक-इक साथी छूट चुका है।
आवाज़ : मैं न कहता था कि वो घोड़ा बड़ा मनहूस है
वो ज़मीं मनहूस थी वो आसमाँ मनहूस था
.. ..
तुझको इस दिन के लिए पाला था अब्दुल!
पूत काहे को जना था साँप था!
आवाज़ : तूने नंदी को मारा है!
तूने उसका ख़ून पिया है!
तूने हसनी को मारा है!
तू अपने माँ-बाप का क़ातिल!
तू ही बुल्ले का क़ातिल है
इतने तनदारों का ख़ून तिरी गर्दन पर!
तू ख़ूनी है!
तू क़ातिल है!
अब्दुल : तू झूटा है

नंदी अपनी मौत मरी है
हसनी मेरा जिगरी दोस्त था

आवाज़ : तू बुज़दिल है
तूने सूरजपूर को उजाड़ा!

अब्दुल : तू झूटा है!
तू बुज़दिल है!

आवाज़ : तू ख़ूनी है!
तू क़ातिल है!
तू बुज़दिल है!

अब्दुल : (लहजा बदल कर)
धूप की गर्मी से पीला पड़ गया थूहड़ का काँस
चाँद की किबरियत से जलने लगे जंगल के बाँस

.. ..

अरे क्या हुआ देखना तो
ये गाड़ी खड़ी हो गयी?

फ़य्याज़ : (अब्दुल की तरफ़ देखकर)
कौन-सा स्टेशन है भाई?
आप यहाँ उतरेंगे साहब?

अहमद : नहीं ये तो जंगल है!
गाड़ी यहाँ क्यों रुकी!
कोई आवाज़ भी तो नहीं!
कोई बत्ती नहीं!
ये तो जंगल है! सुनसान जंगल!!

ग़ैर मत्बूआ कलाम

(अप्रकाशित रचनाएँ)

01

क्यों न सरसब्ज़ हो हमारी ग़ज़ल
ख़ूने-दिल से लिखी है सारी ग़ज़ल

जितनी प्यारी है तेरी याद मुझे
लब पे आती है वैसी प्यारी ग़ज़ल

साल-हा-साल रंज खींचे हैं
मैंने शीशे में जब उतारी ग़ज़ल

जब भी ग़ुर्बत में दिल उदास हुआ
मैं तिरे साथ हूँ पुकारी ग़ज़ल

दमे-तख़्लीक़ पिछली रातों को
यूँ भी होती है मुझ पे तारी ग़ज़ल

अहदे-रफ़्ता के शाइराने-कराम
सब सुनाते हैं बारी-बारी ग़ज़ल

तहे-हर-लफ़्ज़ शहर है आबाद
मरजा-ए-ख़ल्क़ है हमारी ग़ज़ल

सफ़रे-ख़ामा तय हुआ 'नासिर'
थक गये हम मगर न हारी ग़ज़ल

02

ये सितम और कि हम फूल कहें ख़ारों को
इससे तो आग ही लग जाये समनज़ारों को

है अबस फ़िक्रे-तलाफ़ी तुझे ऐ जाने-वफ़ा
धुन है अब और ही कुछ तेरे तलबगारों को

तने-तन्हा ही गुज़ारी हैं अँधेरी रातें
हमने घबरा के पुकारा न कभी तारों को

नागहाँ फूट पड़े रौशनियों के झरने
एक झोंका ही उड़ा ले गया अँधियारों को

सारे इस दौर की मुँह बोलती तस्वीरें हैं
कोई देखे मिरे दीवान के किरदारों को

नाला-ए-आख़िरे-शब किस को सुनाऊँ 'नासिर'
नींद प्यारी है मिरे दूर के फ़नकारों को

(1955)

* मक़्ता 'दीवान' में शाए हो चुका है

03

दफ़अतन हंगामा-ए-महशर उठा
कुर्रहे-ख़ाकी धुआँ बनकर उठा

लर्ज़ा बरअंदाम हैं आबादियाँ
फिर कोई मेमारे-ग़ारतगर उठा

जानिबे-दिल इक ग़ुबारे-बेकसी
नागहाँ शोरे-जरस बनकर उठा

दिल के वीराने में आयेगी बहार
ख़ारे-मिज़्गाँ से गुले-मंज़र उठा

साया आसा ख़ाक-जूई कब तलक
शोला-ए-जव्वाला बनकर सर उठा

क्या मिटायेगा कोई अपना निशाँ
ये फरेरा बारहा गिरकर उठा

(1956)

04

ख़ाक-बसर है चमन देखिए कब तक रहे
फ़स्ले-ख़िज़ाँ ख़ेमाज़न देखिए कब तक रहे

आके चला भी गया मौसमे-हिज्रो-विसाल
है अभी दिल में चुभन देखिए कब तक रहे

सुनते हैं होगी सहर मेरे जहाँ में मगर
शामे-सियह पैरहन देखिए कब तक रहे

(14.08.1957, लाहौर)

05

पर्दे में हर आवाज़ के शामिल तो वही है
हम लाख बदल जायें मगर दिल तो वही है

मौज़ूअ-ए-सुख़न है वही अफ़साना-ए-शीरीं
महफ़िल हो कोई रौनक़े-महफ़िल तो वही है

महसूस जो होता है दिखायी नहीं देता
दिल और नज़र में हदे-फ़ासिल तो वही है

हरचंद तिरे लुत्फ़ से महरूम नहीं हम
लेकिन दिले-बेताब की मुश्किल तो वही है

गिर्दाब से निकले भी तो जायेंगे कहाँ हम
डूबी थी जहाँ नाव ये साहिल तो वही है

लुट जाते हैं दिन को भी जहाँ क़ाफ़िले वाले
हुशियार मुसाफ़िर कि ये मंज़िल तो वही है

वो रंग वो आवाज़ वो सज और वो सूरत
सच कहते हो तुम प्यार के क़ाबिल तो वही है

सद शुक्र कि इस हाल में जीते तो हैं 'नासिर'
हासिल न सही काविशे-हासिल तो वही है
(1956)

06

यूँ बैठा हूँ दिल के दाग़ से ख़ुश
जैसे बच्चा चराग़ से ख़ुश

जब तारों की शमएँ झिलमिलाएँ
साक़ी ने किया अयाग़ से ख़ुश

ग़म छोड़ गया जिसे जगाकर
वो दिल न हुआ फ़राग़ से ख़ुश

अब नाला-ए-दिल न छेड़ बुलबुल
ये बाग़ है शोरे-ज़ाग़ से ख़ुश

अब रास है कुंजे-ग़म ही 'नासिर'
अब दिल नहीं सैरे-बाग़ से ख़ुश
(1958)

07

आदमी है न आदमी की ज़ात
कैसी वीराँ है तेरे शहर की रात

पूछ ले इन उजाड़ गलियों से
तुझे ढूँढ़ा है सारी-सारी रात

मैं तो बीते दिनों की खोज में हूँ
तो कहाँ तक चलेगा मेरे साथ*

अपना साया भी छिप गया 'नासिर'
यहाँ सुनता है कौन किसकी बात
(1964)

*शेर दीवान में शाए हो चुका है।

08

जब रात गये तिरी याद आयी, सौ तरह से जी को बहलाया
कभी अपने ही दिल से बातें कीं, कभी तेरी याद को समझाया

यूँ ही वक़्त गँवाया मोती-सा, यूँ ही उम्र गँवाई सोना-सी
सच कहते हो तुम भी हमसुख़नो! इस इश्क़ में हमने क्या पाया

जब पहले-पहल तुझे देखा था, दिल कितने ज़ोर से धड़का था
वो लहर न फिर दिल में जागी, वो वक़्त न लौट के फिर आया

फिर आज तिरे दरवाज़े पर बड़ी देर के बाद गया था मगर
इक बात अचानक याद आयी, मैं बाहर ही से लौट आया
(04.05.1964)

09

इससे पहले कि बिछड़ जायें हम
दो क़दम और मिरे साथ चलो

अभी देखा नहीं जी भर के तुम्हें
अभी कुछ देर मिरे पास रहो

मुझ-सा फिर कोई न आयेगा यहाँ
रोक लो मुझको अगर रोक सको

क्यों न गुज़रेगी शबे-ग़म 'नासिर'
उसकी आँखों की कहानी छेड़ो

(1964)

10

रहे-जुनूँ में ख़िरद का हवाला क्या करता
ये ख़िज़्र रंजे-सफ़र का इज़ाला क्या करता

गुज़ारनी थी तिरे हिज्र की पहाड़-सी रात
मैं तारे-रेशमो-ज़र का दुशाला क्या करता

हिकायते-ग़मे-हस्ती को चाहिए दफ़्तर
वरक़-वरक़ मिरे दिल का रिसाला क्या करता

मैं तिश्नाकाम तिरे मयकदे से लौट आया
किसी के नाम का लेकर पियाला क्या करता

सँभलने ही न दिया दिल को आरज़ूओं ने
सिपाहे-चीन के आगे हिमाला क्या करता

(07.09.1966)

11

दिल दुखाया था जिसने पहली बार
उसी मौजे-तरब ने घेर लिया

बात किससे करूँ कि यारों की
रंजिशे-बेसबब ने घेर लिया

फिर किसी अजनबी मुसाफ़िर को
गर्दे-राहे-तलब ने घेर लिया

आफ़तें जैसे इंतिज़ार में थीं
तेरे जाते ही सबने घेर लिया

12

बस्तियाँ बसती रहेंगी लेकिन
अपना तो एक ही घर था, न रहा

देख आया हूँ वो ख़ूनी मंज़र
चश्म को ज़ौक़े-तमाशा न रहा

किस क़दर अम्न है मुल्के-दिल में
किसी उम्मीद का खटका न रहा

वो किसी वक़्त न भूला 'नासिर'
मैं उसे याद रहा या न रहा

मुतफ़र्रिक़ अशआर

ग़म जिसकी मज़दूरी हो
जल्द गिरेगी वो दीवार

6 मार्च,1948

• • •

मोहताज हैं अर्बाबे-हुनर बे-हुनरों के
बेकार गयी दौलते-इल्म-ओ-हुनर अफ़सोस

30 दिसंबर,1951

• • •

करम ऐ सरसरे-उम्मीदे-नशात
इश्क़ की आग बुझा चाहती है

(1954)

• • •

तेरा पैग़ाम भी ज़रूरी है
और मुझे काम भी ज़रूरी है

है बड़ा काम इश्क़ में जीना
और ये काम भी ज़रूरी है

(1954)

• • •

न समझेंगे वो नग़्मागर मेरी लय को
जो आवाज़ का ज़ेरो-बम देखते हैं

ज़मीं पर वो मंज़र खुला है कि 'नासिर'
नया आसमाँ रोज़ हम देखते हैं

(1956)

• • •

बस ऐ निगाहे-जल्वा-तलब अब न दिल दुखा
दिल का कँवल खिला तो मनाएँगे चाँदनी

(1957)

ख़ुशी तो क्या कि ग़मे-ताज़ा का शुगूँ भी नहीं
फ़ज़ा-ए-दिल में किसी याद का फ़ुसूँ भी नहीं

वो रोज़ आते हैं मिलते हैं हाल पूछते हैं
ये और बात कि दिल को क़रार यूँ भी नहीं

(1958)

• • •

वीरान पड़ा है शहर 'नासिर'
वो लोग कहाँ गए न जाने

(1959)

• • •

हर साँस में खिलती हुई कलियों की महक थी
ये बात है उस दौर की जब दिल में कसक थी

अब चाँद के हमराह निकलते नहीं वो लोग
इस शहर की रौनक़ मिरी आवारगी तक थी

23 नवम्बर 1959, लाहौर

• • •

आँच खा-खाकर सदा-ए-रंग की
तितलियों के पर सुनहरे हो गये

(1960)

• • •

ऐ हमनफ़सो सब्र बड़ी चीज़ है लेकिन
होते हैं मुहब्बत में ज़ियाँ और तरह के

(1961)

• • •

दिल से हर वक़्त कोई कहता है
ग़म का एहसास मर न जाए कहीं

(1961)

• • •

रोया हूँ रात भर तिरी आँखों की याद में
ऐसी ही रौशनी थी कभी दिल के पास भी

भूले न कोई हुस्न के रंगे-नशात पर
देखा है बारहा इसे हमने उदास भी

(1961)

• • •

मैं हूँ अब अपनी याद की तस्वीर
अब मुझे मिल के क्या करेगा तू

(26.08.1962)

• • •

दिया है दिल तो कोई दर्दे-कारगर भी दे
ज़बान दी है तो फ़रियाद में असर भी दे

(31.1.1965, अलस्सुबह)

• • •

हुस्न और हुस्न का एहसास भी क्या होता है
जब भी देखूँ उसे वो शख़्स नया होता है

छेड़ जाती है सबा रोज़ हमारे दिल को
रोज़ इस शहर में इक हश्र बपा होता है

(6.8.66)

• • •

एक शायर कह रहा था कल मुझे
शायरों को नस्र लिखनी चाहिए

(07.10.1971)

• • •

ग़म बक़द्रे-तलब नहीं मिलता
पानी थोड़ा है और प्यास बहुत

• • •

रहनुमाओं ने कड़े दाम बिछाये हर-सू
इक नयी राह का जब अज़्मे-सफ़र हमने किया

यूँ लरज़ता नज़र आया दिले-इम्काँ 'नासिर'
आज कुछ अपने इरादों से हज़र हमने किया

• • •

वो रतजगे वो शाम-ओ-सहर ख़ाब हो गये
तुम यूँ गये कि याद भी आये न फिर कभी

• • •

जाने वाले न पलटकर आये
दिन ढला, शाम गयी, रात हुई

दूर बैठे हैं वतन से 'नासिर'
अब के परदेस में बरसात हुई

• • •

ग़मे-हिज्रे-हबीब एक तरफ़
सदमा-ए-उम्रे-राएगाँ भी है

• • •

मिलने को यूँ तो मिले लोग नये से नये
आये थे जिसके लिए वो न मिला शहर में

• • •

जिनमें बू-ए-वफ़ा नहीं 'नासिर'
ऐसे लोगों से हम नहीं मिलते

*****

www.ingramcontent.com/pod-product-compliance
Ingram Content Group UK Ltd.
Pitfield, Milton Keynes, MK11 3LW, UK
UKHW041631190726
13854UKWH00006B/2439